CB056995

O NOVO HOMEM

O novo homem

Conhecimento · Iniciação · Realização

por

J. van Rijckenborgh

3.ª edição

Pentagrama

2016

Copyright © 1953 Rozekruis Pers, Haarlem, Holanda

Título original:
De komende nieuwe mens

3.ª edição, de acordo com o acordo ortográfico de 1990,
corrigida e revisada pela 5.ª edição holandesa de 1999

2016
Impresso no Brasil

Revisão da tradução: Neusa M. Messias de Soliz
Revisão de texto: Antonio Candido Gonzalez, Geraldo Caixeta, José de Jesus, Marcia Regina de Matos Moraes, Mariluce Moisés de Deus Vieira, Roquefélix Dias de Luz, Ruth Roder

Dados Internacionais de Catalogação na Publicação (CIP)
(Câmara Brasileira do Livro, SP, Brasil)

Rijckenborgh, J. van, 1896–1968.
  O novo homem: conhecimento : iniciação : realização / por J. van Rijckenborgh ; [tradução Marcus Vinicius Mesquita de Sousa]. – 3. ed. – Jarinu, SP : Pentagrama Publicações, 2016.

  Título original: *De komende nieuwe mens*
  ISBN: 978-85-67992-52-5

  1. Gnosticismo 2. Rosacrucianismo I. Título

16-08209   CDD-135.43

Índices para catálogo sistemático:

1. Rosa-Cruz : Ordem : Ciências ocultas 135.43

Todos os direitos desta edição, inclusive os de tradução ou reprodução
do presente livro, por qualquer sistema, total ou parcial, são reservados à

Pentagrama Publicações
Avenida Vereador João Pedro Ferraz, n.º 605
13.240-000 – Jarinu – SP
Caixa Postal 39 — 13.240-000 — Jarinu — SP — Brasil
Tel. (11) 4016-1817 — fax (11) 4016-3405
www.pentagrama.org.br
livros@pentagrama.org.br

Sumário

Prefácio — 17

Parte I Autoconhecimento como condição prévia para a nova gênese humana — 19

I-1 O ADVENTO DO NOVO HOMEM — 21
    A *Una Sancta* — 23
    Encontrar o Senhor nos ares — 27

I-2 CRISTO, A FONTE UNIVERSAL DE LUZ E DE FORÇA — 29
    No mundo, mas não do mundo — 30
    Ultravioleta e infravermelho — 30
    O átomo-centelha-do-espírito — 31
    O verdadeiro sol do Espírito — 32
    Hora est — 34

I-3 A ATIVIDADE SÉTUPLA DO SOL DIVINO — 37
    Demolição do eu mediante negação — 38
    Os sete raios do sol divino — 40
    O despertar do átomo-centelha-do-espírito — 40
    A fase da busca — 40
    A joia cintilante — 42
    A concepção mental do homem imortal — 43

I-4 A NATUREZA DO APRISIONAMENTO HUMANO — 47
    Formas-pensamentos e sua atividade — 47
    O arqui-instinto do sangue — 50
    O ser-desejo, o eu sanguíneo — 51
    O sistema fígado-baço — 51

	A atividade do átomo-centelha-do-espírito	54
	A expulsão do eu sanguíneo	57
I-5	Não há ligação entre o homem natural e o homem espiritual	59
	Os três egos naturais	59
	A aparência da cultura	61
	A inquietação	64
	O trabalho do Senhor	66
I-6	Gravidade e libertação	67
	A fé nos vossos corações	68
	Anseio como faculdade magnética	69
	O microcosmo	69
	O caminho para a porta dos mistérios: estar silencioso perante Deus	72
	Os dois campos eletromagnéticos	72
	Transfiguração	73
	O novo campo de vida	73
I-7	A loucura da cruz	75
	A camisa de força da natureza	75
	A resistência ao transfigurismo	76
	Em boa companhia	77
	O Reino Universal	78
	O setenário cósmico	79
	A terra dialética	79
	As forças naturais e os arquétipos	82
I-8	Deus · Arquétipo · Homem	85
	O reino de Deus está dentro de vós	86
	Os arquétipos humanos	87
	O átomo-centelha-do-espírito e o arquétipo	88
	Nossa atual realidade existencial	89
	A restauração da antiga unidade: Deus–arquétipo–homem	90

A Fraternidade Universal de Cristo como mediadora	90
O Consolador	91
O que é a imagem do homem imortal	91

I-9 A ALQUIMIA DIVINA E NÓS — 93

A fórmula alquímica divina fundamental de nosso planeta	93
A substância primordial, a *materia magica* universal	93
O Grande Alento	94
A alma original	94
O gás hidrogênio	94
O princípio anímico nascido da matéria	95
Os nascidos duas vezes	96
O renascimento da água e do Espírito	96
A bomba de hidrogênio viva	97
Hidrogênio, oxigênio, nitrogênio, carbono	98
Nosso planeta-mãe sétuplo	98
Os quatro alimentos santos	100

I-10 CONHECE-TE A TI MESMO! — 101

Lúcifer	101
A alma, um mero fenômeno natural	101
A inutilidade do homem-eu e de seu mundo	102
A ilusão do ocultismo natural	103
A unidade do homem com o campo luciferino	103
O inferno e o fogo do inferno	103
A hierarquia dialética	104
A ilusão da religião natural	104
O curso do destino em Lúcifer	104
O chamado da Escola Espiritual à reflexão	105
Salvação mediante evolução, uma impossibilidade	106

Dois princípios de fogo serpentino	106
Cristo e Lúcifer	106
A tarefa de Pentecostes	108
A ressurreição da estrela da manhã	109
O Espírito e a noiva	109

I-11 **A ROSA DA MANIFESTAÇÃO SÉTUPLA DE DEUS** 111

A Rosa-Cruz	111
A concreticidade e a realidade da grande meta	112
Nosso campo de existência, um todo isolado	113
Os quatro alimentos dialéticos	113
Os quatro alimentos santos	113
O mar de águas vivas	114
Os dois campos atmosféricos	114
O chamado de Cristo para o retorno	115
O lançamento da pedra fundamental	115
Novo edifício templário	115
O trabalho do aluno construtor de templos	116
A entrada no campo eletromagnético primordial	118

I-12 **A INEVITABILIDADE DO CAMINHO DA CRUZ** 119

A rosa estilizada	119
O caminho da cruz	120
A joia preciosa no lótus	120
A meta única da Escola Espiritual	121
Os dois campos de vida	121
O chamado da Fraternidade	123
A necessidade da ação autolibertadora	124
A percepção do chamado	124
O falso misticismo	125
O perigo da religião natural	126
O trilhamento da senda	126
Fiéis, chamados e eleitos	126

I-13 A ASCENSÃO PARA A LIBERDADE 129
 Deus conhece todos os seus filhos pelo nome . 129
 O estado pecaminoso da consciência-eu 130
 O átomo luciferino e o átomo de Cristo 130
 A necessidade fundamental do
 renascimento da alma 131
 O batismo de Jesus no Jordão 132
 As três fases da ascensão evangélica para a
 liberdade 134
 O início atingível 136
I-14 O EVANGELHO VIVO DA LIBERDADE 137
 A linha de separação 137
 A peregrinação de Jesus 138
 O declínio do eu em Jesus, o Senhor 138
 O evangelho escrito no coração 139
 A via-crúcis evangélica, um caminho de alegria 141
 A última página do Evangelho 141
 O verdadeiro Círculo Apostólico 142
 A bênção proveniente do Terceiro Templo ... 142
 A graça todo-poderosa 143
 A horrível paródia do Evangelho da liberdade . 143
I-15 O CONHECIMENTO DA NATUREZA DA MORTE 145
 As causas do estado de queda da humanidade . 146
 A preparação para seguir a Cristo 148
 O microcosmo como uma pilha atômica 148
 A imprescindibilidade dos reinos
 naturais subumanos 150
 A tragédia dos esforços por autoproteção
 da humanidade dialética 152
I-16 A ILUSÃO DA DIALÉTICA 155
 A tragédia geral do mundo 155
 O autoconhecimento libertador 156

O cansaço da alma buscadora 158
Loucura 159
A tentativa de imitar o reino de Deus na dialética 159
O aprisionamento contínuo da humanidade . . 160
Judas e o curso de seu destino 161
A assinatura tríplice da traição 162
O fim fatídico 163
O grande perigo na senda 163

I-17 AS DUAS FORMAS NO MICROCOSMO 165
O fantasma tríplice 165
O fim de Judas 165
Os três grandes obstáculos antes de
encontrar-se a verdadeira senda 166
O ser aural, o eu superior 166
O eu inferior 168
O firmamento como lípica 168
O estado dependente do ser aural 169
Lúcifer, o deus ígneo 169
O ser aural como deus natural 170
A ilusão do ocultismo 170
O sol espiritual latente 171
A tentação no deserto 172

I-18 É NECESSÁRIO QUE ELE CRESÇA E EU DIMINUA 175
O poder do eu superior 175
A influência do ser superior no processo
de nascimento terreno 176
Nossa existência atual, apenas um
processo natural 177
A ficção da ideia da sobrevivência e da
reencarnação 177
A existência não divina do ser humano
mediante autoagrilhoamento ao eu superior . . 179

Um novo céu e uma nova terra	179
A aniquilação completa de nosso estado natural	180
Jesus Cristo, o Outro	181
O caminho da humildade perfeita	182
A volta da luz	183

Parte II A senda sétupla da nova gênese humana 185

II-1 Fé, virtude, conhecimento 187

Os perigos dos esforços no plano horizontal	190
A chave para a senda: a fé	191
A verdadeira posse da fé	191
A virtude	191
O conhecimento	193
Um novo archote é inflamado	194

II-2 Autodomínio — I 195

O autodomínio	196
O inferno nas regiões fronteiriças do Além	196
As consequências dos instintos naturais reprimidos	197
O surgimento das assim chamadas regiões superiores da esfera refletora	199
O estado de efésio	200
A culpa recíproca de homem para com homem	201
A necessidade da senda de cura	202

II-3 Autodomínio — II 203

As doze energias	204
As três fases de crescimento do homem dialético	205
A estrela de Belém	207
A espada na alma	208
A luta das duas naturezas	208
O verdadeiro autodomínio	209

II-4 PERSEVERANÇA 211
    A perseverança dialética 212
    A pureza do coração 214
    "Choque" 215
    A necessidade de perseverança 216
    Pecado 216

II-5 PIEDADE — I 219
    A piedade do ser humano dialético 220
    A atividade do remédio supremo 221
    A mudança corporal do aluno 222
    Os quatro alimentos santos 223
    O segundo fogo serpentino 224
    Pingalá e Idá; Ananias e Safira 224
    A nova coluna da consciência 224
    O timo 225
    Um novo sistema nervoso 226
    A cidade com as doze portas 226

II-6 PIEDADE — II 229
    Atos dos Apóstolos 5:1–11 230
    A comunhão com as radiações de Cristo 232
    Uma nova consciência 232
    O assassínio da nova radiação magnética 233
    Os moços 233
    A necessidade absoluta da morte do eu 234

II-7 PIEDADE — III 237
    Uma nova figura corpórea 237
    O "suicídio" dos cátaros 238
    Dois núcleos de consciência 239
    O sepulcro vazio 240
    O Círculo Apostólico 244

II-8 AMOR FRATERNAL 245
    Deus manifestado na carne 246

O amor do homem dialético	246
Humanismo	247
Cativo na Gnosis	248
No mundo, porém já não do mundo	249
Pescador de homens	250
O segredo do trabalho da Escola Espiritual	250
Primeira Epístola aos Coríntios, cap. 13	251
II-9 O AMOR — I	**253**
Os três templos	254
A pesca de homens	255
As três leis sagradas do apostolado	257
II-10 O AMOR — II	**261**
A futura nova vida	263
O futuro novo homem	264
O anseio de salvação libertador	265
A entrada para o novo reino	265
A construção do novo templo	266
A nova personalidade glorificada	267

Parte III	**Os dons e os poderes do novo homem**	**269**
III-1 O RENASCIMENTO AURAL		**271**
A quem falamos		272
A construção da arca		273
A oficina do construtor		273
O erro dos movimentos baseados no dom de línguas		275
O amor que cobre pecados		277
A revolução microcósmica		277
III-2 CONSEQUÊNCIAS DO RENASCIMENTO AURAL		**279**
Consequências da revolução microcósmica		281
Perdoa-nos as nossas dívidas		281

O primeiro dia da recriação: novos dons
e dádivas 282
O que a cura não é 285

III-3 O DOM DE CURAR 287
Três ministérios, cinco tarefas e nove
dons como características da nova gênese
humana 287
Os perigos do interesse negativo 288
O que é cura 289
O auxílio extraordinário para a salvação 289
"Buscai primeiro o reino de Deus..." 291
Santificação, uma via-crúcis para a sanificação . 291

III-4 AS TAREFAS: CINCO CORRENTES PARA A CURA 293
A Fraternidade mundial sétupla 293
O estado das duas naturezas 293
O dom de curar 295
A revelação dos filhos de Deus 296
O auxílio curativo das cinco tarefas 296
O tanque de Siloé 297
O despertar da rosa 298
Um novo elo na corrente áurea 300

III-5 OS DONS — I 303
A limitação do dom de curar 303
O dom da transmissão de fé 304
O dom da sabedoria e a faculdade pictórica ... 307
O dom da análise intelectual e o dom da
transmissão de conhecimento e conceito 308
O dom da nova vontade 308
O dom de curar 309

III-6 OS DONS — II 311
A mudança de tipo 312
O início da cura 312

	A ignição	313
	O dom de discernir espíritos	316
III-7	A MORTE FOI TRAGADA NA VITÓRIA	317
	A mensagem do fim	318
	Nenhuma libertação mediante evolução	318
	As duas naturezas	319
	A última trombeta	320
	O Vácuo de Shamballa	321
	Onde está, ó morte, o teu aguilhão?	321
	Breve a noite terá passado	322
III-8	O NOVO CAMPO DE VIDA	323
	A veste sem costura	326
	A Casa *Sancti Spiritus* para a nova colheita ...	326
	João e Jesus	327
	A colaboração com o novo edifício de Deus ..	328
	O derramamento de sangue da velha natureza .	329
	O derramamento de sangue da nova natureza .	329
III-9	O DOM DA PROFECIA	331
	O verdadeiro servo da palavra	331
	O verdadeiro profeta	335
	Os dons do profeta	335
	O objetivo e a tarefa do profeta	335
	A construção sobre a pedra angular: Cristo ...	337
III-10	O DOM DE LÍNGUAS	339
	A perturbação dos polos magnéticos do campo dialético	340
	A manifestação dos filhos de Deus	341
	O transfigurismo e este mundo	342
	O curso dos fatos é retardado	342
	Línguas	342
	Novamente: o ser aural	344
	Línguas de fogo	346

	A gênese das novas línguas	348
III-11	O DOM DA INTERPRETAÇÃO DE LÍNGUAS	349
	Novas línguas de fogo	349
	A ilusão e o perigo dos movimentos baseados nos dons de línguas	350
	Não se deve consultar os mortos	352
	Sensitividade	353
	A obtenção dos dons de línguas	353
	O crescimento da nova consciência	356
	O dom da interpretação de línguas	358

BIOGRAFIA DO AUTOR	359
GLOSSÁRIO	363

Prefácio

A primeira edição de *O novo homem* foi publicada em 1953, quando a Europa Ocidental ainda se reerguia dos escombros da Segunda Guerra Mundial. Nessa atmosfera sombria, um alento de esperança insuflava idealistas de diversos matizes a defender a possibilidade de instaurar-se uma nova ordem mundial que agraciasse a humanidade com paz perene. Contudo, os últimos sessenta anos testemunharam justamente o contrário e demoliram, de uma vez por todas, a ilusão de construir-se um paraíso aqui na terra. As disputas entre povos e nações apenas recrudesceram nesse período, e a humanidade arrojou-se, de novo, em busca de uma saída dessa situação que ela própria criara.

A Fraternidade da Rosacruz Áurea surgiu, nessa época, a fim de revelar a existência de um caminho luminoso para fora desse impasse e auxiliar o homem a trilhá-lo. Jan van Rijckenborgh já havia delineado e explicado essa senda de libertação interior em seu livro *O mistério iniciático cristão — Dei Gloria Intacta*, em 1946. Todavia, sete anos depois, ele sentiu a necessidade de aprofundar e desvendar, por completo, o mistério do advento iminente de um homem totalmente novo.

Esse fato tornou-se realidade em nossos dias graças a uma nova fase de desenvolvimento cósmico do mundo, que oferece ao homem a oportunidade de colaborar na gênese de um ser de consciência superior, guiado por uma alma imortal. Entretanto, para esse nascimento milagroso poder realizar-se, há a necessidade de estabelecer-se um processo de transformação total do ser humano, de modo que ele possa ceder parte de seu espaço vital a outro ser que vive de energias divinas, desconhecidas pela ciência contemporânea.

Este livro descreve com detalhes todo esse processo ao qual o homem deve submeter-se para alcançar essa transformação radical, mediante uma purificação metódica e uma renovação estrutural consoante leis cósmicas da natureza divina.

O estilo por vezes austero do texto galvaniza as palavras do autor contra a corrosão do tempo e deixa transparecer também, de forma cristalina, o esplendor da verdade que ilumina esse novo tipo humano, idealizado por filósofos e artistas desde a Antiguidade. Ele é apresentado nestas páginas para que o buscador dos tempos atuais possa reconhecê-lo e acolhê-lo incondicionalmente em sua vida.

PENTAGRAMA PUBLICAÇÕES

Parte I

Autoconhecimento como condição prévia para a nova gênese humana

I-1

O ADVENTO DO NOVO HOMEM

É possível que muitos de nossos leitores tenham conhecimento de especulações ocultistas ou etnológicas sobre o advento de uma nova raça na terra, sobre sua natureza e suas características. De fato, novas raças humanas surgiram e desapareceram repetidas vezes no curso dos milênios, e futuras manifestações dialéticas*[1] com certeza não serão exceções a essa regra.

Em nosso planeta há certas regiões que podem ser denominadas cadinhos de povos, e é desses cadinhos que novas raças surgem após muitas depurações.

Nas revoluções cósmicas, quando continentes inteiros desaparecem e muitas outras catástrofes põem termo à vida de grande número de pessoas, há sempre criaturas que escapam. Elas são, de antemão, propositadamente resguardadas, isto é, são levadas para regiões mais seguras. Desses "últimos remanescentes" da humanidade dialética desenvolvem-se novas raças que oferecem nova oportunidade de encarnação aos que pereceram durante uma revolução cósmica.

Possivelmente lestes passagens referentes ao processo de repovoamento de nosso globo depois de uma limpeza cósmica. As

---

[1] Palavras seguidas por um asterisco no texto aparecem no Glossário, que se inicia na p. 363.

lendas e os mitos que narram esse fato são incontáveis. Pensemos, por exemplo, na história de Noé, que, tendo escapado ao dilúvio, encontra terra firme no monte Ararate e, com sua família, torna-se a base de outro povoamento mundial. Nos mitos de quase todos os povos encontramos essa história de uma forma ou outra.

Assim, ao longo dos anos, séculos e éons,* a roda do tempo gira, e, com toda a razão, o sábio Pregador pode dizer: "Há alguma coisa de que se possa dizer: Vê, isto é novo? Já foi nos séculos passados, que foram antes de nós".[2]

O mesmo é válido para o vaivém das raças humanas. Em essência, elas não são "novas", mas antigas raças, ou misturas destas, que retornam. São sempre as mesmas coisas, os mesmos fatos e os mesmos seres humanos, que nas contínuas revoluções da dialética* passam em revista, ininterruptamente, os acontecimentos atuais.

Se agora falamos sobre o advento do novo homem, que fique claro de imediato que não temos a intenção de dar informações acerca de alguma raça humana dialética futura, pois, conforme foi dito, cada nova raça que alcançou a manifestação dialética já existiu nos séculos precedentes, de forma que é grande ilusão classificá-la como "nova". Ainda que o fora, semelhante manifestação racial não teria nenhum interesse para os alunos da jovem Escola* Espiritual. Nós lutamos por libertar-nos do incessante girar no tempo, aspiramos à vida original do reino de Deus, o qual não é *deste* mundo.

Portanto, nossas explicações sobre o advento do novo homem devem ser entendidas em sentido novo, pois de nenhum modo nos referimos a alguma ciência ocultista ou etnológica. Pelo contrário, dirigimos a atenção para o fato de a Sagrada Escritura, pura e absoluta, também encerrar afirmações referentes a uma nova raça

---

[2] Cf. Ec 1:10.

humana, embora em sentido muito particular. Esta nova raça é conhecida por diferentes denominações. Às vezes é mencionada a vinda do povo de Deus na terra; outras vezes, lemos sobre a *Una Sancta*,* uma fraternidade santa e ainda muitos outros nomes. Certamente conheceis isso, todavia é necessário que também compreendais tudo isso segundo o sentido correto a fim de poder evitar todos os erros possíveis.

Existe uma fraternidade santa, a Fraternidade* Universal, a Fraternidade do reino original, porém as indicações da Sagrada Escritura mencionadas acima em geral *não* se referem a essa Fraternidade. Não, nossa atenção aqui é dirigida para a formação de uma fraternidade totalmente nova, de uma *una sancta* totalmente nova.

Quando, para alcançar melhor compreensão, consideramos os problemas ligados a isso segundo seus aspectos temporais e espaciais, vemos, de um lado, o mundo dialético e a humanidade e, de outro, o reino de Deus e seus habitantes. Vasto abismo separa esses dois mundos, abismo intransponível consoante tempo e espaço. Homens e raças de carne e sangue da natureza dialética comum não podem transpô-lo. Por isso, na ordem mundial dialética toda a vida gira qual roda em torno do eixo, num retorno incessante, numa repetição sem fim.

Sabemos que essa Fraternidade do outro reino aspira a salvar a humanidade decaída e prisioneira. Com esse propósito, ela empreende um trabalho cujos aspectos são considerados e examinados ininterruptamente na Escola Espiritual. Muitos seres humanos neste mundo reagem com seriedade e devotamento aos impulsos da Fraternidade Universal. Não sabemos seu número exato, mas sem dúvida essas pessoas existem. Não sabemos a que povos ou nações pertencem nem em que países vivem. Com probabilidade beirando a certeza, porém, podemos supor existirem pessoas que reagem a esses impulsos em quase todos os países. Inúmeras delas evidenciam qualidades e convicções similares às encontradas em nossa Escola.

Todos esses seres humanos, com sua diversidade de povos e de países, formarão, em todas as regiões e em todos esses países, em dado momento da história mundial, uma comunidade, uma raça muito especial e exclusiva. Ela não se caracterizará por habitar determinada região da terra, e sim pelo fato de que se livrará da fatalidade do giro dialético da roda e realizará o milagre de atravessar o abismo intransponível em direção à pátria perdida. É a *essa* nova comunidade, ora em formação, que a Sagrada Escritura se refere.

Agora, que o momento para a formação dessa raça despontou em nossa época, é nosso dever dirigir a atenção para esse fato, investigar como se realizará tudo isso e examinar os diferentes aspectos desse maravilhoso processo. Tencionamos, em primeiro lugar, abordar do ângulo místico-filosófico essa manifestação admirável e extraordinária, esse desenvolvimento de um tipo humano totalmente novo e não dialético neste mundo dialético. Posteriormente, verificaremos de que maneira tudo isso pode ser realizado e, finalmente, que consequências podemos esperar em razão disso.

Na Primeira Epístola aos Tessalonicenses, Paulo fala sobre essa nova raça de libertos quando diz:

> Não quero, porém, irmãos, que sejais ignorantes acerca dos que já dormem, para que não vos entristeçais, como os demais, que não têm esperança. Porque, se cremos que Jesus morreu e ressuscitou, assim também, aos que em Jesus dormem, Deus os tornará a trazer com ele. Dizemo-vos, pois, isto pela palavra do Senhor: que nós, os que ficarmos vivos para a vinda do Senhor, não precederemos os que dormem. Porque o Senhor mesmo descerá do céu com grande brado, à voz do arcanjo, ao som da trombeta de Deus, e os que morreram em Cristo ressuscitarão primeiro.

Depois nós, os que ficarmos vivos, seremos arrebatados juntamente com eles nas nuvens, a encontrar o Senhor nos ares, e assim estaremos sempre com o Senhor.³

Essa linguagem místico-transfigurística, pregada como letra morta ao longo dos séculos pelas práticas religiosas naturais e abusada por inúmeras pessoas como se fora propriedade particular, contém o esquema completo da gênese da nova Eclésia.*

Em primeiro lugar, ela mostra que Paulo também *não* considera os domínios de vida da e na esfera* refletora como domínio celeste, o que está inteiramente de acordo com a doutrina transfigurística.

Para os que entraram em ligação real com a Hierarquia* de Cristo, tanto a esfera refletora como a esfera* material da dialética são apenas regiões de permanência temporária. Todos os que foram aceitos no processo da nova gênese no pleno sentido transfigurístico, mesmo que no início se trate apenas de um estágio elementar, deverão abandonar qualquer forma de tristeza ou qualquer sentimento de solidão. Esse comportamento, considerado inteiramente normal para o homem desta natureza, é profunda ilusão para os que estão libertos na luz de Cristo.

Naturalmente, todo o processo tem um início. Se perceberdes com clareza de que maneira radical o processo de santificação que temos em mente intervém, corporalmente, no inteiro microcosmo* do ser humano e dele se apodera, e quão profundamente esse processo é consolidado em cada fibra do ser, compreendereis com absoluta clareza que seu início já *significa* liberdade. A consciência de isolamento, essa experiência cabal de solidão, é bastante normal segundo a natureza comum, porém, à luz da renovação, é inteiramente anormal!

---

³ Cf. 1 Te 4:13–17.

Quem sabe isso compreende, ao mesmo tempo, que já não terá importância em que lado do véu da morte um ser humano esteja quando a ligação com a absoluta liberdade foi obtida. Sem essa ligação, quem abandona a esfera material terá de reencarnar, mas quem a possui já nada tem a temer. A roda* da dialética já não o arrastará de volta nem influência alguma da esfera refletora poderá doravante enganá-lo.

Apesar de até agora não se ter falado muito sobre isso, é indispensável saberdes que a Escola Espiritual, favorecida com múltiplos dons da graça, também atua por trás do véu da morte, e ali, igualmente, vela por seus alunos. Inúmeras dificuldades aqui conhecidas lá são completamente suprimidas em virtude de serem totalmente diversas as circunstâncias em que a Escola trabalha no Além. Ali os alunos podem, em completa e imperturbável tranquilidade, prosseguir no processo iniciado na esfera material. Por conseguinte, certo é que nos reencontraremos após deixarmos a esfera material.

É necessário que tomeis conhecimento desses fatos e não mostreis o menor traço de tristeza pela morte de um amigo ou de uma amiga, tal como outras pessoas que dessas coisas nada compreendem. Pelo contrário, deveria haver entre nós grande alegria ao ver um de nossos condiscípulos sérios atravessar o limiar da morte mais cedo do que nós. Eles são denominados os "adormecidos segundo a natureza". Um adormecido segundo a natureza não é alguém que simplesmente deixou o corpo material, mas alguém que já se libertou de qualquer laço ou qualquer influência da natureza dialética. Esse ser humano, ao deixar a esfera material, é transferido para uma região que, em essência e vibração, está fora da esfera refletora. Esse é o sentido da expressão "em Jesus dormem". Lembremos bem, todavia, o adormecido segundo a natureza ainda não é um ressurreto! A ressurreição apenas se realiza ao término do processo em que o adormecido se encontra.

I-1 · O ADVENTO DO NOVO HOMEM

Devemos aqui atentar que o estado de "adormecido segundo a natureza" pode ser alcançado também enquanto ainda vivemos na esfera material. É o estado de total demolição* do eu.

A vantagem do "estado de adormecido" sobre o de demolição do eu na esfera material é evidente. Os que "em Jesus dormem" já estão livres do corpo material com seu respectivo duplo etérico e podem continuar, tranquilamente, a construir sobre a base dos princípios renovadores já recebidos. O aluno no estado de demolição do eu, no entanto, vivendo ainda na esfera material, deve observar, a todo o momento, a presença e as solicitações de um organismo material pertencente à natureza da morte. Por isso, no processo de renovação, os adormecidos precedem, como explica Paulo, os alunos que permanecem na esfera material, uma vez que estão aptos a completar o processo mais rápido.

*
**

Nossa intenção foi, nas considerações anteriores, conscientizar-vos de que do seio da humanidade comum está surgindo, dentre todos os povos e países do mundo, novo povo que caminha para a libertação, o povo de Deus, uma multidão que ninguém pode contar. Esse povo, que se manifesta na esfera material e dela parte, já nada tem a temer da morte. Pelo contrário, a morte é vantagem para ele. Esse povo é preparado para uma viagem muito especial, indicada por Paulo como "encontrar o Senhor nos ares".

Essa viagem, "encontrar o Senhor nos ares", é uma expressão universal que alude a um segundo processo subsequente, que se relaciona com a mudança do novo ser-alma em ser-espírito. Essa é a viagem para o Reino Imutável.

Sabeis que também a humanidade, vista como um todo, está submetida ao giro da roda. Esse giro começa em um novo dia de manifestação dialética e termina com uma revolução cósmica, repetindo-se sem cessar. Ao aproximar-se o fim de um dia cósmico, as situações e as condições vibratórias tornam-se tais que já *ninguém* pode ser salvo e libertado antes que um novo dia de manifestação se inicie. Quando o último ser humano apto para essa possibilidade houver ingressado no processo de libertação, ressoará "o som da última trombeta".[4] Isto é, todos os libertos serão retirados do campo de vida dialético, com suas duas esferas, e o glorioso retorno começará.

Então a nova Fraternidade, a nova *Una Sancta,* está formada: ela vai "encontrar o Senhor nos ares". Ela é a comunidade dos que foram comprados[5] desta terra. Seus membros foram, primeiro, inflamados pelo Espírito de Deus quando ainda eram buscadores sinceros; segundo, adormeceram em Jesus; e, finalmente, foram acolhidos pelo Espírito Santo Universal no processo de renascimento dos filhos de Deus.

※

---

[4] Cf. 1 Co 15:52.

[5] Cf. Ap 14:3.

I-2

Cristo, a fonte universal de luz e de força

Nova raça humana está nascendo neste mundo! Novo povo surge, o povo prometido, o povo do Senhor, o povo de Deus!

Ao lerdes a literatura mundial, encontrareis inúmeras referências ao advento dessa gloriosa multidão, a qual ninguém pode contar. Todavia, em razão de vosso estado dialético, assimilais ao mesmo tempo com essa profecia, inevitavelmente, com todos os órgãos sensoriais, a ilusão de que esse advento do povo de Deus se relaciona com a reunificação da velha raça semítica nas margens do antigo oceano.[1] Também se dirige a atenção para o Anglo-Israelismo, procurando-se despertar com isso a ilusão de ser a raça anglo-saxônica o povo do Senhor.

Quando os antigos poetas cantam: "Ele congregará seu povo de todas as nações da terra",[2] não deveis acreditar que esses cânticos se refiram a acontecimentos ocultistas ou etnológicos, e sim deveis compreendê-los em sentido inteiramente novo. Essas velhas profecias anunciam a manifestação extraordinária e admirável de um novo tipo humano não dialético, de um grupo humano que

---

[1] O mar Mediterrâneo.
[2] Cf. Dt 30:3–4; Sl 147:2; Is 11:11–12; Ez 11:17, 34:11–13; 36:24.

— não apenas misticamente, mas também estrutural, biológica, portanto, corporalmente — está *neste* mundo, mas não é *deste* mundo. A fase profética alusiva a esse acontecimento chegou a seu término, pois ingressamos no período de realização em maior ou menor escala. Por isso, a Escola Espiritual já não fala em sentido anunciativo. Ela tem de explicar-vos agora o andamento dessas coisas a fim de que, com isso, possais considerar todos os fatores ligados a elas e consolidá-las em vossa vida. É assim que deveis compreender o "entrar na terra prometida".[3] Isso não significa que devais mudar de residência, mas sim que deveis preparar-vos para integrar esse novo grupo humano!

Assim sendo, compreendereis que há muito a considerar, ponderar e examinar cuidadosamente. Antes de mais nada, trataremos de um velho tema, abundantemente debatido em nosso meio, declarando que Cristo não é um hierofante de estatura majestosa que habita algum lugar fora do mundo material, porém, em primeiro lugar, um ser impessoal, ilimitado, que se manifesta como luz, como força, como poderoso campo de radiação. Esse campo de radiação de Cristo, que surgiu entre nós e inquieta continuamente esta sombria ordem mundial, exerce poderosa influência — em verdade, toda uma série de influências.

Sem dúvida, para o homem moderno, não é coisa fora do comum que radiações invisíveis aos olhos materiais possam exercer grande influência, visto que a humanidade atual conhece suas múltiplas aplicações em vários campos. Na medicina, na tecnologia militar e em muitos laboratórios, fazem-se experiências com radiações invisíveis.

Existem radiações com efeito demolidor, e outras que podem ser indicadas como atrativas. Denomina-se o primeiro grupo ultravioleta, e o segundo, infravermelho. Pode-se compreender

---

[3] Cf. Dt 7:1.

que as irradiações e influências do campo de irradiação de Cristo são tanto atrativas como demolidoras, pois esse campo, uma vez que constitui uma totalidade, encerra em si um espectro completo, podendo ser indicado também como sol, como corpo solar invisível. As explicações seguintes darão uma imagem da atividade dessas influências e forças distintas do campo de radiação de Cristo, que atuam em harmoniosa colaboração.

A luz atrativa, ou infravermelha, do sol divino vos atinge em dado momento. Ora, quando o santuário do coração é de natureza especial, indicada em nossa filosofia como a natureza das entidades com átomo-centelha-do-espírito* — já que existe um átomo-centelha-do-espírito no ventrículo direito do coração — reagireis a essa luz atrativa, sim, "sereis obrigados" a reagir. A consciência comum não toma conhecimento desse fato, o "eu" se defenderá espontaneamente contra isso e até motivará toda a sorte de manifestações caricaturais. Contudo, ele será arrastado, com todo o seu ser, em uma corrente de reações.

Pelo fato de ter sido tocado pela torrente de luz infravermelha do sol divino, o ser humano, em sua totalidade, fica sujeito a uma série de experiências. Milhões de seres humanos neste mundo conhecem pessoalmente as experiências intensas, inquietantes e inexplicáveis resultantes desse toque.

O fato de ser o homem atraído, literalmente, por essa torrente de luz, torna bem compreensível que a linguagem mística fale de "chamado". O impulso infravermelho, essa luz atrativa é, sem dúvida, um chamado. Deveis, porém, discernir bem o fato de existir um infravermelho terreno, natural, e um infravermelho do sol divino! Quando Deus vos chama, ele toca-vos com *essa* luz. Uma vez que é impossível separar essa luz atrativa da luz demolidora, o ultravioleta divino, é claro que, ao mesmo tempo em que ocorre o chamado, surge também uma demolição, isto é, toda aquela série de inquietações e experiências.

Quando de um chamado não surge essa incessante comoção interna, podemos estar certos de que *não* foi o infravermelho divino que nos atingiu, mas sim um chamado de influência meramente dialética, em harmonia com o ser-eu natural e, portanto, de modo algum apto a tocar o átomo-centelha-do-espírito.

Quando o verdadeiro sol do Espírito nos chama e *atendemos* a seu chamado, simultaneamente deixamos alguma coisa para trás, pois o infravermelho é sempre acompanhado do ultravioleta. *Este* é o significado das palavras: "Vai, vende tudo o que tens [...] e segue-me!"[4] *Este* é o significado da maçonaria da pedra angular. Quem quer construir sobre a pedra angular, a luz do sol divino, deve sempre levar em consideração ambos os efeitos dessa luz: demolir e construir, perder e ganhar!

Essa dupla atividade da luz divina tem enorme significado na vida. Sua importância é tal que dá origem a todas as experiências de vida. Cada página do livro da vida é escrita por essas influências. Vossa situação particular, tanto como aluno, obreiro, homem ou mulher, vossas relações com os outros e com a sociedade originam-se dessa atividade. Como alunos da Escola Espiritual, é evidente que vos abris a essa poderosa atividade da dupla luz de Deus. Do mesmo modo que podeis formar um foco com um espelho côncavo quando este reflete a luz solar comum, assim também a Escola Espiritual forma um foco para a luz divina.

À medida que esse espelho vai sendo finamente polido, que seu foco se torna cada vez mais nítido, e todo o sistema de reflexão é aprimorado, o átomo-centelha-do-espírito em vós é tocado, atraído e chamado com força e poder cada vez maiores. Ao mesmo tempo, e esse é o segundo dom da graça da Escola Espiritual, esse toque e esse chamado são explanados. Seu caráter e sua intenção são explicados com detalhes. O aluno sabe assim o que a luz

---

[4] Cf. Mt 19:21; Mc 10:21; Lc 18:22.

divina infravermelha dele requer, por que o chama e para quê o capacita.

Ela o capacita? Certamente, e de forma direta! A luz infravermelha divina é acompanhada pelo potencial de radiação ultravioleta. Isso significa que o aluno que deseja seguir os caminhos de Deus descobre que a radiação ultravioleta remove, no momento certo, todas as dificuldades e barreiras. Esse poder de Cristo aplaina a tal ponto o caminho que "seus pés já não tropeçarão numa pedra".[5]

"Fiel é o que vos chama",[6] diz a Sagrada Escritura, "o qual também o fará." Desse modo, o chamado para a senda significa, ao mesmo tempo, a possibilidade de trilhá-la. Por conseguinte, é com grande certeza que o prólogo do Evangelho de João anuncia: "[...] a todos que o receberam, deu-lhes o poder de se tornarem filhos de Deus".[7] Agora compreendereis também por que alguém que conhece essas coisas pode afirmar com segurança: a força do chamado é, ao mesmo tempo, a força que abre o caminho.

Suponhamos agora que um aluno, em virtude de seu discipulado e de sua presença no campo de força da Escola, seja atraído e chamado intensamente, mas não esteja pronto para demolir o que *deve* ser demolido nem queira abandonar o que tem de ser deixado para trás. A despeito de entender tudo muito bem, o referido aluno agarra-se com ambas as mãos a um sem-número de ilusões que ao longo de muitas encarnações, mediante pensamentos e sentimentos, se transformaram para ele em aparente realidade.

Que acontecerá doravante? Quando um aluno verdadeiro reage de modo harmonioso ao aspecto chamador, ele também reagirá harmoniosamente ao aspecto demolidor do desvelo de Cristo. A senda lhe será, então, suavizada.

---

[5] Cf. Sl 91:12.

[6] Cf. 1 Te 5:24.

[7] Cf. Jo 1:12.

Se o aluno, no entanto, reage harmoniosamente ao aspecto chamador mas não ao aspecto demolidor, ambas as influências atuarão desarmoniosamente em sua vida. Isso é óbvio! Surge daí uma série de dificuldades, sofrimentos vãos, preocupações sem fim, a dilaceração, a solidão e a tristeza, esse perfeito ninho de serpentes em que estamos aprisionados. Essas aflições, porém, de modo algum nos são impostas pela Gnosis.* Nós mesmos é que nos mortificamos com o açoite do fanático dialético. Nesse estado de ser, não há ninguém que possa socorrer-nos. Nós mesmos temos de destruir o açoite do fanático.

Existe infinita alegria a vossa espera! Chamados a pertencer ao povo de Deus, agarrai-vos, porém, à dor e à miséria. Podeis conceber maneira de viver mais insensata?

Não deveis ver essas observações como um sermão ou um chamado, pois já fostes chamados há muito, muito tempo, e como! Nosso chamado é meramente fraquíssimo eco da eterna realidade. Falamo-vos sobre essas coisas porque é hora! A fase da profecia já passou. A fase preparatória já chegou ao fim. Entramos no período de realização!

Uma multidão de pessoas que respondem está sendo reunida de todos os povos e países para nova atividade e novo desenvolvimento. Os que desejam participar — e estas palavras são dirigidas aos que *podem* fazê-lo — têm de apressar-se por razões científicas urgentes.

Já mencionamos que, além da radiação dupla do campo solar de Cristo, há também o poder duplo de radiação desta natureza dialética. A luz infravermelha natural liga-se ao *eu,* e a luz ultravioleta natural ataca e destrói tudo o que a este *eu* se oponha. Assim, a dialética desenvolve o perpétuo nascer, florescer e fenecer; o devorar para depois ser devorado.

Consequentemente, este campo de radiação natural tem um desenvolvimento degenerativo, enquanto o campo de radiação de Cristo está sujeito a um desenvolvimento regenerativo que se expande. Isto significa que os dois campos estão expostos a uma mudança de vibração em oposição recíproca, ou seja, eles afastam-se cada vez mais um do outro!

Assim sendo, fica evidente que chegará um momento em que uma entidade existente em um dos campos já não poderá participar do outro. A diferença entre os dois campos, que no início era apenas fundamental e qualitativa, tornar-se-á por fim tão grande estruturalmente, e os indivíduos que se manifestam em ambos os campos, biologicamente tão diferentes que, em dado momento, o homem pertencente ao campo dialético já *não* poderá reconciliar-se, ligar-se com o campo de Cristo.

Semelhante situação trágica sempre surge ao fim de um período humano. Fica claro, portanto, que um ser humano chamado pelo campo de Cristo, mas apegado ao campo da dialética, *não* pode servir a dois senhores. Ele será desligado do campo de Cristo, isto é, ele próprio o fará.

Chegou a hora em que esse processo de desligamento toma forma, uma grande separação começa a desenvolver-se. A palavra "Cristo" será silenciada nos lábios dos que não pertençam ao campo de Cristo. Eles serão desmascarados e reconhecidos por todos. Os remanescentes, os buscadores sinceros, têm ainda nas próprias mãos a escolha, se, com determinação, despedirem-se a tempo de sua dualidade e, com toda a sua vontade, confiarem-se ao campo de radiação de Cristo. Então os cânticos dos antigos serão entoados também para eles:

> Permanecereis em repouso entre os muros do aprisco, quando as asas da pomba se cobrem de prata e suas penas com um reflexo de ouro pálido.[8]

---

[8] Cf. Sl 68:13.

As forças luminosas de Deus te guardarão em todos os teus caminhos. Elas te levarão em suas mãos, para que teus pés não tropecem numa pedra.[9]

Maçons da Rosa-Cruz, utilizai vossa razão! Construí sobre a eterna pedra angular, recusada pelos construtores *deste* mundo. Celebrai conosco, assim, o advento do dia do Senhor!

※

---

[9] Cf. Sl 91:12.

I-3

A ATIVIDADE SÉTUPLA DO SOL DIVINO

Conforme explicamos, este mundo de trevas e sua humanidade mortal estão sendo atingidos por um espectro solar completo, um feixe perfeito de raios do sol divino. O símbolo mais magnífico que a humanidade possui dessa glória divina é, de fato, a imagem do sol material, e isso foi compreendido pelos poetas, filósofos e iniciados no decurso de toda a história mundial.

Pensemos apenas na majestosa figura de Hiawatha, o herói da epopeia de Longfellow,[1] que podemos considerar como figura mítica, representando a mais elevada, a melhor e a mais nobre vida dos povos. Longfellow relata como Hiawatha, ao romper da aurora, ao nascer do sol, se entrega a profunda reflexão a fim de entrar em ligação consciente com o Eterno, que existe e trabalha por trás de toda a manifestação dialética.

De modo análogo também devemos examinar a eterna luz solar de Cristo, para ensinar não somente a nós, mas também a todos os que são receptivos a ela, a elevar-se a essa glória áurea, a fim de conduzi-los como novo povo através dos portais da

---

[1] Longfellow, H.W. *The Song of Hiawatha*. Dover Thrift Editions: New York, 2006.

vida libertadora. Os tempos vistos por Longfellow como futuro distante chegaram. A hora despontou agora. O tempo chegou! O povo do Senhor está sendo chamado de todos os confins do mundo. O essencial não é apenas *reagir* a esse chamado, mas também *cumpri-lo* e mostrar se entendemos tudo o que serve a nossa paz eterna.

Já indicamos dois aspectos do espectro solar divino: o infravermelho, ou atrativo, e o ultravioleta, ou demolidor. Descobrimos, mediante a utilização da chave mística, que devemos compreender o aspecto demolidor em sentido inteiramente diverso do que o faz o homem dialético. O aluno incipiente, que se tornou cônscio do chamado, encara esse aspecto da demolição como uma batalha, como luta intensa contra uma natureza não divina, ímpia. No entanto, ele nada tem a demolir por si mesmo! É a Gnosis quem o faz! É a luz ultravioleta que varre todos os obstáculos, às vezes com a força de um furacão. Tudo o que o aluno tem de fazer é permanecer em negação,* na negação da camisa de força em que está aprisionado.

*
**

Conheceis o livro *O andarilho das estrelas*,[2] de Jack London? Um homem jaz atirado no fundo de uma cela, cruelmente preso em uma camisa de força. Vermes cobrem-lhe o corpo todo, e sua miséria é quase completa. Quem aceita os sofrimentos derivados dessa experiência corporal morre em meio a horror infernal. O herói dessa história entretanto nega tudo isso e silencia. Não acusa os carcereiros, ri-se deles. Pensa na magia estival dos bosques, no chilrear dos pássaros. Tenta perceber a fragrância das flores, o murmurar da água no regato. E eis que a fraqueza corporal se lhe torna

---

[2] London, J. *O andarilho das estrelas.* São Paulo: Axis Mundi, 1998.

em bênção. Desenvolve-se uma divisão de personalidade. Ele abandona o corpo amarrado à camisa, esgueira-se através das paredes e, cantando, atinge o vasto campo em que o sol aquece o universo. Enquanto os carcereiros espiam pela vigia, e o prisioneiro jaz mortalmente pálido, inconsciente, absorto, há liberdade e, considerando as circunstâncias, imensa felicidade. Com essa alegria ele retorna ao corpo, e a forma na matéria, carcomida de vermes, recebe a jubilante canção da liberdade e exterioriza sua alegria! Ele sabe que é um prisioneiro, mas, ao mesmo tempo, um liberto! Assim o encontram seus assombrados e confusos carcereiros.

Agora, talvez, possais compreender, até certo ponto, o que a Escola define como negação. Negação não é exaltação nem pôr de lado a realidade dialética, mas uma atitude de afastamento interior dessa realidade, um desprendimento. Este "afastamento" significa lançar-se à busca da maravilhosa libertação.

Será essa negação um ato da vontade, como muita gente pensa? Será uma mudança de dieta ou algo parecido? Negação *assim* compreendida significaria apenas cultura de personalidade. Ninguém pode entregar-se a esse estado de negação tal como é compreendido pela Escola Espiritual sem que se reconheça positivamente atraído pelo toque do raio de luz infravermelha do sol divino. Ninguém pode alcançar essa negação sem que traga no coração o átomo-centelha-do-espírito. Quem possui essa assinatura da vida original é chamado, atraído, e, se desejá-lo, alçado. O aluno meramente tem de prosseguir. Sua negação é bem consequente e positiva, porém ela é a consequência do chamado.

Vivenciar a força atrativa desse chamado e reagir a ele de modo positivo, mediante a negação de todas as coisas deste mundo, eis o que Paulo chamou de "fé": lançar-se à busca de um ideal desconhecido e grandioso, que surgiu radiante no horizonte da vida, rumo à força de luz que já de longe vem a nosso encontro para envolver-nos com amor.

É um processo que preenche o aluno com a força e a irresistível alegria da esperança e o faz cantar na camisa de força da decomposição. Se compreenderdes essa linguagem, podereis preparar-vos, junto conosco, nas fileiras da futura nova humanidade, para o novo dia que irrompeu. Fará sentido, então, estudar minuciosamente o processo relacionado com todas essas coisas e investigar todos os seus aspectos. Até agora utilizamos quase que exclusivamente a chave mística. Passemos agora à consideração dos pormenores.

O sol divino de que falamos envia sete espécies de raios ao mundo perdido e decaído. Esses raios formam um espectro completo, constituído de: vermelho, laranja, amarelo, verde, azul, índigo e violeta. São os sete raios do sol divino, aos quais ligamos os alunos da Escola, de vez em quando, mediante um canto mantrâmico:

> Eis que avançamos no vermelho da aliança sanguínea,
> vivendo do esplendor alaranjado do prana divino.
> Nosso é o áureo coração da glória solar de Cristo.
> Unidos permanecemos no verde país da esperança.
> Poderosamente a amplidão azul se nos abre a distância...
> A nuvem do Senhor, colorida de índigo, nos precede.
> Então a face é despojada de todo o véu,
> e o manto violeta dos reis-sacerdotes nos espera.

Esse sol irradia sobre o mundo e desperta o átomo-centelha-do-espírito no coração humano.

O que acontecerá em consequência disso? Já tivemos a oportunidade de responder a essa pergunta. Desde que o homem tenha assim despertado, ele começará a buscar.

Na prática, essa resposta nos diz muito pouco. Devemos compreender o que ocorre psicológica e fisiologicamente no homem quando ele é tocado por essa energia radiativa especial e mostra, uma vez que possui o átomo-centelha-do-espírito, sintomas de reação.

Essa reação inicia-se com um trabalho no santuário do coração. Geralmente, um ou outro abalo violento na vida comum faz que o átomo-centelha-do-espírito no coração principie a vibrar intensamente. Até esse momento, devido à conduta e à qualidade sanguínea do homem comum, esse átomo mantinha-se em estado latente e de tal modo enclausurado que não podia ser despertado pela luz do sol divino. Entretanto, quando em razão de amarga experiência ocorre um colapso temporário na vida, atingindo o próprio sangue, um dos sete ventrículos do coração se abre, o fogo nele contido se inflama, e uma luz brilhante é irradiada sobre o timo, pequena glândula situada atrás do esterno. Quando houver receptibilidade do timo — em muitos casos um impulso de luz não é suficiente, entretanto consideremos que nesse caso tal impulso foi suficiente —, o hormônio do timo conduz essa força de luz à pequena circulação* sanguínea.

Quando esse processo tiver-se realizado, é certo que, após algum tempo, a força de luz transportada pelo sangue tocará todos os centros cerebrais. Se ela chegar ao santuário da cabeça do referido ser humano, este se transforma instantânea e irrevogavelmente em um buscador, pois, mediante a influência da força de luz nos centros cerebrais são despertados pensamentos, todos da mesma categoria. Esse ser humano foi tocado pela luz atrativa e, por intermédio do átomo-centelha-do-espírito, do timo, do sangue e dos centros cerebrais, o "eu" dialético torna-se consciente do chamado. Daí em diante, desenvolve-se, irresistivelmente, toda uma série de pensamentos, e, à medida que os centros cerebrais vão sendo estimulados a uma nova atividade, a atuação do átomo-centelha-do-espírito prossegue seu trabalho, uma vez que foi aberta uma brecha tanto no sangue como na consciência.

Sem dúvida, já tereis ouvido falar sobre a contemplação de bola de cristal. Esse é um método ocultista negativo para obter e desenvolver a visão etérica. É um trabalho extremamente perigoso para quem o pratica, pois, junto com as visões, evoca uma legião de forças terrenas que aguardam pelo fim funesto de sua vítima. Esse fim ocorre quando a luz protetora do cundalini,* em torno da glândula pineal,* apaga-se como resultado do ato de fitar o cristal. Podeis comparar esse fato com a queima de um fusível em um circuito elétrico. Quando o fusível do cundalini se queima, o ser humano em questão torna-se um joguete das forças terrenas durante algum tempo.

Podeis avaliar agora como os métodos ocultistas, positivos ou negativos, nada mais são que imitações caricaturais da magia transfigurística. É o que se dá também com o uso de bola de cristal. O cristal esmeradamente lapidado, a joia cintilante mediante a qual a verdade pode manifestar-se, é o átomo-centelha-do-espírito no coração! Quando, como resultado da atividade já mencionada da luz universal, o ser humano dirige seus pensamentos para uma vida que não está, e todavia tem de estar em algum lugar, para as coisas ocultas que, necessariamente, devem ser compreendidas, esse ser humano fita, por assim dizer, no cristal do próprio coração, de onde inicialmente emergem apenas vagas visões. Entretanto, o indivíduo simplório, que ouve a respeito da joia cintilante, instala-se em frente de um pedaço de vidro ou lança ervas ao fogo para propiciar, mediante o fumo, um estado de exaltação.

O átomo-centelha-do-espírito é também chamado o altar, de onde deve elevar-se uma fragrância agradável a Deus para preencher inteiramente o santuário da cabeça, de forma a que o homem sacerdotal possa compreender a palavra do Espírito Santo. Então os pensamentos do buscador elevam-se, um por um, e, como sabeis, pensamentos são criações. Imagens-pensamentos povoam nosso campo* de manifestação, e pensamentos similares têm a tendência de agrupar-se. Essas imagens-pensamentos, consoante sua natureza, trarão harmonia ou desarmonia, força ou fraqueza a nossa vida. Quando alguém começa a buscar nessa direção, podemos acompanhar exatamente os acontecimentos que se seguem.

Quando o hormônio do timo é introduzido no sangue da pequena circulação, a força de luz é, evidentemente, obscurecida em maior ou menor intensidade pela condição do sangue.

Em virtude de nosso nascimento, carregamos no sangue as imagens da religião* natural ou do ocultismo natural, do humanismo natural ou do materialismo, e é por isso mesmo que as primeiras imagens-pensamentos evocadas pela força da luz são muito impuras e fracas.

Assim, a mudança processa-se muito lentamente. Compreendemos, portanto, por que a busca é um processo inevitável. É um longo processo de inumeráveis experiências, visto que, impulsionados por nossas imagens-pensamentos, partimos para a experimentação. Associamo-nos a toda a sorte de movimentos deste mundo, porque temos de verificar, na prática, a verdade e a justeza de nossos pensamentos. Portanto, existem aqui inúmeros seres humanos que já palmilharam muitos caminhos, não se pouparam intermináveis esforços ou fadigas para finalmente encontrar a Escola Espiritual. Consolai-vos, pois todos têm de seguir esse caminho!

Os influxos de força de luz do átomo-centelha-do-espírito e o mirar o próprio cristal têm de prosseguir até que a imagem-pensamento da mais perfeita pureza seja criada. Na Escola Espiritual sois eficazmente auxiliados nesse processo. Dia após dia, hora após hora, todos os meios são empregados para expor-vos os caminhos e as intenções do sol divino, para, por assim dizer, soletrá-los para vós, palavra por palavra, de tal sorte que, finalmente, possais guardar convosco a *concepção mental do homem imortal* da maneira mais nítida possível.

Convosco, a vosso lado, em vosso campo de manifestação, deve nascer a imagem* mental do homem celeste imortal, tão clara quanto possível, antes de poderdes abandonar o já citado estágio de busca na senda.

Paulo fala sobre a imagem do homem celeste que o candidato deve trazer consigo. Esse é um mistério admirável que não podia ser revelado até agora na Escola. Na Primeira Epístola aos Coríntios, capítulo 15, Paulo dirige-se aos discípulos que se preparam para a senda:[3]

> Mas não é primeiro o espiritual, senão o psíquico; depois o espiritual. O primeiro homem, sendo da terra, é terreno; o segundo homem é do céu. Qual o terreno, tais também os terrenos; e, qual o celestial, tais também os celestiais. E, assim como trouxemos a imagem do terreno, traremos também a imagem do celestial. Mas digo isto, irmãos, que carne e sangue não podem herdar o reino de Deus; nem a corrupção herdar a incorrupção. Eis que vos digo um mistério [de salvação] [...] todos seremos transformados [...] Porque é necessário que isto que é corruptível se revista da incorruptibilidade e que isto que é mortal se revista da imortalidade [...] então se cumprirá a palavra que está escrita: Tragada foi a morte na vitória. Onde está, ó morte, a tua vitória? Onde está, ó morte, o teu aguilhão?

Quando, após inúmeras orientações no longo caminho de busca, o aluno tiver formado a imagem do homem imortal, como concepção mental nascida da força da luz, fora do corpo, intensificada e vivificada pela radiação do sol divino, nova etapa poderá ser empreendida. Essa nova etapa, assim diz Paulo, é um mistério de "salvação" que, na prática, significa um remédio, um meio para tornar-se são. A receita para isso é que o corruptível se revista da

---

[3] Cf. 1 Co 15:46-55.

incorruptibilidade, e o mortal, da imortalidade. A concepção mental que acabamos de examinar desempenha um papel essencial e dominante nesse processo. Examinemos agora esse maravilhoso acontecimento em suas minúcias.

※

I-4

A NATUREZA DO APRISIONAMENTO HUMANO

Como acabamos de ver, o candidato à nova vida libertadora deve formar, antes de mais nada, a imagem do homem primordial, celeste, imortal, no processo de santificação que tem de realizar. Ele deve construir essa concepção mental, essa imagem-pensamento, em seu campo* de respiração mediante mudança fundamental de vida.

Sabeis, provavelmente, que o campo de respiração abriga *todas* as formas-pensamentos criadas pelo homem.

Pensamentos são coisas, lampejos de luz, impulsos de luz do cérebro. Esses raios luminosos são combinações de substâncias muito tênues, passíveis de serem averiguadas e pesadas com instrumentos de precisão.

Isso nos faz compreender que pensamentos são coisas, formas materiais de fato, embora de natureza e estrutura muito mais sutis do que as de nosso corpo físico denso.

Essas formas-pensamentos permanecem no campo de ação imediato de seu criador ou em suas imediações. Elas agrupam-se com outras da mesma natureza, tornando-se assim cada vez mais poderosas. Quando não as vivificamos mentalmente e, portanto, se encontram em repouso em nosso campo de respiração, esses seres-pensamentos aparentam formações de nuvens que apresentam nitidamente certo movimento, como acontece com as formações de nuvens no céu.

Quando observamos um ser humano, percebemos claramente como essas nuvens de pensamentos surgem do lado direito do corpo, à altura da cintura, erguem-se acima da cabeça para, em seguida, descerem e desaparecerem no lado esquerdo do corpo à mesma altura da cintura. Observando alguém, essa circulação acontece no sentido dos ponteiros do relógio, enquanto que, observando esse processo em nós mesmos, o movimento acontece em sentido contrário. Essas nuvens de pensamentos têm de ser alimentadas porque são criaturas, seres vivos. Devemos compreender que os pensamentos são entidades vivas de ordem e classe definidas. Para sua subsistência, dependem de força de luz, de substância luminosa do cérebro de que foram criadas. Por isso, esses seres pedem a seu criador — obrigam-no, se possível — para os nutrir e manter com a mesma força cerebral que os criou. Descreveremos agora minuciosamente de que modo essa coação é exercida pelos frutos de nossos pensamentos.

Quando um ser humano cede a essa pressão completamente natural — e isso ocorre todo o dia e quase a toda a hora — vemos surgir, dessas nuvens mentais que circulam em nosso campo de respiração, formas bem distintas, cuja característica exterior mais expressiva talvez sejam os olhos. À medida que a forma vai sendo nutrida mentalmente, emana de seus olhos uma influência cada vez mais poderosa, hipnotizante. Assim, hipnotizado por suas próprias criações mentais, esse ser humano é arrastado à ação, a uma série de ações e, desse modo, a uma completa escravidão por seus próprios fantasmas. Desse modo todos nós, no decorrer de éons, nos tornamos escravos de nossa ilusão, de nossos preconceitos e vícios. Estes, pela atividade de nossos pensamentos, corporificaram-se em nosso campo de respiração e, conservados e alimentados por nós, acabaram por dominar-nos inteiramente.

I-4 · A NATUREZA DO APRISIONAMENTO HUMANO

A conduta de vida que tantas vezes deploramos, contra a qual impotentemente nos insurgimos, conduta de vida que envenena nossa existência, pois nos enojamos de nós mesmos e corremos o perigo de perder todo o respeito próprio, resulta dessa coação exercida pelo circuito dos hábitos de pensamento, de nossas criações mentais no campo de respiração.

A humanidade está muito doente, mortalmente doente, vítima do próprio instinto criador, e nenhum mortal escapa disso. O fato de o homem dialético abusar, de segundo a segundo, do mencionado poder criador do cérebro de modo tão horrível, revolucionário e caótico, com todas as consequências, fez que ele descesse frequentemente a nível abaixo do animal. Quando a Sagrada Escritura clama contra o abuso da santa função criadora, refere-se a essa aplicação perniciosa da faculdade mental, subordinada a uma vida de desejos quase ilimitada, e a suas consequências. Encerradas no circuito dos hábitos de seus pensamentos, muitas pessoas tornaram-se demasiado denegridas e abjetas para que possam ser tocadas.

Se colocarmos com sinceridade nossa própria vida à luz discriminante da Fraternidade, reconheceremos que — acorrentados na cadeia de hábitos de pensamento — já vivenciamos pensamentos indesejáveis vir à tona de nossa consciência, por motivos inescrutáveis, para realizar sua marcha fatal. Quantas vezes teremos exclamado: "O mal que não quero, esse faço!"[1]

Qual será a causa dessa funesta e indesejável torrente da vida de pensamentos inferior, a qual escapa a nosso controle de modo tão alarmante?

A causa pode, em geral, ser indicada como o sangue! Esse desejo, essa predisposição a uma vida ímpia, está em nosso sangue! A dialética está fundamentalmente enraizada em nosso sangue. Se,

---
[1] Cf. Rm 7:19.

pela cultura da vontade, tentamos refrear esse instinto sanguíneo da natureza, é possível que consigamos, em certo sentido, canalizar essa torrente sanguínea. Mais tarde, porém, ela se fará valer mais forte do que nunca sob outro aspecto. Todo o ser humano é, sem nenhuma exceção, em certo sentido, mesmo que às vezes muito secretamente, mais perigoso do que um animal feroz. O instinto do sangue sempre forçará sua passagem de qualquer maneira. Isso é uma questão vital para o animal humano. Agora perguntamos: como esse instinto, esse arqui-instinto, surge em nosso sangue?

Para responder a essa ardente questão, teremos de ser muito minuciosos. Até agora a Escola da Rosacruz Áurea se tem limitado a dar somente explicações filosóficas e místicas sobre esse assunto, mas o tempo chegou, e uma explicação científica faz-se necessária.

***

Talvez seja de vosso conhecimento que em nossa doutrina falamos de uma personalidade quádrupla. Vamos examiná-la de maneira inteiramente diversa da que temos feito até agora. Nosso corpo físico manifesta-se em um campo etérico concentrado e por intermédio deste. Até onde este campo etérico trabalha e se revela em nosso corpo, falamos de corpo etérico (corpo vital), visto que vivemos de éteres. O corpo etérico interpenetra o corpo material e se sobressai ligeiramente, conservando ainda o formato deste, mas logo se funde com o campo de manifestação, ou de respiração.

A faculdade mental do cérebro é também uma combinação de éteres, mas de composição muito sutil. Existe, além disso, uma consciência no corpo. Encontramos essa consciência no sistema cerebrospinal, a coluna* do fogo* serpentino, e sabemos que esse fogo da consciência está intimamente ligado ao sangue e ao fluido nervoso. Essa consciência, junto com o sangue e o fluido nervoso, é governada por nosso ser-desejo e dele se origina. O ser-desejo, de fato, é o núcleo interior de nossa existência dialética material, é o *eu,* o eu sanguíneo, a alma terrena.

Ele possui no corpo uma sede determinada: o sistema fígado-baço. Aí ele se abriga não apenas em sentido figurado, mas também literal. O fígado, o baço, os rins e as suprarrenais, junto com o plexo solar — o conhecido centro cerebral da pelve — formam o domínio do eu sanguíneo, do ser-desejo.

O fígado é o órgão supremo de que os homens vivem. Se atentardes ao nome,[2] sabereis que em alguns povos quem dava nome às coisas na antiguidade sabia disso.

No sistema fígado-baço, junto com os órgãos a ele pertencentes, são controlados e mantidos em certo estado de ser o sangue, o fluido nervoso, o fogo serpentino e, por conseguinte, o homem como um todo. Todas as forças de luz, e seus efeitos hormonais, que não se originam desta natureza são, por isso, removidos do sangue por esse mesmo sistema. Dissemos que o núcleo do ser-eu reside nesse sistema. Ele fica encerrado no baço. Durante nosso estado de vigília, ele aí permanece enrolado qual uma espiral. Durante o sono, porém, ele sai do baço, a espiral desenrola-se, e uma fita de aparência de nuvem aparece. Vemo-la tomar forma no campo de respiração, ou seja, a *figura do verdadeiro homem dialético, nosso ser-desejo, nosso verdadeiro eu sanguíneo.* Esse *eu,* na maioria das vezes, é bem diferente de nossa aparência física! Todavia, preferimos omitir aqui sua descrição.

Compreendereis que esse ser-desejo, quando se manifesta no campo de respiração, é bem diferente dos seres-pensamentos a que acabamos de aludir. Durante o sono, esse ser-desejo, nosso verdadeiro eu dialético, pode afastar-se do corpo físico a considerável

---

[2] Nas línguas anglo-germânicas, a palavra fígado (*Leber,* em alemão, *liver,* em inglês) significa "vivente".

distância, mas não tanto quanto o corpo mental. Se levarmos em conta que todas as nossas experiências noturnas são feitas com esse ser-desejo, sendo por ele absorvidas, e que esse eu sanguíneo é originário exclusivamente desta natureza, ficará claro por que lhe é impossível acolher impulsos libertadores. O eu da natureza *não* pode tornar-se suscetível à vida superior. Ele tem de morrer, pois "carne e sangue não podem herdar o reino de Deus"![3]

Quando, outrossim, por algum motivo somos tomados de forte agitação, o eu sai do baço sem que o saibamos, prestes a lançar-se sobre um eventual agressor. O baço, além de sede do ser-eu, é também a principal porta de entrada das forças etéricas no corpo. O ser-desejo alimenta-se e vive dessas forças e, desse modo, controla todo o sistema corpóreo. Por fim, os fantasmas mentais, cuja origem e comportamento já descrevemos, influenciam o baço consideravelmente.

O processo em questão pode ser descrito como segue: o ser-desejo impele o cérebro a empregar sua faculdade criadora, sua atividade mental, de acordo com a natureza e as necessidades do eu sanguíneo, povoando assim com seres mentais todo o campo de respiração, ou campo etérico do microcosmo. Cada uma dessas imagens-pensamentos forma um foco de forças etéricas, as quais permanecem no campo de manifestação, e as transmuta em concordância com sua própria natureza. Desse modo, o campo etérico é trabalhado de certo modo por todos esses seres-pensamentos, e o resultado desse trabalho é sorvido avidamente pelo ser-desejo, o eu, mediante o baço. Todas essas forças circulam, por assim dizer, por um canal: entram no corpo pelo baço e saem pelo fígado. Vemos, pois, que todos esses fenômenos vitais servem para nutrir o ser-desejo, o *eu* sanguíneo. Eis o quadro sinistro de nossa realidade!

---

[3] Cf. 1 Co 15:50.

I-4 · A NATUREZA DO APRISIONAMENTO HUMANO

Após terdes investigado por completo essa atividade inteiramente miserável e, ao mesmo tempo, perigosa, e em consequência disso vos tiverdes tornado conscientes de vosso aprisionamento em todas as fibras do ser; após tudo isso ter sido examinado detalhadamente e demonstrado em todos os seus matizes, de modo que mesmo uma criança possa compreendê-lo, é possível que surja em vós a tendência de considerar todas essas discussões como cruéis tribulações.

Assim como antigamente, quando Edgar Allan Poe descrevia, minuciosa e empolgantemente, situações sinistras, prisões e torturas, também podereis exclamar: "Alto! Parai com isso! Sei que vivo em uma prisão. Por que tendes, entretanto, de investigar e definir, com todos os seus pormenores, os muros desta prisão e a natureza de suas limitações?"

Ninguém pode erguer-se do sepulcro da natureza sem que tenha experimentado, até a medula, a frialdade da casa da morte em que "vive".

Ninguém pode trilhar a senda libertadora sem ter sentido aqui, por toda a parte, o sopro da morte.

Ninguém verá o Oriente da liberdade eterna sem que esteja preparado para levar a cruz da verdade até nas horas mais sombrias da noite.

Quem não for suficientemente forte para suportar isso, permaneça afastado de nosso trabalho! O evangelho de Jesus Cristo é somente para os fortes, e esse evangelho começa com o desmascaramento. Entretanto, se estais provando conosco, de fato, o amargo fel do aprisionamento e aceitais o acre vinagre para beber, conduzir-vos-emos agora ao mistério de salvação de Paulo, ao método de cura.

> Eis aqui vos digo um mistério [de cura, de salvação], [...] todos seremos transformados. Porque é necessário que isto que é corruptível se revista

da incorruptibilidade e que isto que é mortal se revista da imortalidade, então se cumprirá a palavra que está escrita: Tragada foi a morte na vitória.[4]

Analisemos agora esse mistério. O verdadeiro aluno é capaz de construir, em meio a este mundo efêmero, em seu microcosmo mortal e danificado, algo incorruptível e imortal, ou seja, a concepção mental, a imagem mental do homem celeste imortal. Esta concepção mental deve ser criada de modo inteiramente diverso daquele descrito anteriormente, que origina as tramas mentais. A referida concepção mental somente pode ser realizada pelo homem que possui o átomo-centelha-do-espírito no ventrículo direito do coração.

Quando esse átomo é tocado pela luz infravermelha da Gnosis, inicia-se uma atividade muito especial no timo, glândula endócrina localizada atrás do osso esterno.

O átomo-centelha-do-espírito começa a vibrar vigorosamente e, com seus impulsos de luz, ativa o timo, que por sua vez passa a segregar um hormônio na corrente sanguínea.

O timo é ativo durante nossa infância, todavia se atrofia e torna latente em seguida. Ele é reanimado, porém, pelo átomo-centelha-do-espírito, que foi tocado pela luz gnóstica. Logo que o sangue, carregado com esse hormônio especial, atinja a cabeça e, consequentemente, influencie o cérebro, surgirão, em virtude das atividades do sangue nos centros cerebrais, os mais surpreendentes pensamentos, aqueles que caracterizam o verdadeiro "buscador". Doravante, se poderá dizer que, graças a esse maravilhoso trabalho, a imagem do homem imortal é concebida em seu estado embrionário, inteiramente fora da esfera de influência do ser-desejo, do eu sanguíneo. Devemos destacar que a natureza, a

---

[4] Cf. 1 Co 15:51,53–54.

vibração e a composição dessa trama mental, conforme já observamos, é completamente diversa daquela dos outros seres mentais já mencionados. Consequentemente, essa imagem não pode circular pelo canal do sistema fígado-baço. Ela irradia calmamente no campo de respiração do candidato, qual uma luz peculiar, e se mantém, na maioria das vezes, bem diante dele, face a face. Essa imagem, atraída pela luz infravermelha da Gnosis, vez por outra sai do inteiro sistema microcósmico, para além do ser* aural, e depois retorna revigorada.

Todavia, o hormônio do timo, que ocasionou tudo isso, naturalmente desce outra vez corrente sanguínea abaixo, e a atividade do corpo de desejos faz os rins eliminar do sangue essa substância, sua inimiga.

No fígado e nos rins todas as substâncias estranhas à natureza do eu são filtradas do sangue. Contudo, se o átomo-centelha-do-espírito continua a vibrar, com todas as consequências que acabamos de descrever, ver-nos-emos diante dessa estranha cisão tão familiar a inúmeros buscadores, a vivência de duas vidas. Buscando, continuamos a construir nossa concepção* mental supranatural mediante o auxílio da Escola Espiritual. Pela disciplina interior e pela força sustentadora do campo de força continuamos, sem cessar, a purificar nossa imagem mental divina da ilusão e do engano.

Durante todo esse tempo vivemos a vida normal de efésio,* e exteriormente pouco ou nada mudará em nossa vida. Correm os anos, e, quando muito, nos aquecemos, vez ou outra, à imagem mental do incorruptível que levamos conosco.

*
**

Precisamos, pois, advertir-vos de que esse estado de sonho, durante o qual nos deleitamos com nossas tramas mentais, pode durar muito tempo, tempo demais, às vezes até mesmo inúmeras encarnações. Por que isso acontece?

Porque o ser-desejo não somente purifica biologicamente o sangue através do sistema fígado-baço como também coopera, aparentemente, com vossa inclinação de busca!

O ser-desejo, o eu, está pleno de astúcia atlante. Ele possui atrás de si uma cultura eônica. Assim como a cabeça possui um cérebro, e igualmente o coração possui o seu, também a pelve possui seu cérebro, pleno de consciência cerebral lunar, localizado no plexo solar.

Guiado por essa inteligência, o *eu* tenta envolver vossa concepção mental do eterno, nascida do átomo-centelha-do-espírito, com ilusões, especulações de todo o gênero e absolutas inverdades. Prometeu é assim, literalmente, preso e acorrentado. A imagem do incorruptível é enclausurada no campo de respiração ou ligada a desenvolvimentos ocultistas e religiosos naturais. Por isso, a Escola Espiritual está sempre alerta a fim de conservar vivo seu trabalho, zelando assim pela pureza de sua filosofia, pois dessa forma ela pode prestar a cada candidato o melhor auxílio. Ela tem de espelhar-se no exemplo de suas predecessoras no tempo, que viram repetidamente seu trabalho extinguir-se de forma prematura em virtude de toda a sorte de obstáculos, criados da maneira aqui descrita.

※※

Agora, considerando tudo isso, aprendei o mistério de salvação, o mistério de cura. Se o candidato conservar pura e limpa sua concepção mental do ser imortal, mediante a vivência de um discipulado sincero e zeloso, confiando-se completamente à direção da Escola Espiritual, esse ser embrionário recém-nascido de Deus se desenvolverá em toda a plenitude.

Finalmente, o candidato trará consigo a imagem completa do homem celeste original, nascido do polo infravermelho da luz da Gnosis.

O que deve suceder agora? O que acontecerá doravante? Sabeis que toda a trama comum natural de pensamentos circula pelo canal do sistema fígado-baço. Do mesmo modo, impulsionada pelo polo ultravioleta da luz da Gnosis e por clara decisão da vontade[5] do candidato, a concepção mental do homem celeste deverá doravante afluir a essa circulação pelo canal do sistema fígado-baço, eventualmente mediante força interior, visto que o ser-desejo, o eu, lhe recusará esse acesso.

Podeis prever as consequências disso. A fortaleza do eu é atacada em decorrência dessa nova circulação de forças etéricas inteiramente diferentes, os puros éteres de Cristo. O eu, o ser-desejo, é expulso do centro da pelve, e um novo ser-desejo* nasce, a corporificação do grandioso desejo por salvação.

Agora possivelmente compreendereis o antigo mito que data do alvorecer da era dialética — a lenda de Adão e Eva. Adão é Manas, o pensador, a imagem mental do imortal. Eva é o novo *eu*, o novo ser astral que, saindo do lado do corpo, tem de manifestar-se. Ambos, esse homem e essa mulher — devido a sua polarização, o ser astral é sempre representado como sendo feminino —, esse novo Adão e essa nova Eva, precisam nascer em nosso sistema. Quando ambos se unirem em santo trabalho, deles nascerá, corporalmente, o novo homem transfigurado.

É esse o mistério de salvação a que Paulo alude. Esse é o processo. O órgão nuclear dialético corruptível, o sistema fígado-baço

---

[5] Essa decisão da vontade provém do novo Marte, a faculdade da vontade renovada em Deus. Ver: Rijckenborgh, J. van. A iniciação de Marte do primeiro círculo sétuplo. In: _____. *O mistério iniciático cristão: Dei Gloria Intacta*. Jarinu: Rosacruz, 2003. cap. 6, p. 101–110.

do homem material, precisa revestir-se do incorruptível. Ali, o incorruptível precisa forçar seu caminho!

Então serão cumpridas as palavras jubilosas que estão escritas: "Tragada foi a morte na vitória!"

Quem quiser seguir esse caminho de cruz vencerá. Finalmente, o último golpe de lança no flanco, no baço, demonstrará que se completou a morte do homem terreno. Somente então o homem celeste crescerá de eternidade em eternidade. Da mesma maneira que temos levado a imagem do homem terreno, assim levaremos a imagem do homem celeste.

Todavia, prestai atenção! Primeiro vem tudo o que pertence à alma, e depois o espiritual!

Com ambos os pés plantados firmemente na realidade iniciemos nossa *via dolorosa* em direção à aurora de ressurreição!

※

I-5

Não há ligação entre o homem natural e o homem espiritual

Em poucos capítulos apresentamos o advento de um tipo humano inteiramente novo. Apesar de essa apresentação ainda não estar completa, achamos conveniente fazer primeiro um resumo dos tópicos já discutidos e tirar algumas conclusões necessárias antes de prosseguir em nossas explicações.

Possivelmente já compreendestes que o homem dialético é provido de uma consciência tríplice, um *eu* tríplice. Portanto, é absolutamente necessário sempre poder determinar qual eu, dentre esses três, se acha em atividade quando observamos o procedimento de nossos semelhantes e somos forçados a entrar em contato com eles — o que acontece a todo o instante.

Esses três estados de consciência no homem não constituem apenas distinções metafóricas ou filosóficas, porém são inteiramente demonstráveis, científica e organicamente.

Assim, existe uma consciência totalmente central, ou um *eu*, a qual tem sua sede no *santuário da cabeça*. Essa consciência utiliza os centros cerebrais e origina-se da constituição destes centros. Todas as nossas aptidões intelectuais ou o treinamento delas são resultantes da atividade desse *eu*. Em consequência, ele está apto a perceber intelectualmente os fatos e os valores da vida, na forma em que se lhe apresentam, deles tirar conclusões e tomar decisões intelectuais.

A consciência do santuário da cabeça é, ademais, provida de uma faculdade volitiva. A vibração que emana dessa faculdade volitiva impele o sangue, os nervos e os músculos à ação. Com base na aparelhagem desse centro de consciência, podemos compreender perfeitamente que muitas pessoas são governadas primariamente por essa consciência e, em consequência de hereditariedade ou de treinamento, ficam quase que completamente sujeitas a seu governo. Quando este é o caso, falamos, para designar este tipo, de homem intelectual. O homem que chamamos ocultista, entre outros, pertence a determinada classe desse tipo de consciência central da cabeça.

Podemos perceber o segundo estado de consciência no *santuário do coração*. Em princípio, essa consciência também trabalha independentemente das outras duas. Organicamente, está situada no coração sétuplo, todavia deveis compreender bem que ela nada tem a ver com o átomo-centelha-do-espírito, situado no ventrículo direito do coração!

Essa consciência central do santuário do coração tange todos os registros da vida emocional humana. Tendes de ver, pois, e muito claramente, que a vida emocional é um instrumento perfeito de consciência, capaz, por exemplo, de funcionar independentemente do santuário da cabeça. Com efeito, o homem pode "pensar" com o coração. A palavra "pensar", porém, desperta ideias diretamente ligadas à faculdade intelectual. Assim, talvez seja melhor dizer que a consciência do coração é capaz de perceber totalmente a vida e seus vários fatores, ponderar sobre isso e, por sua iniciativa, tomar decisões.

A consciência do santuário do coração é também provida de uma faculdade volitiva que podemos indicar como emoção, comoção ou sentimentalidade. Pela vibração dessa faculdade volitiva o homem também é levado à ação. Chamamos místicas as pessoas que vivem sobretudo dessa consciência central do coração. Entre elas, devem ser contadas todas as que se entregam inteiramente à vida religiosa natural.

O terceiro estado de consciência tem sua sede no *santuário da pelve*, ou para ser mais exato, à frente deste, e está organicamente ligado ao sistema fígado-baço-plexo solar, sobre o qual já se falou minuciosamente.[1] Essa consciência central do abdome é a mais fundamental dos três egos naturais. Ela determina o caráter com que viemos ao mundo. Todas as nossas inclinações ocultas ou pronunciadas, todo o nosso carma,* estão contidos nesse ego. Esse *eu* do sistema fígado-baço exerce forte e dominante influência sobre os outros dois egos, e é com ele que "saímos" à noite e fazemos nossas assim chamadas experiências noturnas.

Os egos da cabeça e do coração podem ser cultivados dialeticamente até os limites determinados pela natureza. O ego do abdome, entretanto, não pode ser submetido à cultura de espécie alguma. Esse ego é o verdadeiro homem dialético, o qual é obrigado a mostrar seu ser verdadeiro, desprovido de adornos — nu. Visto que ele não pode mostrar-se, oculta-se quase sempre por trás da aparência mais ou menos cultivada dos centros da cabeça e do coração. Ouvimos às vezes palavras untuosas e enfáticas, transbordantes de compreensão e de amor pela humanidade, porém, atrás de tudo isso, acha-se a besta primitiva, bramando e armando o bote.

A consciência abdominal também dispõe de uma faculdade dedutiva, perfeitamente aparelhada, na estrutura do plexo solar, bem como uma vontade. A vontade da consciência abdominal chama-se instinto, e todos nós sabemos que o ser humano que é impelido pelo instinto também passa à ação. Se um ser humano

---

[1] Ver capítulo I-4, p. 51.

vive desse terceiro ego de forma primária e totalmente desenfreada, ele representa o homem primitivo, o genuíno homem natural desenfreado, o materialista brutal, o usurpador grosseiro.

Ficará claro, após refletirdes um pouco, que todas as experiências dialéticas no terreno da Civilização, da Cultura, da Religião e da Magia se originam de um número incontável de esforços para trazer ordem e equilíbrio às funções e aos aspectos dos três egos naturais. Entretanto, compreendereis também ser justamente dessa maneira que grande quantidade de hipocrisia é despertada, e tensões poderosas e quase insuportáveis surgem na vida humana. Todas as moléstias que atormentam o gênero humano são provocadas por essa desarmonia e essas tensões entre os egos da cabeça, do coração e do abdome.

Quando irrompem os instintos primitivos do homem, este passa a uma conduta de vida de tal modo terrível que fica submetido a um demonismo generalizado. Em todas as fases da história do gênero humano, vemos seus guias esforçar-se para evitar esse perigo básico, submetendo os egos da cabeça e do coração a todos os métodos educacionais possíveis.

Tão logo, contudo, o individualismo, a autoconservação e as normas de vida se achem em perigo — e isso é uma lei natural na dialética — o terceiro ego, em virtude de sua natureza, intervirá. O mundo se transformará em inferno furioso; e o homem, em selvagem predador.

Todas as tentativas da cabeça e do coração para ocultar, disfarçar, argumentar ou fantasiar a situação não podem mascarar a realidade: *não há ligação entre o homem natural e o homem espiritual.*

O homem natural é provido de três focos de consciência, dois dos quais têm de servir de "válvula de segurança" para a terceira consciência fundamental. No entanto, em vista dos resultados da vida natural, tudo isso se mostra insuficiente: ou uma catástrofe

I-5 · Não há ligação entre o homem natural...

intensa ou uma desordem dramática irrompe, e o resultado é, em qualquer dos casos, a morte e o giro ininterrupto da roda da dialética.

Desse modo, quem começa a estudar objetivamente o organismo humano dialético, e, ao final de suas deduções, experimenta desespero, fornece com isso — desde que esse desespero seja visível e possa realmente ser comprovado — a prova de um acontecimento excepcionalmente notável no próprio sistema.

O homem é um ser natural. Todo o seu sistema* de vida se origina da presente natureza, e todo o seu impulso vital se origina de sua unidade com ela. O sofrimento, a dor e a tristeza do homem natural, portanto, não provêm do desespero de sua alienação de Deus, porém, da resistência que tem de enfrentar em seu desenvolvimento natural.

Assim como o coelho emite seu grito de morte quando o arminho o acossa, o homem protesta se enfermidades ou dificuldades burguesas impedem o fluxo natural de sua vida. Ao examinar a questão, verificareis ser possível convencer qualquer ser humano da existência da dialética e de suas leis, mas... no fundo, ele de modo algum se preocupará com isso. Ele a considera natural e, frequentemente, até mesmo maravilhosa, uma vez que a dialética está em perfeita harmonia com seu verdadeiro estado natural. Ele considera a luta segundo a natureza como verdadeiramente humana e viril. O estilo de vida predominante no mundo moderno atual se originou completamente dessa luta e dessa lei.

Os seres humanos nesse estado de ser natural meramente se desesperam pelo fato de o mundo não se desenvolver do jeito que *eles* gostariam que se desenvolvesse, da mesma forma que se desesperam quando sofrem um colapso econômico. Assim, portanto, não deveis deixar-vos enganar quando esses indivíduos, possivelmente repletos de sentimentalidade religiosa, fazem soar seus lamentos contra o mundo, taxando-o de ruim, pois eles assim o consideram meramente por não ser-lhes possível conseguir o que desejam.

Desse modo, vós mesmos deveis analisar-vos a fim de saber se ingressastes na Escola Espiritual por serdes um desiludido segundo a natureza ou por realmente vos saberdes um estranho neste mundo, cuja alma é consumida pelo desespero de sua alienação de Deus. Se chegardes a esta última conclusão, isso quer dizer que se realiza em vosso sistema notabilíssima atividade, visto ser essa inquietação o efeito do trabalho do átomo-centelha-do-espírito. Quando um homem ainda possui esse átomo, e a Gnosis pode fazê-lo vibrar, cumprem-se as palavras:

> Queremos viver conforme teu exemplo grandioso e sábio,
> ligados como átomos que, juntos, são nosso ego.
> Queremos esforçar-nos em obter a consciência desse ego,
> Até que o átomo reconheça: sofro "dor no ego".[2]

O que importa aqui é a dor do átomo-centelha-do-espírito no ser comum natural, porque somente essa dor, somente esse tormento é libertador. Quem conhece algo dessa dor sabe que esses vergões se prestam a sua cura, pois mediante essa dor o verdadeiro aluno compreende que a Gnosis o encontrou.

Quem sofre a dor natural, ruge qual fera na selva; quem, porém, sofre a dor do ser humano tocado pelo Espírito se torna bem-aventurado, pois:

> Então a força divina a grande luz acenderá.
> O átomo-centelha-do-espírito arderá com o fulgor do Senhor
> e, através da sombria matéria, da noite se elevará.[2]

---

[2] Tsé, Lao. *"Tao": Consciência universal. Paráfrases por C. van Dijk.* Amsterdã: Nederlandsche Keurboekerij, 1933.

Assim, quem "sofre dor no ego", em consequência do despertar do átomo-centelha-do-espírito, inicia o processo de que acabamos de falar, processo esse que representa, literal e corporalmente, o dobre dos três egos dialéticos, porquanto, como sabemos agora, do átomo-centelha-do-espírito nasce a imagem nítida do homem imortal, cuja concepção mental se introduz, por fim, no sistema fígado-baço para atacar a posição-chave do ser natural dialético.

Em primeiro lugar, o átomo-centelha-do-espírito impele o santuário do coração a nova atividade libertadora, e assim a consciência central do coração é a primeira a ser banida de seu estado natural. A seguir, mediante nova atividade mental, a consciência central da cabeça é ligada à torrente renovadora. Após isso, a imagem do homem imortal terá de entrar no canal fígado-baço para atacar o terceiro ego. Nesse momento, o machado é colocado à raiz da existência dialética.

Logo que essa terceira atividade tem início no aluno, ele começa a se preparar e enobrecer para o advento do novo tipo humano, isto é, ele é organicamente preparado para encontrar Cristo nas nuvens do céu. Desse modo, cumprir-se-ão as palavras: "Tragada foi a morte na vitória".[3]

Doravante discutiremos e examinaremos convosco como esse desenvolvimento se realiza. Temos de examinar em conjunto, passo por passo, esse caminho de renovação.

Se *não* possuirdes o átomo-centelha-do-espírito, ou se ele ainda não houver sido inflamado pela Gnosis, tomareis, por certo, todas as nossas informações e considerações em sentido puramente intelectual ou místico, de acordo com as inclinações do primeiro ou segundo ego em vós. Entretanto, essas informações e considerações, essencialmente, nada vos dirão, e nada vos tocará. Com isso, não vos movereis.

---

[3] Cf. 1 Co 15:54.

Se, porém, *conosco* sentirdes dor no ego segundo o átomo-centelha-do-espírito, e, por conseguinte, a luz da Gnosis tornar-se em lâmpada para vossos pés, todas as exposições recebidas da Escola Espiritual suscitarão uma força muito especial em vós. Cada palavra calará imediatamente no átomo-centelha-do-espírito, sepultado no sangue do coração. Através das maravilhosas qualidades do Espírito, ficareis em condição de examinar toda a palavra recebida, reconhecê-la de imediato como verdade. Isso introduzirá, consequentemente, no circuito do sangue, uma força dantes nunca conhecida. Desse modo, o trabalho do Senhor, o trabalho da Fraternidade Universal de Cristo, será consolidado em vós.

A essa luz, compreendereis as palavras de Paulo: "Portanto, meus amados irmãos, sede firmes e constantes, sempre abundantes na obra do Senhor, sabendo que o vosso trabalho não é vão no Senhor".[4]

O trabalho do Senhor, nesse sentido, não é nenhuma atividade pastoral que a Escola da Rosacruz deva fazer para vós; pelo contrário, ele é o trabalho metódico realizado pela Gnosis em vós e para vós. Essa atividade, que a Fraternidade empreendeu em vós e para vós, não é um trabalho sobre o qual nada sabereis nem uma libertação automática, porém um trabalho para o qual vosso inteiro átomo-centelha-do-espírito, sofrendo "dor no ego", precisa cooperar inteligentemente. Por isso, vós que sois alunos na senda, sede firmes e constantes!

∗∗∗

---

[4] Cf. 1 Co 15:58.

I-6

Gravidade e libertação

Um dos objetivos mais importantes fixados pela Escola Espiritual moderna, em tudo o que tem sido revelado sobre o advento da nova raça humana, é fazer com que os que estão em condição de compreender sua mensagem entrem em contato, tanto quanto possível, com as normas, os fundamentos e os aspectos da nova gênese humana. O convite a eles dirigido para que usem de todos os recursos na tentativa de participar dessa nova gênese humana esclarece suficientemente esse intento. Com efeito, todas as especulações, todas as inseguranças, todas as incertezas, têm de ser removidas tanto quanto possível; e todas as considerações filosóficas, afastadas.

Se possuís algo do verdadeiro discipulado, existe em vós um anseio fundamental pela volta ao Reino Imutável. Pois bem, na fase atual da revelação da Fraternidade, é dada uma orientação a esse anseio, e o desenvolvimento de cada aluno que demonstra resolução interior é instigado. Deveis compreender bem, todavia, o que vem a ser "instigar" a vida de alguém. Não se trata de ajuda negativa, porém, principalmente, da aquisição de compreensão, de conhecimento. Não é sem razão que a Sagrada Escritura diz enfaticamente: "Meu povo está sendo destruído, porque lhe falta o conhecimento".[1]

---

[1] Cf. Os 4:6.

Conhecimento, no sentido da Doutrina* Universal, significa adquirir, com base na atividade do átomo-centelha-do-espírito, compreensão do caminho e da verdadeira vida e, além disso, de todos os fatores coadjuvantes à disposição do candidato. Se esse conhecimento está presente, o aluno, por si mesmo, entra em atividade. É *dessa* automaçonaria libertadora que a Escola Espiritual gostaria que participásseis.

A nova raça humana não nascerá como por milagre, porém, quem estiver determinado a tornar-se um de seus membros terá de alistar-se nesse grupo mediante ação autolibertadora. Tereis de iniciar-vos na senda estreita da automaçonaria. "Operai a vossa salvação com temor e tremor",[2] diz o apóstolo Paulo, isto é, "trabalhai por vossa libertação, em autoesquecimento". Conseguireis, triunfareis incondicionalmente *se assim o crerdes.*

Crer, na concepção da Fraternidade, significa ter o conhecimento íntimo, e este "saber interior" é a atividade do átomo-centelha-do-espírito. Por esse motivo, Paulo fala de "fé nos vossos corações".[3]

No entanto, ele não quer com isso referir-se a nenhuma forma de sentimentalidade, nenhuma crença tradicional eclesiástica ou bíblica mas sim à vibração radiante do átomo-centelha-do-espírito no ventrículo direito do coração.

Para obter essa fé, para despertar essa vibração, sois admitidos no Átrio da Escola Espiritual. Não suponhais, entretanto, que a Escola Espiritual possa fazer ou faça algo em vosso benefício antes que, com base nessa nova e exclusiva vibração de fé, "tenhais transportado montanhas". Dissemos que fostes admitidos na Escola Espiritual basicamente com o objetivo de despertar a vibração do átomo-centelha-do-espírito ou, misticamente formulado: "Para

---

[2] Cf. Fp 2:12.
[3] Cf. Ef 3:17.

I-6 · GRAVIDADE E LIBERTAÇÃO

libertar a fé nos vossos corações". Declarações semelhantes a esta são, muitas vezes, fórmulas ou chavões que poderão ser ouvidos em qualquer parte, de qualquer pessoa. Pronunciados e ouvidos de modo superficial são de muito pouco significado. Quando dizemos que "estais na Escola Espiritual com a finalidade de libertar a fé nos vossos corações", isso poderá dar-vos, de início, uma espécie de tranquilidade burguesa, uma sensação de estar em casa. Não vos equivoqueis, porém! Nesta Escola não estais em casa! A tarefa da Escola é inquietar-vos, "instigar" vossa vida.

Quem *aqui* já se considera em casa não possui ainda o átomo-centelha-do-espírito em atividade. É por isso que *esse* átomo, o átomo-centelha-do-espírito, "sofre dor no ego", conforme a citação de Lao Tsé no capítulo I-5, p. 64. Quem sofrer essa dor singular em seu próprio ser experimentará a mesma dor em conexão com o mundo em que vive, e anseio ilimitado pela pátria original perdida despontará. De acordo com esse anseio, a instigação surgirá em vossa vida.

Que vem a ser anseio, do ponto de vista científico?

Anseio é força, força atrativa, gravitacional, uma faculdade magnética. E como acontece com todos os ímãs, essa também tem outro polo, um polo magnético que repele. Quando nosso anseio, um dos polos magnéticos, é dirigido a um objetivo, aquilo que se lhe opõe é repelido pelo segundo polo magnético. Isso é de suma importância, e deveis refletir bem a esse respeito!

Nossa personalidade é o centro de um sistema chamado microcosmo, um *minutus mundus,* um pequeno mundo. Onde está esse microcosmo e onde vive? Aqui, neste mundo! Este mundo em que viveis foi organizado de acordo com o mesmo princípio de vosso pequeno mundo. Por isso, falamos de cosmo, o mundo, e de "microcosmo", o pequeno mundo, que sois vós mesmos.

O cosmo em que vivemos percorre o espaço com imensa velocidade. Por que razão não somos lançados fora da esfera terrestre?

Isso se deve à força de atração, à força de gravidade da terra. A força magnética de nosso cosmo nos mantém em nosso lugar. O campo eletromagnético deste mundo mantém totalmente unidas todas as criaturas que estão dentro de seu alcance. Todavia, o funcionamento e a faculdade de ligação desse sistema dependem inteiramente de vós e de mim! Nascemos desta natureza, dos princípios materiais desta ordem. Em virtude desse nascimento, nosso campo eletromagnético da terra pessoal está completamente sintonizado com o campo eletromagnético da terra, de tal maneira que formamos um todo com este mundo. Se nossos desejos, nossos anseios, estão focalizados na linha horizontal da vida, se estamos voltados a esta natureza e às coisas deste mundo, é evidente que fortalecemos os liames magnéticos com a natureza terrena, pois nosso desejar constitui uma ação magnética atrativa. Uma vez que esse desejo esteja dirigido à terra, o segundo polo magnético repelirá então, naturalmente, tudo o que *não* esteja voltado à terra, e, assim, serão afastadas quaisquer influências libertadoras.

Averiguamos, desse modo, que somos mantidos prisioneiros pelo campo eletromagnético desta terra em razão de nossa natureza dialética e de nossas próprias atividades eletromagnéticas e microcósmicas, e que, nisso, somos nosso próprio carcereiro. Suponhamos que, nesse estado, experimentemos sofrimento e sejamos confrontados com a dor e com a resistência, o que, considerando a dialética, é inevitável. Seria esse sofrimento, esse torvelinho de misérias, a dor do *átomo-centelha-do-espírito?* Certamente que não!

Em virtude das leis naturais deste *cosmo,* aprisionados no campo eletromagnético de nossa ordem de natureza, somos todos objetos de luta, ódio e instintos naturais. Essa é a maldição deste campo de existência. Quando viveis todas essas experiências, quando os golpes do destino caem sobre vós, o que fazeis? Ansiais por auxílio, por uma saída, por proteção. Desse modo, emana de vós uma atividade eletromagnética espontânea. Será isso o anseio, o desejo de salvação, o grito magnético por auxílio que parte do átomo-centelha-do-espírito? É essa a "fé nos vossos corações"? Certamente que não!

Trata-se apenas de uma atividade eletromagnética de vossa natureza, de vosso ego natural tríplice, a qual não causa, de maneira alguma, um único desvio no campo magnético deste mundo. É um desejo terreno por posse, proteção e segurança terrenas. Quando, com base em semelhantes desejos, desenvolvemos atividades místicas, ocultistas, ou pseudotransfigurísticas, apenas poderemos suscitar, por causa da natureza do campo magnético, reações de nosso campo natural de existência. Assim procedendo, jamais conseguiremos libertar-nos da esfera refletora. Portanto, libertação, por mínima que seja, está fora de cogitação.

É bem possível que a experiência vos faça reconhecer, intimamente, tudo isso como verdadeiro. Quanto esforço não temos envidado com sinceridade natural! Temos sofrido por milhares de esforços inúteis. Pode ser também que nos tivéssemos aproximado, com sinceridade natural, da Escola Espiritual, mas encontramos a porta fechada, visto que a Escola Espiritual não pode ajudar-nos antes que a "fé haja despertado em nossos corações", antes que o átomo-centelha-do-espírito no coração tenha sido despertado.

Se compreendemos isso, devemos agir inteligentemente. Sabemos agora que qualquer movimento é um movimento de nosso campo magnético que emana de nossa orientação natural. Seus resultados, portanto, apenas podem ser úteis a esta natureza. O que fazer então?

Devemos aquietar esse movimento magnético, essa perseguição a nossos desejos. No início, devido à descoberta de que essa perseguição nenhum resultado traz, pelo contrário, efetiva uma ligação crescente com esta natureza. Entretanto, a segunda fase dessa quietude e desse silêncio deverá ser uma rendição à Gnosis, um esvanecimento ante os portais dos mistérios, tal qual narram as lendas.

Na Doutrina Universal, todos os candidatos são instruídos sobre a quietude, sobre o silêncio. Dizia-se nos mistérios antigos: "Somente em Deus espera silenciosa a minha alma; dele vem a minha salvação".[4] E nos novos mistérios: "E procureis viver quietos!"[5] Isso podeis encontrar, por exemplo, na Primeira Epístola aos Tessalonicenses.[6] Compreendereis agora que, mediante esse verdadeiro silêncio, mediante o aquietamento das tempestades eletromagnéticas da natureza, nova possibilidade surge para o aluno. Nessa quietude, ele pode ser tocado pela força irradiadora do campo eletromagnético da Fraternidade Universal.

Existem dois campos eletromagnéticos neste cosmo terrestre, ambos com seu centro no coração da terra. Um é o campo magnético central desta natureza; e o outro, o campo magnético central da Fraternidade.

Se um homem que dispõe de um átomo-centelha-do-espírito em seu coração anula seu instinto natural, e, no sentido exposto, chega à quietude, ele será tocado irrevogavelmente pelo campo magnético da Fraternidade. Então, o átomo será despertado no ventrículo direito do coração, e nova vibração, novo anseio e, por conseguinte, nova faculdade magnética, serão desenvolvidos. Desse modo, a faculdade magnética ficará à disposição do aluno, faculdade essa que não se origina desta natureza. A verdadeira fé terá despertado em seu coração, e ele ficará repleto de esperança

---

[4] Cf. Sl 62:1.

[5] Cf. 1 Tl 4:11.

[6] Atentai, porém, que o conteúdo dessa Epístola foi extensamente deturpado pelos antigos padres da Igreja. O tornar-se silencioso ante a Gnosis foi modificado para tornar-se silencioso e calado ante a autoridade eclesiástica, aceitar tranquilamente a teologia moral etc.

inextinguível, de ingente força magnética mediante a qual atrairá a seu microcosmo numerosas forças e valores não originários desta natureza. Devido a essa força de gravitação transformada, toda a sorte de novos materiais de construção, necessários à recriação de todo o sistema, serão acumulados no sistema microcósmico. Assim, descobrimos que a transfiguração* é, de fato, uma questão de novas leis eletromagnéticas.

Quando o aluno está no começo dessa nova revelação, ele sente, necessária e naturalmente, o pleno amparo do campo eletromagnético da Fraternidade, de modo inteiramente impessoal e sem a participação de um pretenso iniciado de aparência majestosa, pois, do mesmo modo como o homem natural se sintoniza com o campo magnético da natureza, em virtude de seu estado de ser, assim também o aluno se sintoniza com o novo campo de vida onde nasceu. Agora é o novo campo de vida que o prende e, verdadeiramente, adota. *Esta* adoção, contudo, é um abrigo em Deus, um abrigo na Gnosis.

Imaginemos que nós, como alunos dessa Escola, tivéssemos ingressado nesse novo campo magnético! Nosso microcosmo então mostraria esses novos fenômenos magnéticos, e, juntos, desenvolveríamos uma faculdade magnética sobrenatural e, irrevogavelmente, perturbaríamos as funções magnéticas desta natureza! Tornar-nos-íamos a causa de desvios magnéticos sem conta e concentraríamos forças na atmosfera que produziriam um caos no reino da natureza. Em cooperação com o centro magnético da Fraternidade no coração da terra derrubaríamos os muros desta prisão natural e faríamos que esta ordem mundial retrocedesse aceleradamente a um novo princípio, conduzindo os homens renovados à salvação e os demais a uma nova oportunidade.

Começais a compreender agora, caro leitor, em que fundamento a Escola Espiritual esteia seu trabalho de renovação de vida e de salvação da humanidade?

Provar-vos-emos que a senda da transfiguração é um novo processo científico, um processo alquímico, um casamento alquímico com a Hierarquia de Cristo, um processo iniciado, desenvolvido e coroado pela automaçonaria. Empreendamos juntos, portanto, cuidadoso estudo do cosmo e do microcosmo a fim de vencer a morte na natureza em Jesus Cristo, nosso Senhor!

⁂

I-7

A LOUCURA DA CRUZ

Já explicamos como toda a série de desejos e atividades humanas, em suas infinitas variações, está intimamente ligada aos processos eletromagnéticos no microcosmo. O campo eletromagnético individual do homem é uno com o campo eletromagnético da terra — de modo que, em mais de um sentido, seu centro de gravidade encontra-se neste mundo. Ele é controlado pelo magnetismo da terra. Toda a sua vida e todos os seus esforços, todo o seu trabalho e todos os seus desejos se caracterizam por essa dependência. Ele é da terra, terreno.

Todos os esforços comuns, religiosos, ocultistas e humanísticos têm sua origem e seu objetivo nas atividades conformes com as leis naturais. Elas originam-se da natureza, desenvolvem-se nela, com base nela e a ela retornam.

Quando observais o mundo, com sua diversidade de atividades, chegareis à conclusão irrefutável de que nenhuma delas, embora quase sempre totalmente opostas entre si, são antagônicas à natureza ou contrárias à camisa de força eletromagnética fundamental. Por isso, de modo algum interessa aos transfiguristas saber, agora ou no futuro, a que sistema econômico pertencerá o sistema de vida da humanidade, que ponto de vista o homem adotará em qualquer campo de vida da presente natureza ou como pautará seu comportamento com relação à religião, ao ocultismo ou ao humanismo. O transfigurista está completamente orientado para *libertar-se totalmente* deste campo de natureza! Ninguém poderá imaginar tipo de homem mais radical do que o transfigurista. O tipo radical natural esforça-se por uma ou outra mudança no campo econômico, social ou político, consequentemente, uma mudança violenta no plano horizontal. O transfigurista, entretanto, deseja distanciar-se desse plano horizontal por meio de poderosa intervenção autorrevolucionária em seu próprio ser.

São poucos os transfiguristas existentes neste mundo. Quando dizemos isso, é possível que vos reporteis, com surpresa, ao grande desenvolvimento da Escola Espiritual com seus inúmeros alunos. Precisamos esclarecer, porém, que a maioria de nós não pode ainda ser designada como transfigurista. Se um ser humano se interessa pelo plano de desenvolvimento da Escola da Rosacruz Áurea e se orienta por tudo o que ela apresenta, isso não significa que ele de fato realize na vida esse plano de trabalho. Compreendereis existir aí grande diferença, diferença essa que será observada ainda por muito tempo, pois a Escola transfigurística será, no futuro, forte e rigorosamente combatida, e em vista desse combate, muitos alunos virão talvez a abandoná-la.

Será dito: "O transfigurismo é uma forma clássica de loucura que surge na história do mundo de tempos em tempos. O transfigurismo é um absurdo extremo, impossível segundo a ciência. O transfigurista procura realizar algo que é total e fundamentalmente impossível". Ou alguém ainda asseverará: "A única coisa que se pode razoavelmente esperar é conseguir-se certo objetivo elevado por meio desta ou daquela forma de cultura". Dirigir-se-á a atenção para diversas conquistas culturais que, aparentemente, confirmarão totalmente essa assertiva.

Então, se não estiverdes firmes em vossa convicção, abandonareis a Escola. E, quando fordes inquiridos: "já fostes membro dessa Escola?", corareis de vergonha e, faltando à verdade, direis:

I-7 · A LOUCURA DA CRUZ

"Eu, não! Que ideia é essa?" A negação de Pedro é coisa que sempre se repete entre os alunos que ainda estão no Átrio. Não obstante, os transfiguristas, sob a alcunha de tolos, estão em muito boa companhia!

Jesus acha-se ante o Sinédrio, o Sínodo Geral de seu tempo. Taxam-no de tolo perigoso... e Jesus silencia.

Paulo está ante Festo, o governador, e lhe faz uma exposição do transfigurismo. De imediato, surge a reação do romano: "Estás louco!..."[1] e Paulo silencia.

Agostinho brada contra os maniqueus!* Vede como ele zomba ironicamente deles e os coloca à falsa luz!... e os irmãos maniqueus, porém, silenciam. Como poderiam dialogar, diante da inexistência de uma base para entendimento mútuo? Já lestes sobre as acusações feitas aos cátaros* e sua extremada e perigosa loucura, como se dizia na época? Quase uma nação inteira foi massacrada, porém os irmãos cátaros... eles silenciaram.

O transfigurismo, necessariamente, deve ser um absurdo para todos os que pertencem a esta natureza. O mundo exala religiosidade, porém, a *religião fundamental de libertação é tachada como loucura*. Essa é a assinatura da dialética.

Atentai para as famosas palavras de Paulo em sua Primeira Epístola aos Coríntios:[2]

> Porque a palavra da cruz é loucura para os que perecem, mas para nós, que somos salvos, é o poder de Deus. Porque está escrito: Destruirei a sabedoria dos sábios e aniquilarei a inteligência dos inteligentes. Onde está o sábio? Onde está o escriba? Onde está o inquiridor deste século? Porventura não tornou Deus louca a sabedoria deste mundo? Visto como na sabedoria de Deus o mundo não conheceu a Deus pela sua

---

[1] Cf. At 26:24.
[2] Cf. 1 Co 1:18–21,25.

sabedoria, aprouve a Deus salvar os crentes pela loucura da pregação. [...] Porque a loucura de Deus é mais sábia do que os homens.

Conclui-se, portanto, que estamos praticando a heresia do transfigurismo em muito boa companhia. Esse herege é louco, um fanfarrão tolo, um transviado. Ele é absorvido pela loucura da cruz. E justamente essa loucura assume acepção elevada e racional e torna-se em uma força majestosa para os que estão aptos a compreender e dispostos a carregar a cruz da transfiguração. Dessa forma, o transfigurista não desperdiçará sequer uma palavra com os que continuam cheios de ambição em meio a esta natureza. Conservar-se-á silencioso, sem pronunciar uma palavra sequer de defesa, transigência ou aquiescência.

É por isso que possuímos uma escola fechada, e somente se fala a quem se supõe, no momento, poder compreender até certo grau a base racional da loucura gnóstica. O mundo dá-nos provas muito abundantes de que, malgrado sua formidável sabedoria, não é ainda capaz de conhecer a Deus "na sabedoria de Deus". Por isso nos distanciamos do mundo a fim de mergulhar em outra realidade, livres de qualquer hipótese dialético-filosófica de trabalho.

Essa outra realidade estaria presente, então, em nossa natureza? Pode-se descobrir qualquer vestígio dela? Seria possível experimentar essa "outra" realidade de modo prático, a fim de proteger-nos contra nova ilusão? Nossa resposta a essas perguntas é uma afirmativa franca e sincera: *sim!* Cristo é uma elevada e racionalíssima realidade e não uma aparição histórica. Indicamos essa realidade como sendo o campo de radiação da Fraternidade e já dissemos que o coração desse campo de radiação está situado no coração deste mundo.

Como devemos compreender isso? A filosofia da Rosa-Cruz moderna afirma que a verdadeira terra divina, a esfera também denominada Reino Universal, não é um planeta que desapareceu em um *nada* nebuloso por trás do véu dos tempos primordiais, mas sim que ainda existe em toda a sua perfeição.

Esse planeta original é um conjunto de sete esferas girando umas dentro das outras, e *uma* delas pode ser indicada como o aspecto dialético desse setenário. Isto é, esse aspecto, mediante suas leis dialéticas naturais, libera forças a serviço dos outros seis aspectos, da vida perfeita, que encontra sua expressão única e divina no próprio setenário.

É claro, portanto, que o eterno coração paterno do Logos* impulsiona e estimula todos os aspectos da totalidade planetária divina. Consequentemente, aqui, *mesmo aqui,* também se encontra o campo de radiação magnético da Fraternidade, visto ser esse campo o coração fundamental deste planeta.

O que estamos acostumados a chamar de "nosso mundo" é a sétima parte da realidade cósmica divina, altamente notável, muito misteriosa e quase totalmente desconhecida. Nós, os habitantes deste vale de lágrimas, fazemos parte de uma onda de vida que foi originalmente chamada à glória no campo do setenário divino e submergiu, porém, em um campo de existência onde nenhuma vida verdadeiramente divina é possível. Estamos exilados, estruturalmente desnaturados e reduzidos a um estado de degeneração geral.

Existe em nós agora uma perseguição fundamental ao progresso e à prosperidade, evocada pelo anseio ardente do exilado em nós pelo sangue e pelo lugar de seu nascimento. E o mundo inteiro corre veloz para a frente qual animal acossado e clama por cultura. Compreendeis o que essa perseguição significa? É um vestígio atávico, uma influência do passado sombrio, transmitido de geração em geração. Ele faz-se sentir, clama, todavia ninguém mais pode conhecer a realidade, e ninguém mais tem a capacidade de conhecê-la porque a faculdade de conhecimento desapareceu.

A humanidade dialética possui, com efeito, uma faculdade de conhecimento e uma sabedoria, porém com *essa* sabedoria e *essa* faculdade de conhecimento ela já não pode encontrar "Deus na sabedoria de Deus".

A realidade da queda humana até sua decadência atual e a monstruosa degeneração de nosso campo de vida fazem que a sétima parte da perfeição cósmica seja continuamente violentada. Não obstante, pode-se e tem-se de dizer que Deus atacou este mundo em seu coração, pois, a despeito de tudo, este campo de vida também está compreendido no universo do setenário. Essa condição efetiva esclarece a presença do campo de radiação eletromagnético dos hierofantes* de Cristo. Simultaneamente, averiguamos e sabemos, por experiência própria, que a humanidade degenerada está presa no campo de radiação eletromagnético de uma natureza inimiga e não divina, e, ainda, que ele é, em sua essência, uno com ela. Assim, já não nos perguntamos de onde vem a atração magnética da Fraternidade, porém: onde está a causa dessa contranatureza dialética? Onde encontramos o núcleo das forças dessa degenerescência natural e geral?

A fim de encontrar resposta a essas perguntas precisamos aprender os mistérios do setenário cósmico, e dirigimos aqui a atenção para isso.

É possível terdes compreendido, pelo que já foi dito, que nosso campo de existência nada mais é do que pequena parte de uma esfera, a qual não deve ser considerada como corpo independente, porém pertencente a um sistema de sete corpos que giram uns dentro dos outros e juntos formam a verdadeira terra divina — o Reino Universal. Cada parte desse sistema é perfeita em si mesma e tem a faculdade orgânica de proteger-se inteiramente contra qualquer ataque a sua essência e a seu objetivo, razão por que o funcionamento global do setenário cósmico permanece assegurado.

Já dissemos que o coração* cósmico de Cristo pulsa no centro de nossa esfera terrestre, e isso, é claro, também acontece com as outras seis esferas do sistema. Consequentemente, podemos falar de coração sétuplo do cosmo, de que nosso coração humano sétuplo teria de ser o reflexo. A maravilhosa faculdade orgânica, a inteligência e o núcleo espiritual do mundo setenário acham-se inclusos em cada uma de suas esferas, da mesma forma que no microcosmo humano tudo está contido no interior do ser aural.

Conhecemos, em geral, muito pouco da esfera onde vivemos. Nosso presente campo de existência estende-se por sobre uma parte relativamente muito pequena de nossa misteriosa terra. O Além, também indicado como esfera refletora, pertence inteiramente a nosso domínio de vida.

É *neste* campo de existência, com suas duas esferas, que se processa o giro da roda* do nascimento e da morte que tão bem conhecemos. Temos de considerar nosso campo de existência como uma prisão, como uma cela, dentro do enorme sistema do setenário cósmico.

O que chamamos de superfície da terra é uma camada relativamente bem fina. Desta, nossos geólogos e técnicos conseguem penetrar apenas uma pequena camada e, assim mesmo, de maneira parcial. Tudo o que fica por baixo dessa camada é, em sua maior parte, desconhecido do homem comum. Em geral se supõe que a temperatura aumenta à proporção que se vai penetrando o seio da terra, de modo que, a certa profundidade, será encontrada uma massa líquida ardente e, finalmente, o calor infernal de um núcleo gasoso.

Entretanto, o transfigurista sabe que o interior da terra é composto de campos de força e de vida que se abrangem reciprocamente e estão intimamente ligados entre si, sendo capazes de se corrigirem e neutralizarem uns aos outros de maneira a assegurar o funcionamento do todo.

Dirigimos a atenção para dois destes campos existentes nas profundezas da terra. Nestes campos residem forças que poderíamos chamar de *forças naturais* e *arquétipos*.

Uma força natural é a faculdade mediante a qual um plano é executado e mantido. O campo de forças naturais é um campo magnético muito poderoso, ou ainda melhor, um campo onde se desenvolve ilimitada quantidade de tensões, vibrações e condições magnéticas diversas, todas a serviço do funcionamento do cosmo. Essas forças naturais não atuam às cegas em nosso campo de existência, como frequentemente se acredita, porém estão ligadas aos arquétipos. Em outras palavras, todas as forças naturais estão irrevogavelmente ligadas a um plano, a uma inteligência superior, que as conduz. De acordo com essa condução elas se manifestam.

Os arquétipos são as imagens-pensamentos viventes e vibrantes da Gnosis. São chamados arquétipos pelo fato de a ideia divina original ter-se corporificado neles. São esses princípios viventes primordiais, essas imagens-pensamentos de Deus, que evocam e aplicam as forças naturais.

Quando, por exemplo, no complexo corpo sétuplo da terra há qualquer coisa que ameace desenvolver-se de modo a vir perturbar a harmonia e o perfeito funcionamento do todo, a faculdade sensorial da terra, minuciosamente sintonizada, percebe isso imediatamente, e os arquétipos e as forças naturais — que corporificam a ideia e a vontade de Deus — intervêm prontamente com fins corretivos.

Imaginai agora que vossa presença neste campo de vida, vossa conduta de vida, vosso estado estrutural de ser, vossa luta pela existência, em suma, todas as vossas atividades e as de vosso próximo, *não* estejam em harmonia com o plano fundamental de Deus, com o campo de força dos arquétipos — e *não* estão mesmo! Nesse caso, em virtude de sua natureza, as forças naturais se voltarão violentamente contra vós. Sentireis essas forças, por conseguinte, como sendo desarmoniosas. Assim, sereis impelidos pelos fatos de um lado para o outro no mundo dialético, causando explosão após explosão.

Loucura absoluta não é, pois, o transfigurismo, que tenciona uma reconciliação total com a vontade universal, e sim o *esforço pela cultura dialética,* o qual quer perpetuar a *separação* dessa vontade universal.

Estais aprisionados agora *neste* campo eletromagnético de forças naturais que se opõem a vós. Nele também se desenvolveu um mal, um satanismo. Este mal, contudo, não provém das forças naturais, porém é consequência de nossa vida caótica e absurda.

Vosso cativeiro durará até achardes o caminho de retorno. A isso vos chama o campo eletromagnético da Fraternidade. Para tanto sois apoiados pela força radiante dos hierofantes de Cristo. E, um dia, experimentareis de novo as forças naturais como benfazejas e santas.

※

I-8

Deus · Arquétipo · Homem

Fizemos rápida alusão aos mistérios do setenário cósmico em nossas considerações sobre as forças naturais e sobre os arquétipos. Com isso, explicamos que a verdadeira terra consiste em um sistema de sete planetas que giram uns dentro dos outros; que nossa onda de vida decaída, comprimida como em uma prisão, manifesta-se em uma parte muito pequena do planeta dialético do setenário cósmico; que este campo de existência não foi idealizado como tal e, devido a esta existência não divina, entramos e estamos em conflito fundamental com as tensões magnéticas das forças naturais, as quais experimentamos de maneira desarmoniosa.

As forças naturais estão ligadas aos arquétipos, que são os pensamentos vivos de Deus, e expressam-se em um dos estratos terrestres.

Todo o setenário cósmico é uma expressão, uma realização de uma ideia definida, um plano. Uma vez que esse setenário divino é infinitamente matizado e variado em sua manifestação, fica claro que a ideia global no estrato terreno dos arquétipos consiste também em um número infinito de elementos mentais de construção. O edifício imperecível de Deus foi, um dia, erigido com esses elementos e, do mesmo modo, é conservado imperecível por estes valores eternos. Tudo o que não está em harmonia com essa natureza divina, surge e perece numa contranatureza, tal qual a humanidade* adâmica experimenta diariamente. Todo o aluno admitido na Escola Espiritual poderá verificar empiricamente como axioma divino que a ideia universal da Gnosis é e *tem de* ser o fundamento de tudo o que vem à manifestação fora da contranatureza, no setenário cósmico. O homem original, portanto, proveio também desta ideia divina.

Uma ideia, como energia criadora, permanece ligada a sua manifestação. Esta é uma lei primordial. Assim, a ideia de Deus sempre está ativa em todas as suas manifestações. Contudo, tão logo a manifestação, a criatura, deixe de agir de acordo com essa ideia, surgirá um conflito, uma ruptura, a ameaça de uma queda. Inicialmente, a ideia torna-se latente na criatura e submerge na inatividade. Posteriormente, à medida que a criatura segue o caminho ímpio da contranatureza, e sua divisão* aumenta cada vez mais, a ideia divina, a princípio ainda latente, enfraquece-se pouco a pouco e, por fim, desaparece inteiramente do sistema da criatura.

Desse modo, o fato de estar-se inteiramente perdido pode ser confirmado segundo as leis da natureza, tornando-se ao mesmo tempo compreensível o motivo por que *todos os que o sabem* exultam de alegria sempre que a ideia divina latente é revivificada em uma criatura e assume novamente o comando de sua vida. Apenas a esse homem pode-se dizer: "eis que o reino de Deus está dentro de vós".[1]

Possivelmente, isso exige uma explicação. O *reino de Deus,* na acepção aqui dada, é o átomo-centelha-do-espírito já mencionado. Quem possui esse átomo-centelha-do-espírito, quem *ainda* o possui, tem o reino de Deus em si. Isso quer dizer que a ideia de Deus concernente ao Reino Imutável se encontra em estado

---

[1] Cf. Lc 17:21.

latente dentro do indivíduo. E o objetivo único da Fraternidade Universal é despertar esse átomo divino primordial de seu estado latente. Quando esse processo de salvação se realiza com sucesso em algum aluno, grande força original é nele liberada, e ele pode trilhar indefectivelmente a senda para o Reino Imutável.

Já deveis ter ouvido falar tantas vezes desse processo de salvação que, em teoria, já o sabeis de memória. O perigo disso está justamente em que esse assunto pareça estar esgotado para vós, em que ele perca a força por achardes que já o dominais suficientemente. Se prestardes a devida atenção, porém, a tudo o que transmitimos até agora, percebereis que nossas exposições possuem apenas um enfoque superficial e, assim, ficareis prevenidos contra qualquer enfraquecimento de vossa orientação interior.

Dissemos que as ideias de Deus residem no estrato terreno dos arquétipos, e isto não somente com relação à sua criação mas também à sua criatura.

Uma ideia é uma forma-pensamento. Ela possui uma estrutura de linhas de força, sendo, portanto, uma realidade vivente.

Considerando as ideias de Deus, pode-se com razão referir-se a elas como sendo "arquétipos". Com força divina, o grande objetivo torna-se realidade concreta à imagem dos arquétipos.

Não existe, por conseguinte, uma forma humana genérica no estrato terreno dos arquétipos, porém, um arquétipo especial para e de cada ser humano.

Precisamos, entretanto, compreender perfeitamente que o exposto acima não se refere ao homem dialético, senão, e exclusivamente, ao verdadeiro homem original. Desse modo, o homem original, o homem real, não pertence a determinada espécie, povo ou raça. Qualquer entidade das hostes gloriosas pertencentes ao setenário cósmico é uma realidade autônoma e autocriadora. Essa entidade é modelada à imagem de um arquétipo ligado exclusivamente a ela.

Todavia, não se deve pensar que o arquétipo seja primariamente condutor, e uma entidade, uma vez preenchida por esta ideia, seja sua escrava. O arquétipo é um *modelo* divino que a alma tem de esforçar-se em alcançar. Uma imagem-pensamento é viva e vibrante, mas ninguém pode dizer que imagem-pensamento e alma, imagem-pensamento e consciência, sejam a mesma coisa. Desse modo, o arquétipo do verdadeiro homem é um modelo vivo e vibrante, um plano de Deus vivo e vibrante concernente a si mesmo. Este homem é, pois, convidado a manifestar-se em liberdade segundo esse modelo.

A experiência deve ter-vos ensinado que, ao entrardes em atividade impulsionados por uma forma-pensamento, o plano desta atividade também se desenvolve à medida que é realizado. O mesmo acontece com os arquétipos. Eles são planejados para que o verdadeiro homem os utilize. Quando isso acontece em conformidade com sua natureza e seu ser, vemos que os arquétipos, plenos de majestade, continuam a desenvolver-se, desabrocham em entidades magistrais e estimulam as forças naturais a enormes realizações.

Averiguamos, portanto, que existem arquétipo e homem. O primeiro é uma revelação gnóstica, e o homem se manifesta à imagem desse arquétipo. Veremos agora como se realiza essa manifestação humana. Quando Deus cria, "pensa", um arquétipo, ele é vivo e vibrante, como dissemos acima. É uma combinação alquímica capaz de efetuar uma concentração de força e matéria no local focalizado pela forma-pensamento. Dessa concentração devém o microcosmo: o homem. Há, pois, uma unidade inquebrantável entre Deus, arquétipo e homem. Com efeito, o homem original foi criado à imagem de Deus, isto é, à imagem do arquétipo e totalmente de acordo com a forma-pensamento de Deus.

O maravilhoso princípio que denominamos de átomo-centelha-do-espírito foi, inicialmente, o foco central do arquétipo em torno do qual se formou o microcosmo. Poderíamos, portanto, com razão, falar de átomo do arquétipo. Quando a luz do sol é absorvida por um sistema qualquer, há sempre um órgão que possibilita isso. Da mesma maneira como o baço absorve a luz do sol material, da qual o terceiro ego natural vive e pela qual mantém sua posição de domínio, também o maravilhoso átomo do ventrículo direito do coração é o foco, o ponto de contato, do arquétipo.

※

Após essa explicação, talvez possamos formar um quadro mais realista de nossa realidade existencial, em que admitimos que estamos — que *ainda* estamos — de posse de um átomo-centelha--do-espírito, ou átomo do arquétipo.

Assim como o arquétipo se desenvolve e manifesta em plena majestade quando o homem segue a senda da glória imperecível, fica claro que o arquétipo também entrará em latência sempre que o homem decair na manifestação adâmica.

E isso acontece conosco, seres humanos deste mundo! A trinidade Deus-arquétipo-homem tornou-se uma realidade esfacelada no que tange a nós, visto não vivermos da força de irradiação de nosso arquétipo, porém "da vontade do homem", "da vontade da carne", como diz o prólogo do Evangelho de João.

Isso quer dizer que nosso microcosmo está sendo mantido em nossa prisão pelo processo dialético do nascimento e da morte, pelo giro da roda.

Consequentemente, a irradiação de luz e de força do arquétipo desapareceu, e o átomo do arquétipo em nosso peito se escureceu, o fogo eterno extinguiu-se em nós. Grande abismo abre-se entre Deus e o homem. Para manifestar-se, o homem tornou-se dependente de um processo antinatural de conservação, que nos é, não obstante, muito natural e necessário no momento. Como consequência de sua degeneração fundamental, o homem foi entregue pela contranatureza ao campo eletromagnético de forças naturais que lhe são hostis.

Se a Fraternidade Universal deseja ajudar o homem decaído, que, com efeito, já foi um filho de Deus, o que deve acontecer então? *É preciso tentar restaurar a antiga trindade: Deus–arquétipo–homem.* Isto não pode ser conseguido apenas pela reanimação do arquétipo. Se isso acontecesse, grande força emanaria do arquétipo, o átomo do arquétipo seria despertado com violência, e o efeito disso mataria a pessoa num segundo.

A unidade esfacelada não pode também ser restabelecida pela reanimação forçada do átomo do arquétipo no coração. Tal processo daria lugar às mesmas consequências dramáticas.

Para a Fraternidade não resta senão a alternativa de assumir, temporariamente, a função do arquétipo e, também, a do átomo do arquétipo, em favor do filho de Deus desamparado e decaído. Literalmente, a Fraternidade oferece-se ao homem como intermediária, como mediadora. Ela coloca o homem em um campo de força sempre que ele cai vencido em seu desespero dialético. Inicialmente, esse campo de força é inteiramente uno conosco e radia grande suavidade e intenso amor, ele deseja "enxugar-nos as lágrimas dos olhos". Quando entramos num período relativamente calmo, o campo de força entra em movimento, trazendo--nos inquietação nova e diferente. Percorremos uma milha com a Fraternidade, e eis que ela nos precede agora outra milha. Compreendemos já ter começado o processo de desligamento, nosso microcosmo tem de ser retirado do ossuário da petrificação.

O caminho que a Escola e seus alunos seguem se caracteriza, portanto, por um ataque contínuo, um avanço de estrato em estrato, que oferece sempre perspectivas e realidades diferentes. Ao trilhardes o caminho da Escola soarão para vós as seguintes palavras: "[...] convém-vos que eu vá [...] eu vos hei de enviar [...] o Consolador, o Espírito Santo. Ele testificará de mim".[2]

Quem é o Consolador — esse Espírito Santo? E o que é anunciado com sua vinda?

É o momento glorioso em que o átomo do arquétipo recomeça, em certa medida, a trabalhar independentemente e ressuscita em seu estrato terreno, após longo preparo pelo mediador, de modo que Deus toca seu filho outra vez de maneira fundamental. O que Deus quer é despertado pelo Filho e crescerá no Espírito Santo. Esse crescimento representa completa transfiguração, pois nada pode permanecer do homem dialético. Um homem inteiramente novo tem de nascer!

Já explicamos o que acontece no aluno quando o átomo do arquétipo entra em atividade novamente. Por meio do novo hormônio do timo e da pequena circulação sanguínea, o aluno é compelido a uma atividade de pensamento inteiramente nova. Por intermédio dela, ele cria a imagem do homem imortal após muitos erros e muitas peças que o antigo Adão lhe pregou.

Talvez possamos compreender agora que espécie de imagem é essa. É a projeção do arquétipo, que se torna sempre mais pura, como base para o advento do novo homem. A imagem do homem imortal está, mediante o átomo do arquétipo, em ligação direta com o arquétipo propriamente dito e, assim, também com a Gnosis.

Desse modo o plano do Grande Arquiteto se aproxima do aluno e nele é realizado. É óbvio que, então, forças grandiosas serão liberadas para o candidato. O campo eletromagnético divino, por tanto tempo seu inimigo, pois o aluno provinha da contranatureza, transformar-se-á para ele em bela harmonia. Ambos, esse campo e o da Fraternidade, confluirão reciprocamente em perfeita unidade.

---

[2] Cf. Jo 16:7; Jo 15:26.

Deus e homem reencontraram-se, e a criatura prossegue de força em força e de glória em glória.

Compreendereis que essa glorificação não se refere apenas ao candidato propriamente dito, mas também ao estrato terreno dos arquétipos, uma vez que um dos arquétipos foi libertado e reanimado nesse estrato. À medida que o estrato terrestre vai sendo glorificado, as forças naturais também se farão sentir em maiores proporções. Todavia, os contrastes na contranatureza aumentarão na mesma medida. Assim, graças a Deus, será abreviado o dia do grande fim.

※

I-9

A ALQUIMIA DIVINA E NÓS

É bem possível que em nossas considerações preliminares sobre o advento do novo homem tenhamos traçado diretrizes ainda insuficientemente concretas para muitos. Afinal, considerações sobre estratos terrenos, arquétipos, forças naturais e atividades magnéticas não se situam, de imediato, no âmbito do supranatural. Esperamos, entretanto, que o teor deste capítulo vos ligue mais intimamente do que antes, de acordo com vossos mais íntimos sentimentos, com os valores e realidades que a Fraternidade deseja transmitir à vossa consciência. O estado de ser de nossa onda de vida humana dialética será abordado, agora, de maneira diferente, na esperança de que os fatos, mais do que nunca, venham tocar-vos e incentivar-vos à reação necessária.

Uma fórmula alquímica divina é o fundamento de nosso maravilhoso planeta. Dele meramente conhecemos uma parte muito pequena, que tornamos desarmoniosa. Essa fórmula, aplicada continuamente, foi estabelecida pelo Espírito divino com relação a uma revelação na substância primordial, por meio dela e com ela. A substância primordial ocupa o grandioso e infinito espaço intercósmico, o oceano eterno da divina plenitude de vida. É a *materia magica* universal. Por seu intermédio essa manifestação torna-se possível. Todos os elementos, todas as substâncias e forças concebíveis e inconcebíveis estão inorganicamente presentes nessa *materia magica,* e, nesse oceano universal de águas vivas, manifesta-se o que bem foi indicado como "o Grande Alento". É o Espírito incognoscível que movimenta, maneja e impele à manifestação esse fluxo de águas.

Quando o Grande Alento toca as águas da matéria primordial, surge primeiro o que se denomina a "alma original", que é a fórmula, o plano alquímico da manifestação. A alma, portanto, é um princípio de manifestação na matéria primordial. Essa definição, entretanto, não basta para esclarecer a natureza da alma ao nosso entendimento. Definimos, portanto, o princípio da alma como um fogo inflamado pelo Espírito na matéria primordial, na *materia magica.*

Todos sabemos que a alma é *um fogo,* por isso falamos de fogo da alma, de fogo serpentino, de princípio ígneo da alma. Investigando mais de perto esse princípio ígneo da alma, descobrimos que, em nosso campo de existência, o fogo fluido da alma é um elixir de matéria muito sutil, um gás, o tão conhecido hidrogênio. O hidrogênio é encontrado em infinitas variações que, não obstante, possuem os mesmos princípios fundamentais. Aprendemos no colégio que o hidrogênio está presente em todas as substâncias compostas, queima na presença do oxigênio, produz o maior calor de combustão dos elementos que conhecemos e, finalmente, é altamente explosivo.

Meditando sobre isso, compreenderemos perfeitamente em que fase crítica e de intensa magia negra caiu a humanidade, fase que a humanidade da Atlântida atingiu também, um pouco antes de seu fim. Afinal, como se sabe, os cientistas, os magos de nossos dias, estão fabricando a bomba de hidrogênio.[1] A bomba de hidrogênio corporifica o princípio anímico da deterioração, da explosão,

---

[1] A primeira bomba de hidrogênio foi detonada em 1952, um ano antes da primeira edição deste livro (N.T.).

da autoaniquilação. Quem isso começa ataca os fundamentos do espaço da substância primordial, mais ainda do que pela bomba atômica, e pode levar o universo a um colapso total. Se alguém ainda duvida de que a humanidade ingressou no período de seus últimos dias, poderá, agora, converter sua dúvida em certeza. Já dissemos que o hidrogênio pode ser encontrado em variações infinitas, de acordo com o grau de vibração em que ele se manifesta. Isso explica a variedade quase infinita de revelações e manifestações no universo. Além do mais, devemos compreender que o princípio ígneo da alma pode modificar sua natureza e, em consequência, sua vibração. Nesse caso, o efeito original da vibração da alma dará lugar a um resultado inteiramente diferente.

Quando a alma original, a primogênita, se mantém em perfeita harmonia com o Grande Alento, com seu divino criador, a revelação manifesta-se de imediato no que a Doutrina Universal dá o nome de "Manas". Em outras palavras, o ser humano original, a manifestação original do homem.

Todavia, fica bem claro que nossa alma já não é uma alma original. Nosso fogo anímico é um princípio de hidrogênio desta natureza terrena. Se nossa alma fosse original, no pleno sentido da palavra, um princípio de fogo original inflamado na *materia magica* pelo Grande Alento, nossa manifestação seria a comprovação divina desse fato.

Nossa alma, entretanto, é um fragmento da alma original, um princípio anímico decaído. Esse princípio anímico é uma fórmula de hidrogênio perfeitamente sintonizada com esta natureza e originária desta.

É por isso que somos chamados "nascidos da matéria", e nossa manifestação é mortal. Está claro que, se desejarmos ser libertados deste campo de existência e renascer como novos homens, homens primordiais, esse princípio anímico nascido da matéria deverá ser aniquilado, e uma alma original deverá, em compensação, tornar a nascer do Grande Alento. Por isso, Jesus Cristo dirige nossa atenção para a transfiguração, o renascimento da alma, e é por isso que os renascidos segundo o antigo princípio ígneo divino são denominados os "nascidos duas vezes". Quem não for capaz de celebrar esse nascimento não verá o reino de Deus. "Se alguém não nascer da água e do Espírito, não pode entrar no reino de Deus."[2]

Jesus, em sua conversa com Nicodemos, faz alusão à verdadeira essência de toda a transfiguração. Todo o aluno da Escola da Rosacruz Áurea, todo o candidato ao caminho da transfiguração deve renascer inicialmente segundo o fogo da alma. As irradiações de sua alma têm de voltar a resplandecer e vibrar segundo a antiga fórmula divina do Grande Alento; a concentração de substância primordial de seu microcosmo deve ser posta em movimento, com poder, pelo Espírito. Essa tempestade do Espírito, essa festa de Pentecostes do fogo divino deve varrer o antigo princípio de hidrogênio, de modo que o antigo campo de manifestação possa irradiar outra vez com esplendor inefável.

Quem não ansiar por isso não alcançará o reino de Deus. Quem não aspirar a morrer segundo o eu não deverá ingressar em nossa Escola. Todo o mortal, segundo esta ordem de natureza, é uma bomba de hidrogênio viva que se propaga explodindo, retumbante, em um inferno de horrores, até que o todo, como coletividade, arda qual fornalha ígnea e consuma o universo.

Entretanto, consideremos o assunto ainda mais sóbria e objetivamente, de modo que possamos reconhecer a verdade do testemunho da Doutrina Universal como um fato assustador que já não podemos negar.

Quando o fogo da alma é inflamado na matéria primordial, uma concentração de hidrogênio surge em consequência de certa

---

[2] Cf. Jo 3:5.

fórmula. Logo que esse hidrogênio é liberado na matéria primordial, um segundo elemento, o oxigênio, é simultaneamente despertado de sua latência.

Sabemos que o hidrogênio queima na presença do oxigênio e se converte em fogo. Deste modo, quando a concentração de hidrogênio entra em contato com o oxigênio, logo se inicia um processo de combustão. Assim também um processo de combustão se desenvolve em nosso corpo, mediante a respiração, devido ao contato entre o oxigênio da atmosfera e a concentração de hidrogênio da alma.

Talvez agora direis: "Será que esse processo de combustão não conduz a uma explosão de hidrogênio? Não provocará esse fato tremenda destruição? Não haverá a esse respeito alguma fronteira natural que encerre esse processo dentro de certos limites, de acordo com um plano determinado?" Esses limites existem, sem dúvida. Os limites naturais do processo de combustão decorrente do contato entre oxigênio e hidrogênio são determinados por um terceiro elemento, a saber, o nitrogênio.

Em nossos tempos de estudante, talvez tenhamos aprendido que o nitrogênio é um gás inerte, mas semelhante definição não exprime suficientemente sua atuação. O nitrogênio encerra duas forças: uma retardadora e outra de inércia. Ambas se originam da fórmula que fundamenta a manifestação. O papel da força de inércia é permitir que o plano de manifestação se realize sem interrupção; o da força retardadora é permitir o controle do desenvolvimento do plano e impedir que o processo de combustão se torne explosivo.

Em suma, um processo desenvolve-se com base em uma combustão, em um fogo, mediante o contato entre os elementos hidrogênio e oxigênio, enquanto um terceiro, o nitrogênio, serve para dar continuidade ao processo, segundo o plano. O conjunto desse processo provoca uma revelação, uma manifestação, em que a causa primeira, o próprio plano, torna-se evidente. Essa manifestação efetua-se com o auxílio de um quarto elemento, que conhecemos com o nome de carbono.

Graças ao carbono, as coisas são moldadas em formas, em compostos. O carbono é uma força cristalizante. É a base de todas as substâncias orgânicas e o elemento mediante o qual todas as formas imagináveis e inimagináveis podem ser produzidas. Assim, existem:

1.º um elemento ígneo fundamental — hidrogênio;
2.º um elemento comburente fundamental — oxigênio;
3.º um elemento manifestante fundamental, isto é, um elemento moldador — carbono.

O plano fundamental desses três elementos cooperantes, sua natureza, sua qualidade e sua origem, quer divina ou não, evidenciam-se através de duas forças de um quarto elemento, do elemento controlador — nitrogênio. Os fatores de retardamento e de inércia do nitrogênio determinam, assim, o resultado.

A alquimia divina realiza-se por meio desses quatro elementos fundamentais. Esses quatro elementos dão origem a todo o cosmo e a todo o microcosmo.

Uma vez que toda a alma original vive graças ao Grande Alento, segundo um plano divino, não nos surpreenderá o fato de que cada arquétipo desse plano, como fórmula viva preservada para cada entidade, tenha sua morada na esfera terrestre dos arquétipos. Isso porque pertencemos a sistemas que vivem por meio do sistema planetário composto, que denominamos setenário cósmico.

Nosso planeta-mãe sétuplo preserva todos esses tesouros divinos em seu seio, de onde teremos de desenterrá-los outra vez. Não é sem razão, portanto, que nos contos lendários repletos de parábolas sobre os mais sublimes e profundos mistérios, o candidato, como Dante em sua *Divina Comédia,* seja obrigado a descer aos diferentes estratos terrestres a fim de ser conduzido à luz universal por Beatriz, a Divina.

Após tudo quanto tentamos explicar, já não vos admirareis quando dissermos que o coração da terra se compõe de uma concentração de hidrogênio cuja radiação, procedente de um dos polos, difunde-se em nossa atmosfera, tal qual o antigo fogo original do Espírito; que há, portanto, "um testemunho nas nuvens do céu", uma radiação vivente de Cristo, a qual, por meio da respiração, pode ser absorvida de nossa atmosfera, e que, assim, o campo de radiação da Fraternidade não é mero símbolo, mas realidade vivente e antítese completa de nosso estado dialético comum.

A essa altura todo o aluno já deverá saber por que entramos no período dos últimos dias e por que o chamado "o tempo chegou!" tem de soar tanto como uma advertência como, ao mesmo tempo, um grito de júbilo, pois a simples reflexão e os próprios fatos nos provarão isso.

Quatro quintos de nossa atmosfera de vida dialética se compõem de nitrogênio. Seria esse nitrogênio o elemento controlador divino em seu estado original?

De modo algum! Ele é o elemento controlador dialético, liberado graças ao processo ímpio de manifestação. Essa enorme força controladora nos leva e compele para a morte e a deterioração. Com uma inércia satânica e uma atividade retardante, como um filme em câmara lenta, essa força poderosa arrasta-nos em um contínuo girar da roda.

Nesse estado de cativeiro, consumimos o nitrogênio da dialética na forma de albumina e de muitos outros produtos animais e vegetais, e falamos de alimentos puros e de ar puro. Contudo, assim como vivemos deste campo fatal e nele respiramos, dele também nos alimentamos para, em um processo de morte contínua, por fim sufocar-nos em nitrogênio.

99

"O que há num nome?",[3] indagou um dos dramaturgos clássicos. Agora, sabemos o que esse nome, nitrogênio,[4] tem a dizer-nos e também como é absoluta a urgência de, no campo elementar original dos hierofantes de Cristo, viver dos quatro alimentos santos, respirá-los e deles alimentar-se. Todos nós somos convidados para essa milagrosa alimentação.

※

---

[3] *What's in a name?* Cf. Shakespeare, W. *Romeu e Julieta* (N.T.).
[4] Em holandês a palavra é *stikstof*, que significa elemento sufocante (N.T.).

I-10

Conhece-te a ti mesmo!

Assim, averiguamos que um fogo ímpio foi inflamado e é mantido em nosso campo de existência. É a flamante tocha ígnea da alma que trazemos em nós. Esse fogo é continuamente alimentado pelo fogo ímpio central que arde em certo núcleo* pérfido de nossa região de vida. Na Doutrina Universal, desde a mais remota Antiguidade, esse fogo central de impiedade é denominado Lúcifer.* É um centro de hidrogênio que não vibra em harmonia com um arquétipo divino e, portanto, jamais pode originar vida divina real. Ele somente desencadeia desgraça, morte e destruição.

O hidrogênio é substância anímica. Por isso, uma concentração de hidrogênio na *materia magica* é sempre individualizada. Ela é plena de consciência, de inata consciência natural. Isso torna claro para nós por que Lúcifer é sempre tido como uma entidade poderosa em oposição a Deus.

Contudo, a consciência de Lúcifer, segundo sua essência mais profunda, é irreal, falsa, porque Lúcifer não é uma entidade, mas um fenômeno natural, ativo em impiedade neste mundo, pois a ideia que vivificou essa concentração de hidrogênio não é divina, isto é, está em desarmonia com o plano de Deus. Apenas existe consciência, apenas se é uma entidade, quando o foco da alma estiver ligado ao Espírito absoluto. Sem essa ligação com o Espírito, existe meramente um foco, um fogo flamejante irracional, uma ilusão perigosa.

Os elementos do fogo de nossa alma, inflamados em Lúcifer, são tão irreais quanto o próprio fogo ímpio central. É claro que o fogo central luciferino também será extinto quando todos os elementos do fogo da alma, ardendo em Lúcifer, compreenderem sua irrealidade, sua ilusão fundamental, e se recusarem a continuar existindo no fogo de impiedade.

Deve ser difícil compreender, pior ainda admitir que, em realidade, não viveis, mas existis apenas como fenômeno natural. A totalidade de vossa existência é o resultado das diversas possibilidades existentes na *materia magica*.

A tocha de vossa alma arde mediante a reunião de certo número de espíritos ígneos naturais, denominados "salamandras".

A ação conjunta, ou confluência, de certo número de salamandras — esses princípios serpentinos ígneos do elemento hidrogênio, isto é, do elemento ígneo fundamental — dá lugar ao fenômeno que conheceis como consciência, a sensação de "eu sou".

Como alma dialética, fundamentalmente, não tendes objetivo. Vossa existência assemelha-se ao giro de uma roda. Viveis para morrer e morreis para viver. Tudo aqui na terra nasce e fenece. Nada é permanente, nada é essencial.

Tudo isso mostra que vós próprios e vosso mundo são o mero resultado de uma atividade ígnea motora sem objetivo, de uma reação em cadeia. Toda a existência está baseada numa fórmula alquímica ímpia:

1.º a tocha de hidrogênio da alma queima em oxigênio;
2.º os dois fatores do elemento nitrogênio dirigem o processo;
3.º o resultado manifesta-se em carbono e por seu intermédio, e o todo emana de um foco: Lúcifer.

Caso não queirais ver ou aceitar esse estado dialético fundamental, se vos opuserdes a essas conclusões, que podereis fazer então? Podeis fazer o que foi feito por muitas pessoas antes de vós: seguir o caminho da magia natural, do ocultismo natural. Para onde levará esse caminho? Para o núcleo do campo de Lúcifer! Podemos prová-lo.

Comecemos com uma pergunta. É possível sair do campo de existência dialético? Pode um homem desta natureza, um princípio ígneo da alma inflamado pelo núcleo luciferino e nele ardendo, livrar-se desse campo ígneo?

Ele não pode fazê-lo, pois estaria inteiramente fora do alcance de suas faculdades naturais. Ele somente pode existir no campo de seu nascimento, no campo da base natural de seu ser. Ele apenas pode permanecer onde está e continuar a ser o que é. Ele pode vagar e tatear os limites de seu círculo de existência.

Ele também pode tentar irromper no núcleo de seu campo de existência. Isso é o que faz o ocultista natural! Penetra os alicerces, o fundamento-chave de sua existência e quer dominá-la, controlá-la. Consequentemente, não deseja ser servidor, vítima, porém senhor. Esse caminho pode, sem dúvida, ser trilhado, mas o que essa pessoa faz na realidade?

Pela sua atividade e respectivos resultados, ela reforça o núcleo luciferino do campo ímpio de existência. Faz que o fogo arda mais forte do que nunca ou o atiça de novo se está em perigo de extinguir-se.

Em outras palavras, corporal e literalmente, ela ingressou no inferno, unificou-se com o núcleo do fogo ímpio.

Do mesmo modo que um órgão apresenta novo caráter devido à mudança de certo número de células e à mudança de estrutura celular, assim também o ocultista da natureza luciferina mergulha nessa natureza, já não podendo libertar-se dela. Ele tornou-se uno com ela.

Este é o estado descrito em todos os contos, mitos e lendas da Sagrada Escritura, quando se referem ao inferno e ao fogo do inferno. Somente entra no fogo infernal de Lúcifer quem nele se atira.

Quem se atira neste fogo? Quem por instinto de conservação se liga com ele de maneira consciente e fundamental. Talvez agora se torne patente, com toda a sua dramaticidade, a inominável fatalidade que paira sobre a força composta que é conhecida pelo nome de "hierarquia* dialética". Essa hierarquia é a força composta de todos os que têm de manter o núcleo luciferino de nosso campo de existência, dos que *são obrigados* a assim proceder por necessidade de automanutenção. Todavia, observemos esse elemento dramático de sua verdadeira perspectiva, visto não tratar-se aqui de vida real, mas apenas de um fenômeno natural apartado da Gnosis!

Portanto, não condenemos o ocultista natural, pois, de acordo com seu desejo de existir, não fugiu ele para o coração de sua fonte de existência por caminhos muito naturais? Ao mesmo tempo descobrimos que toda a religiosidade desta natureza, fundamentada nos bem conhecidos sistemas religiosos naturais, na realidade tem como base o núcleo do campo de hidrogênio luciferino. O fato de alguém ser místico, ocultista, materialista ou um ser biológico primitivo é determinado pelo número de salamandras ou princípios ígneos no fogo da alma. Todas essas formas estão ligadas umas às outras como elos de uma corrente, e o estado de ser de todas elas é um estado mantido pelo fogo infernal. Algumas dessas pessoas já se ligaram definitivamente com o núcleo desse fogo, outras não. *Ainda não!* E vós pertenceis a essa última categoria.

Tudo isso, entretanto, não precisa encher-vos de receio, de medo do fogo infernal. Na realidade, todos os movimentos dialéticos naturais, após longo circuito, retornam a seu núcleo, ou seja, ao fogo luciferino. O ocultista natural faz isso rápida e radicalmente. Os outros trilham um caminho que corre de forma mais espiralada. Uma vez que tenham atingido o centro e se unificado com ele, novas centelhas de existência brotam desse núcleo ígneo. Estas, a princípio, são novamente acolhidas em um processo de manifestação do fenômeno humano-dialético, que dura éons, e retornam depois à fonte primordial. O algo novamente se converte em nada. A pseudoconsciência, formada durante tanto tempo de ligações à roda, é novamente dissolvida.

Assim se originam o conhecido giro da roda e o circuito luciferino.

Agora a Escola Espiritual dirige-se a vós, que estais situados em determinado ponto desse duplo caminho, quer como místico, ocultista, materialista ou qualquer outra coisa, e vos diz: "Tendes agora uma consciência, mas sois absolutamente vazios de vida, porque apenas existe *vida* no Espírito e pelo Espírito". Essa consciência passa rapidamente por uma série de estados de ser, até chegar ao núcleo de vosso campo de existência e ser dissolvida. Essa imersão, essa unificação com o núcleo luciferino de nosso campo de existência, é chamada inferno, a entrada no fogo do inferno. Em suma, estamos fazendo uma tentativa para explicar uma série de fenômenos naturais em que vós mesmos estais envolvidos e vos perguntamos: "Isso tem de continuar assim? Não quereis mudá-lo?"

Ora, é possível que essas explicações e essas perguntas calem em vós de modo especial, de tal modo que elas vos toquem, pois por meio dessas perguntas e da força existente por trás delas é dirigido um apelo ao átomo-centelha-do-espírito no santuário do coração. Quem possui o átomo-centelha-do-espírito não pode permanecer indiferente a esse apelo.

O átomo-centelha-do-espírito é algo maravilhoso. No capítulo anterior abordamos esse mistério quando falamos a respeito do átomo de hidrogênio, pois o átomo ígneo de hidrogênio é o início do processo de gênese da personalidade. O átomo de hidrogênio, inflamado pelo Espírito de Deus, deu vida à personalidade original. Entretanto, essa personalidade original desapareceu, e apenas resta o antigo princípio de hidrogênio, que está presente em estado latente, oculto no santuário do coração. Esse antigo princípio de hidrogênio, esse átomo-centelha-do-espírito, de modo algum toma parte no processo de manutenção da pseudorrealidade da presente dialética.

Pode surgir aqui alguma dificuldade em compreender o que foi dito. Sois capazes de imaginar, possivelmente, que o antigo princípio de vida seguiu uma linha de conduta degenerativa, uma linha de declínio. E agora parecerá lógico supor que, em dado momento, essa linha mostrará uma mudança, uma nova ascensão, de modo que um processo de evolução se inicie. Devemos asseverar-vos, entretanto, que semelhante ideia não corresponde de forma alguma com a verdade. Assim como um motor deixa de funcionar logo que o combustível acabe, também o princípio de vida original interrompe seu trabalho tão logo se rompam os laços com o Espírito mantenedor. Tudo o que antes era possível, pelo Espírito, desaparecerá irrevogavelmente.

Surge assim a pergunta óbvia: "Haverá, então, dois princípios de vida, dois princípios de hidrogênio, dois princípios de fogo serpentino? Um original, em estado latente, uma vez que não existe força disponível que o alimente, e um segundo princípio que, no momento, está intensamente ativo?" Efetivamente, esse é o caso! Esse fato constitui um dos inabaláveis fundamentos da filosofia transfigurística. Todavia, é bom que penetremos mais profundamente o assunto a fim de que possais conhecer toda a verdade.

A Doutrina Universal sempre se referiu a esses dois princípios. Segundo essa doutrina, sabemos que "Cristo defronta com Lúcifer". Cristo é o mandatário divino, Lúcifer, o servidor revestido de grandioso poder e, em razão de sua glória, é denominado "a Estrela da Manhã", "o Filho da Aurora", o Apóstata Brilhante, o Poderoso Rebelde, o Portador de Luz. Dele se diz ser o portador do mais alto título fora do céu, pois no céu ele não pode estar. Fora do céu, porém, ele é tudo. Nas lendas sagradas, é Miguel, a invencível energia celestial, que entra no campo de batalha contra ele.

Que devemos pensar de tudo isso? Quando o Espírito incognoscível irradia na substância primordial, na *materia magica*, e quando o fogo é nela inflamado, e os elementos dão início a suas reações em cadeia, segue-se aí, ao mesmo tempo, uma atividade reflexiva, isto é, uma atividade de sombra. O trabalho do Senhor na *materia magica* é refletido qual uma figura ao espelho.

Deveis ter percebido que essa projeção possui certa força, que dela emana uma atividade mágica. Essa atividade não é insignificante, pois, conquanto nada represente existencialmente, realiza algo definido. Não obstante ser uma ilusão, mesmo assim forma um foco, e esse foco coopera com o próprio ser a serviço do grande objetivo. Eis a razão de esse foco estar realmente revestido de "poder".

Quando, pois, o Espírito penetra a substância primordial — a fim de iniciar e realizar um plano divino, o qual, em sua totalidade, é indicado com o nome de Cristo, isto é, o Ungido, Aquele que está associado ao plano divino — produz-se, simultaneamente, na *materia magica*, o reflexo direto desse fato, Lúcifer. Assim, além do sol divino inflamado na substância primordial, surge também a Estrela da Manhã. Lúcifer, a Estrela da Manhã, é consequentemente uma projeção direta de uma realidade superior, meramente uma projeção, não a própria realidade! Essa é a razão por que os mitos sagrados dizem: Ele, Lúcifer, traz o mais elevado título fora do céu, mas ele não pode estar no céu.

Desse modo, no que tange a toda a manifestação na *materia magica*, averiguamos que existem dois fogos flamejantes, um concêntrico e outro excêntrico, um fogo divino e outro que resulta de um processo natural. Ora, quando o processo divino sofre uma estagnação na substância primordial, o mesmo não acontece com a atividade do processo natural. Pelo contrário, uma vez que esse duplo processo tenha tomado seu curso, e o processo nuclear tenha estagnado, a lei da natureza dobrará suas investidas qual força cega, com todas as consequências.

Quando um pensamento começa a brotar no cérebro, sua imagem é imediatamente projetada no campo de manifestação e mantém os olhos fixados sobre vós. Fizestes surgir uma estrela em vosso microcosmo. Mesmo quando abandonais esse pensamento, ainda assim a imagem-pensamento continuará a irradiar e a executar seu trabalho. Assim, podeis imaginar que houve uma época de que os antigos poetas sagrados testemunhavam:

> [...] quando as estrelas da manhã juntas alegremente cantavam, e todos os filhos de Deus rejubilavam?[1]

Podeis também compreender quando o antigo profeta diz:

> Como caíste do céu, ó estrela da manhã, filho da alva! [...] levado serás ao inferno![2]

E agora entendereis o autor do Apocalipse, quando profetiza:

> E ao que vencer [...] dar-lhe-ei a estrela da manhã.[3]

Todos os que, sinceramente, desejam ser alunos da Escola Espiritual da Rosacruz Áurea têm uma tarefa de Pentecostes a realizar.

---

[1] Cf. Jó 38:7.
[2] Cf. Is 14:12,15.
[3] Cf. Ap 2:26,28.

Mediante uma vida endurística, em arrependimento, humildade e autoesquecimento, devem ofertar seu átomo-centelha-do-espírito, o átomo original de hidrogênio, ao Espírito Universal, na única oração brotada da atitude de vida renovada: "Espírito Santo, desce sobre nós!"

Então Cristo, o Ungido, o portador divino original da tocha, fará morada em vosso coração, isto é, o átomo original em vós reentrará em contato com seu arquétipo. Ele começará a atuar e a irradiar, conforme já descrevemos. E, oh maravilha! Fora de nós, em nosso campo de manifestação, a imagem do homem imortal surgirá diante de nós! A estrela da manhã terá de novo ressuscitado, o antigo Lúcifer, o Glorioso, e, em ligação com este foco, o templo de Deus, o edifício da transfiguração, será concluído. Quando a imagem do homem imortal se ergue corporalmente no firmamento* do microcosmo, as palavras do capítulo 22 do Apocalipse se cumprem literalmente:[4]

> Eu, Jesus, enviei o meu anjo para vos testificar estas coisas a favor das igrejas. Eu sou a raiz e a geração de Davi, a resplandecente estrela da manhã. E o Espírito e a noiva dizem: Vem. E quem ouve, diga: Vem. E quem tem sede, venha; e quem quiser, receba de graça a água da vida.

Quem tem ouvidos para ouvir, ouça. E quem ouvir, diga: "Certamente cedo venho. Amém. [...] A graça de nosso Senhor Jesus Cristo seja com todos vós".[5]

*
**

---

[4] Cf. Ap 22:16–17.
[5] Cf. Ap 22:20–21.

I-11

A ROSA DA MANIFESTAÇÃO SÉTUPLA DE DEUS

Sem dúvida, já tereis visto alguma vez, na literatura da Rosa-Cruz moderna ou em um de seus templos, a imagem da rosa estilizada. Essa rosa é formada de sete círculos interligados, com um centro comum. Ela é o símbolo do setenário cósmico, do planeta terra divino e verdadeiro. Contemplando essa rosa sétupla ligada à cruz, certamente compreendeis o significado desse símbolo.

O transfigurista é o homem que escolhe essa Rosa-Cruz como seu objetivo. Ele é o homem que rompe a prisão eletromagnética da natureza dialética pelo caminho da cruz, a fim de tornar possível sua readmissão na pátria perdida, o Reino Imutável.

Então concluís que nem todos os que se denominam rosa-cruzes expressam a mesma ideia, nem todos os que afirmam seguir a Rosa-Cruz trilham o mesmo caminho. Existem símbolos rosa-cruzes místicos, ocultistas, eclesiásticos e transfigurísticos. Aí reside, naturalmente, grande perigo para o homem buscador, pois nem todos os rótulos correspondem ao conteúdo legítimo. Grande precaução com o simbolismo é, portanto, da mais elevada importância para os que ainda estão buscando seu caminho. O símbolo da rosa do setenário cósmico está, entre outras coisas, também esculpido na pedra fundamental do templo internacional de Renova, do Lectorium Rosicrucianum, em Lage Vuursche,

Bilthoven, Holanda. Essa pedra expressa, assim, a vocação da Escola Espiritual moderna. Sobre essa pedra angular, encontra-se também a cruz, que é o caminho mediante o qual a meta deve ser alcançada. Em seguida, encontramos a indicação dos quatro alimentos santos, as quatro forças elementares originais que constituem o único viático na jornada rumo à meta da rosa.

Alguém poderá perguntar: "Esse símbolo de tão gloriosa realidade não poderá, em muitos aspectos, revelar-se uma ilusão? Pode-se imaginar que uma ideia magnífica possa elevar as pessoas do curso deprimente em que segue a rotina de seus hábitos; que, assim como um lampejo de alegria é capaz de restituir um pouco de coragem ao homem, também a ideia da jornada à Jerusalém original pode contribuir para encarar a dura realidade com um sorriso nos olhos. Portanto, é bom continuar falando acerca de uma nova vida. Isso ajuda sempre um pouco. Todavia, a realização... ah!"

Há, talvez, pessoas com esse estado de alma que ingressaram na Escola Espiritual exclusivamente com o propósito de reconfortar-se com a doçura de uma ideia. Portanto, explicaremos o quanto o símbolo do setenário cósmico, o símbolo da Rosa-Cruz e os quatro alimentos santos constituem as características de uma realidade tão intimamente ligada a nós que um dos grandes pôde afirmar: "O reino de Deus está dentro de vós!"[1]

Explanamos o modo como a humanidade decaída está sendo mantida escravizada em seu campo de existência, isto é, no campo eletromagnético das forças naturais opositoras ao homem. Na esfera terrena dos arquétipos e na esfera das forças naturais, sempre se desenvolve poderosa resistência contra qualquer vida não divina, e visto que essas esferas terrenas correspondem completamente a nosso campo de existência, nós, envolvidos pela queda, estamos confinados em uma prisão eletromagnética. Atividades

---

[1] Cf. Lc 17:21.

vulcânicas e outras atividades da natureza propiciam-nos uma atmosfera completamente compatível com nosso estado de ser. Os que pesquisam de que maneira a natureza divina se protege compreenderão a veracidade das palavras de Jacob Boehme de que Deus fez desse campo de existência um todo isolado em que toda a humanidade decaída é obrigada a nascer, florescer e fenecer, em contínua rotação, até despontar o dia da autolibertação.

Toda a entidade que se desenvolve no setenário cósmico está estreitamente ligada à fórmula fundamental de vida deste planeta. Quem de alguma forma se opõe a essa lei de vida fundamental produz uma vibração que suscita resistência imediata por parte das forças naturais fundamentais. De modo automático, por assim dizer, essas forças naturais fundamentais emitem uma corrente eletromagnética que envolve e prende a entidade rebelde a fim de que ela já não possa ter iniciativa nem viole a lei. Assim, ela é mantida em um "todo isolado" para ficar protegida de si mesma.

Nesse novo campo eletromagnético, quatro forças elementares são postas em manifestação para servir de viático à entidade em seu estado de isolamento: hidrogênio, para a irradiação da alma; oxigênio, para o processo de combustão; nitrogênio, para regular e manter o processo de combustão; e carbono, para expressar a ideia de vida que prevalece no campo mencionado. Essas quatro forças dialéticas, contudo, já quase não possuem as características dos quatro alimentos santos originais. Elas turbilhonam, por exemplo, procedentes de inúmeras crateras vulcânicas, que são dirigidas pelas forças naturais. Esses quatro alimentos santos foram adaptados, por transformação, para o uso do ser humano. A estação transformadora localiza-se no estrato terrestre das forças naturais, e o campo eletromagnético mantém encerrados o ser humano e a atmosfera assim formada para ele.

As puras forças elementares originais também estão presentes na terra. O centro dessas forças está localizado no coração do setenário cósmico e coincide aproximadamente com o centro do que denominamos terra. Essas forças fluem dos sete polos norte para alimentar todas as criaturas divinas e são conservadas intactas, como atmosfera original, pelo campo eletromagnético dos sete estratos de forças naturais, que também se desenvolve segundo seu ser original. Os quatro elementos originais e os quatro elementos dialéticos têm, portanto, a mesma origem: são vibrações e emanações da substância primordial.

Suponhamos, agora, que o incidental campo eletromagnético dialético subitamente desaparecesse. Nesse exato momento, a atmosfera dialética deixaria de existir e se dispersaria no espaço, e nós todos nos encontraríamos no mar infinito da atmosfera original. Não teríamos capacidade para aí manter-nos e logo morreríamos por falta de ar. Afogar-nos-íamos no mar de águas vivas. É bom demorar-nos nesse ponto um pouco mais, pois daí se conclui que nossa prisão não é apenas uma colônia penal, mas, ao mesmo tempo, um local de graça em que esforços estão sendo feitos para sermos auxiliados a recuperar a filiação divina.

A verdade das palavras de Jacob Boehme é, de novo, confirmada: "Deus atacou este mundo no coração, a fim de tornar possível um retorno". Talvez já se tenha tornado claro para vossa consciência que há dois campos atmosféricos. Não um aqui e outro ali, mas presentes simultânea e existencialmente, assim como também há dois campos eletromagnéticos existencialmente presentes.

Uma condição caracteriza o campo de queda e graça, o campo de tolerância e de assistência, a outra condição, o absoluto e a divindade. Ambas as condições estão presentes no mesmo instante, no mesmo espaço, aqui e agora. Não existe lugar que possa ser apontado onde o mar da divina plenitude de vida[2] não esteja

---

[2] O pleroma, na terminologia gnóstica de Valentino (N.E.).

presente. O reino de Deus e sua atmosfera de vida estão mais próximos do que mãos e pés; sim, eles estão dentro de vós.

E os grandes, que testemunham dessa divina plenitude de vida, nos dizem:

"E eis que eu estou convosco [...] até à consumação dos séculos!"[3] "No meio de vós, está alguém que não conheceis."[4] "De graça lhe darei da fonte da água da vida."[5] "Se quereis beber dessa água da vida e viver e existir na outra atmosfera, tereis de abandonar vosso próprio mundo incidental e acabar com vosso mundo atual." "Vai, vende tudo o que tens e segue-me!"[6]

Entretanto, a fim de abandonar a prisão de vosso próprio mundo incidental, deveis transformar-vos em mestre da pedra; tereis de lançar a pedra fundamental de um novo templo. Para chegar a ser mestre, porém, tereis primeiro de ser aprendiz, aprendiz de construtor de templos!

Escolhidos para isso pela experiência, tereis aprendido a conhecer perfeitamente a natureza de vossa prisão dialética e tereis descoberto que esse mundo é, ao mesmo tempo, um local de graça, porque a Gnosis não deseja vosso declínio, ela anseia socorrer-vos. Por conseguinte, existe a Fraternidade Universal, servindo de ponte sobre o abismo entre as duas atmosferas de vida. Ela vos traz um pouco da água viva original, em diferentes formas, adaptadas a vosso estado de ser. Não podeis nem tendes de transpor tudo de um salto. Há irmãos e irmãs dispostos a ajudar-vos em cada passo que vos propuserdes a dar e que colocam vosso pé sobre as pedras da ponte que conduz de vosso atual estado de ser ao outro. Por que deveríeis ficar amedrontados e assustados?

---

[3] Cf. Mt 28:20.
[4] Cf. Jo 1:26.
[5] Cf. Ap 21:6.
[6] Cf. Mt 19:21.

Ninguém vos forçaria a galgar um degrau se ainda não estivésseis capacitados a fazê-lo. Irmão algum vos coagiria. Ficai firmes sobre a pedra em que estais no momento e, quando tiverdes acumulado forças para o próximo passo, sereis auxiliados.

Portanto, é dito: "Vinde a mim todos vós que estais cansados e sobrecarregados, e eu vos aliviarei".[7] "Buscai e achareis, batei e abrir-se-vos-á!"[8]

Há apenas *uma* condição para a senda: é exigido que sejais aprendiz de construtor de templos. Então, sem dúvida alguma, tornar-vos-eis mestre da pedra. O que significa ser aprendiz de construtor de templos? Significa estar em condição de lançar a primeira pedra da nova construção do templo e de preparar essa primeira pedra de maneira correta.

Podemos ensinar-vos como fazê-lo? Pois bem, tomai um bloco de granito, isto é, colocai-vos ante a realidade dura como o basalto de vossa existência dialética sem objetivo; colocai-vos ante esta realidade com o cinzel afiado de vossa atitude reta e de vossa determinação inabalável.

Com todas as vossas forças, entalhai nela a rosa estilizada do setenário cósmico. Essa rosa estilizada será, então, como uma janela em vossa prisão. Através dela poderéis olhar o exterior. Através dela Fausto, de Goethe, olhou. Através dela, Dante contemplou o Paraíso.

Através dessa rosa, o aprendiz de construtor de templos vê claramente. Através dessa janela, o aprendiz corta, cinzela e entalha a cruz. Ele abre seu caminho, sua senda para a libertação. Por este sinal vencerá, tal qual Christian Rosenkreuz.[9] Então ele coloca sua

---

[7] Cf. Mt 11:28.
[8] Cf. Mt 7:7.
[9] Rijckenborgh, J. van. *As núpcias alquímicas de Christian Rosenkreuz*. São Paulo: Lectorium Rosicrucianum, 1993. t. I.

pedra ante a Gnosis e, enquanto prossegue no caminho endurístico de autoesvaziamento, conduzindo seu velho mundo a um fim, ele evoca, com o fio de suas armas, os quatro alimentos santos:

1.º *Ignis* — o hidrogênio original;
2.º *Flamma* — o oxigênio da realidade divina;
3.º *Materia* — a dupla força da realização;
4.º *Mater* — o carbono modelador original.

Ele deposita, então, sua pedra no nicho da realização, no salão superior dos arquitetos. O que supondes que acontecerá em seguida?

> Ao cumprir-se o dia de Pentecostes, estavam todos reunidos no mesmo lugar; de repente, veio do céu um som, como de um vento impetuoso, e encheu toda a casa onde estavam assentados. E apareceram, distribuídas entre eles, línguas, como que de fogo, e pousou uma sobre cada um deles.[10]

A nova atmosfera, o antigo fogo espiritual, apodera-se do peregrino e sobre ele se coloca, agora que, conforme ilustra uma antiga gravura,[11] ele transpassa com a cabeça e com o bordão a esfera da ilusão dialética e contempla a realidade da rosa estilizada. Já não a vê como símbolo, porém como posse interior, uma realidade que se lhe abre. Seu sistema converte-se em um campo radioativo da Fraternidade. Ele entra no campo eletromagnético original. Mediante a colocação dessa primeira pedra, as chamas do fogo

---

[10]Cf. At 2:1–3.
[11]A gravura de Flammarion, de autor anônimo, apareceu pela primeira vez no livro de 1888: *L'atmosphère: météorologie populaire*, de Camille Flammarion (N.T.).

espiritual são inflamadas, e o aprendiz de construtor de templos torna-se mestre da pedra.

Possa a rosa da manifestação sétupla de Deus em breve emanar de vós como sétuplo fogo flamejante!

Que possais iniciar vossa construção templária nesse luminoso fogo!

※

I-12

A INEVITABILIDADE DO CAMINHO DA CRUZ

Novamente colocamos perante vossa consciência a imagem da rosa estilizada como símbolo do setenário cósmico, do verdadeiro e divino planeta terra.

Com isso não deveis pensar nos sete planetas de nosso sistema solar nem nas várias esferas de nosso campo de vida, mas deveis ver apenas uma indicação da sagrada terra divina, conforme ela era anteriormente e *é* até este momento. Referimo-nos a um sistema que pode ser mais bem definido como um sistema de sete esferas, umas girando dentro das outras, e possuindo um centro comum.

É compreensível que os antigos tenham escolhido uma flor, uma rosa pura, um lírio ou um lótus, para dar uma bela imagem dessa eterna e divina realidade. Às vezes vemos uma flor ou então uma grinalda de sete flores corporificando sempre a mesma ideia: a divina terra sétupla, devindo e existindo eternamente da causa primeva do universo.

Assim como é a verdadeira terra, também deve ser o verdadeiro homem. Por isso, a flor sagrada indica tanto o macrocosmo* como o microcosmo.

Para o microcosmo decaído alçar-se novamente ao estado original, o ser humano deve lutar e vivenciar dois processos, trilhar dois caminhos. Um caminho de despedida, de aniquilamento, de morte endurística total, representado por uma haste horizontal, e um caminho de ascensão, de renovação, de renascimento, de transfiguração, representado por uma haste vertical. Assim, a flor, a rosa, terá de formar uma unidade irrevogável com a cruz. O pé da haste vertical da cruz está implantado nas escuras profundezas da terra para demonstrar o fato glorioso de que a senda da transfiguração realmente pode ser iniciada aqui, nas escuras cavernas da dialética.

A haste horizontal da cruz, o caminho do aniquilamento da natureza, não tem ligação direta com o fundamento natural da dialética, uma vez que essa despedida é totalmente contrária à natureza, sendo encarada como loucura. Entretanto, o que é perfeita loucura, de acordo com os padrões de raciocínio natural comum, vem a ser sabedoria divina quando trilhamos o caminho da endura.*

Nossas mãos são, sobretudo, órgãos diretos de ação. Quando o candidato aos mistérios de Cristo segue o caminho da endura, sua ação dialética natural é progressivamente interrompida, suas mãos são pregadas na cruz.

Então seus pés já não podem continuar a trilhar os caminhos habituais. Eles desejam seguir a nova senda, a senda vertical de ascensão, de elevação. Assim, segundo a velha natureza, seus pés são também pregados na cruz.

E no coração da cruz, que o candidato erigiu em si mesmo, uma flor desabrochará, a flor maravilhosa, "a joia preciosa no lótus", isto é, o átomo-centelha-do-espírito, um dos menores átomos, inimaginavelmente pequeno, tal qual o embrião da planta completa, do inteiro devir, está presente inimaginavelmente pequeno em sua semente.

E o candidato rejubila-se: "Ó joia preciosa no lótus!", "Ó rosa que floresce na cruz!"; *Eli, Eli, lamá sabachtháni!* (Ó Elohim, como me glorificastes!). E, afinal, soa o grito de libertação: *Consummatum est* (Está consumado).[1]

É necessário que digamos isso tudo uma vez mais para dirigir a atenção, mais nitidamente do que nunca, à meta única da Escola Espiritual. Para auxiliar vosso poder de imaginação, podemos concordar em que faleis de uma rosa, de um lírio ou de um lótus, ou de qualquer flor de que gosteis, se vos fixardes neste único propósito: o retorno à terra divina, o Reino Imutável, mediante o duplo caminho de demolição e elevação. Nós já tentamos explicar[2] que nosso campo de vida dialético não constitui uma unidade absoluta, mas apenas uma parte isolada do setenário cósmico. Partindo desse campo de isolamento, desse local de quarentena macrocósmica, o homem que quer retornar a seu lar original tem de palmilhar os dois caminhos indicados pela cruz. Então ele se tornará um liberto, um redimido, e, como prova disso, a rosa florescerá.

Após tudo o que foi tratado e estudado, presumimos ter ficado claro que existem dois campos de vida: o campo de vida do aprisionamento e o campo de vida original.

Ambos possuem um campo eletromagnético e uma atmosfera. Sabemos que as condições eletromagnéticas e atmosféricas são determinadas pela atividade das forças naturais. Estas, por sua vez, são determinadas pelo tipo de vida que se expressa no respectivo campo de vida. Todos nós experimentamos a atração eletromagnética do campo de isolamento dialético em que estamos. Pela ação da força de gravidade desse campo somos mantidos prisioneiros aqui.

A atividade das forças naturais e a ação da gravidade desse campo constituem os muros de nossa prisão terrena. Nessa prisão

---

[1] Cf. Mt 27:46 e Jo 19:30.
[2] Ver p. 113.

existe uma atmosfera que, segundo a natureza, está em perfeito equilíbrio com nosso estado de ser. Ao mesmo tempo, isto é uma graça, porque, se a atmosfera apropriada para nós desaparecesse, evidenciar-se-ia que nos faltam condições orgânicas para adaptar-nos a outro estado atmosférico e, portanto, que estaríamos incapacitados de viver nele. Admitindo que compreendemos tudo isso, colocamos algumas perguntas importantes:

Somos, agora, atraídos também pelo outro campo, o campo eletromagnético original? Respiramos, talvez, parcialmente nessa atmosfera divina que pertence a esse campo? Temos alguma experiência da ação da força de gravidade da Gnosis e seu prana original, assim como conhecemos, por experiência, a força de ação da gravidade pertencente a nosso campo de isolamento, cuja atmosfera inalamos a cada inspiração?

A resposta resoluta a essas perguntas tem de ser: absolutamente não! De modo algum! Isso está totalmente fora de cogitação! Talvez vos sintais chocados com essa resposta, mas a Fraternidade deseja confrontar-vos enfaticamente com essa resposta para livrar-vos de todas as eventuais mistificações.

Aparentemente essa resposta está em contradição com os fatos, pois poderei observar que todos os grandes enviados da Gnosis nos trouxeram todas as forças salvadoras do Reino Imutável como remédio universal. E, folheando a literatura mundial, podereis citar muitas afirmações contra nosso ponto de vista.

Aconselhamo-vos, contudo, a que vos aprofundeis mais no problema, com grande objetividade, e empreendais uma limpeza completa no torvelinho de vossas concepções.

Muitos, um número incontável de pessoas em nosso campo de existência, sustentam que pertencem a Cristo, com ele caminham, veem-no e possuem-no. Com efeito, falam a seu respeito diariamente, de modo sério, mas falham notoriamente ao ter de mostrar-nos a prova mais óbvia e direta do fato, isto é, a prova de que lhes "foram abertos os olhos"[3] completamente, conforme diz a Sagrada Escritura. Tão logo um homem estabeleça contato com o campo eletromagnético e com a atmosfera do setenário cósmico, uma mudança de natureza fundamental e estrutural ocorrerá imediatamente, e ele tornar-se-á incapaz de manter-se no campo de isolamento.

Se a humanidade como um todo e os alunos no Átrio da Rosa-Cruz devessem, em dado momento, ser afetados pela ação da gravidade do Reino Imutável, eles não estariam em condição de corresponder a essa ação, de reagir a ela, e esse contato seria nada menos que catastrófico.

Não somos então alvo de um trabalho gnóstico? Sim, sem dúvida alguma, porém deveis encarar esse trabalho não como uma atração, mas sim como um *chamado*.

A Fraternidade Universal, em seu trabalho pela humanidade decaída, nunca se aproxima de nós com o potencial eletromagnético do setenário cósmico. Em primeiro lugar, porque essa influência seria fundamentalmente perigosa para todo o estado de ser dialético. Assim, a finalidade não seria atingida, pois as criaturas em questão de modo algum teriam a condição orgânica adequada para elevar-se a outro estado de ser. Em segundo lugar, uma influência magnética dirigida a alguém fundamentalmente incapaz de a ela corresponder será sempre um fator de coação, de preponderância e, portanto, provocará uma ação que não está em harmonia com o estado interior.

A Fraternidade nada exige de vós que não possais. Ela não quer exercer nenhuma coação sobre vós, forçar-vos, e por isso ela vos "chama". Ela chama-vos para a automaçonaria, e ela deve e pode auxiliar-vos somente à medida que iniciardes o autoaniquilamento. Se andardes uma milha com a Fraternidade, ela vos dará luz e força

---

[3] Cf. Jo 9:10 e Mt 9:30.

para a próxima milha. Lembrai-vos, entretanto, de que, pelo bem da própria salvação, ninguém pode dispensar a própria ação.

O trabalho de chamado da Fraternidade Universal relaciona-se com uma admirável irradiação em nosso campo de existência. É uma irradiação em que, e o repetimos enfaticamente, qualquer elemento magnético e qualquer fator coercitivo estão ausentes, embora ela não deixe em paz nenhuma entidade com a centelha-do-espírito, pois o átomo-centelha-do-espírito tem polaridade com essa irradiação. Portanto, essa ação causa agitação contínua, permanente sensação de saber-se chamado, de ser acordado.

Assim como um aparelho de rádio é sintonizado em determinado comprimento de onda e reproduz o que está sendo irradiado, também o átomo-centelha-do-espírito, em virtude de sua natureza, está continuamente sintonizado com as vibrações cósmicas da Fraternidade e as reproduz dentro de seu próprio sistema. Estas vibrações estão presentes em toda a natureza de nosso campo de isolamento, falando uma linguagem especial a todos os que a elas sejam receptíveis. Em todos os tempos, irmãos e irmãs são enviados à humanidade com a missão de traduzir essa linguagem, de torná-la compreensível e explicar o sentido da luz que chama e, ao mesmo tempo, reforçar assim os efeitos desses raios cósmicos.

Desse modo, podeis imaginar que milhões de pessoas neste mundo são "chamados", no amplo sentido da palavra. A maioria dos alunos da Escola Espiritual experimenta, conscientemente, esse chamado. Ser chamado, saber-se chamado, experimentar esta sensação em cada fibra do próprio ser, acarreta, sem dúvida, além de tudo o mais, intensa alegria e grandiosa certeza, sobretudo a certeza de possuir um átomo-centelha-do-espírito. Entretanto, há ao mesmo tempo grande perigo em tudo isso, o perigo de cair em falso misticismo e da enorme ilusão daí resultante.

Suponhamos saber que fomos chamados. Experimentar o chamado, por mais jubilante que ele possa ser, não é, em si, a salvação.

Isso indica apenas uma condição orgânica típica da personalidade. Possuís o átomo-centelha-do-espírito, esse princípio exclusivo de hidrogênio no santuário do coração. Portanto, sois obrigados a reagir aos raios cósmicos em questão. Inúmeras são as pessoas que, ao longo de muitas encarnações, lutam contra isso, negando seu verdadeiro estado e agarrando-se à natureza dialética. Não obstante, existem também muitas pessoas que, como reação àquilo que as toca, se perdem em falso misticismo. Como se explica isso?

Suponhamos que tenhais experimentado o chamado de Deus e sobre isso faleis, canteis, escrevais poemas e deis outras demonstrações do fato. Todavia, quanto ao resto, permaneceis exatamente a mesma pessoa que sempre fostes. Dizeis continuamente: "O Senhor me chamou", mas, se observarmos bem, continuais firmes no mesmo lugar. *Isto* é falso misticismo!

Quando um aluno fala verbosamente sobre sua vocação ou tagarela sobre a Fraternidade com sereno sorriso, quando ele fala sobre o que sente no coração, sobre a compreensão que recebeu, mas, ao mesmo tempo, não mostra a menor mudança em sua atitude de vida, isto é falso misticismo! Assim como um gato ronronante pode, de repente, estender as garras em autodefesa e enterrar maldosamente as unhas na carne da vítima, mais de um se levantará, imbuído de falso misticismo, e cheio de desaprovação explodirá com indignação e protestará quando lhe for dito que o chamado pressupõe *trilhar* a senda. A Gnosis exige todo o vosso ser, a renúncia a vosso apego a esta natureza. Como resposta a seu chamado, ela exige a oblação de vosso eu e as provas concretas disso. O falso misticismo consiste no grande erro de considerar-se a vocação como a meta final do processo, enquanto que a vocação é apenas um começo orgânico, uma espécie de predisposição orgânica para os raios cósmicos em questão.

Quem foi chamado e se recusa a palmilhar o caminho torna-se, irrevogavelmente, vítima das incontáveis correntes negativas existentes, cuja finalidade é acorrentar a humanidade à roda de maneira permanente. Todas as religiões naturais apresentam essa característica e alimentam o instinto do *eu*. Podeis compreender, por isso, as palavras de Jesus, o Senhor, quando *ele* diz: "Muitos são chamados, mas poucos escolhidos!"[4]

Apenas quando alguém que foi chamado trilha a senda de modo consequente, com base em seu estado fundamental, e quando o chamado luminoso de que falamos se converte em lâmpada para os pés, chega o momento do primeiro toque pelo campo eletromagnético do setenário cósmico. Somente então se origina uma atração, um ser capturado, um ser escolhido, isto é, o irrompimento em novo processo metabólico. Também nesse caso não se pode falar em coação, ou ainda em qualquer perigo, ou em nascimento prematuro na nova vida, porém se cumpre o que está na parábola: "e [o pai], correndo, lançou-se-lhe ao pescoço e o beijou".[5]

O filho pródigo voltou ao lar. Para isso ele percorreu os dois caminhos da Rosa-Cruz: o caminho da demolição e o da elevação. A joia preciosa no lótus irradia, plena de brilho, uma nova manhã. O candidato nasceu na nova vida. A essa ressurreição são chamadas todas as entidades com centelha-do-espírito.

Agora, algumas palavras sobre o capítulo 17 do Apocalipse. Aí se fala da revolução cósmica, da comoção a ela ligada e da vitória do Cordeiro. No versículo 14 está escrito que os participantes da vitória são os fiéis, os chamados e os eleitos. Fiéis são os que, embora chamados, ainda não estão plenamente conscientes disso e, não obstante, reagem espontaneamente, aproximando-se da Escola Espiritual, impelidos por seu ser interno. Chamados são os que se tornam conscientes de seu estado de ser e, despertando,

---

[4] Cf. Mt 20:16 e Mt 22:14.
[5] Cf. Lc 15:20.

decidem retornar. Eleitos são os que palmilham o caminho da cruz e, como renascidos, despertam na nova manhã.

Em qualquer dos três degraus que estejais no momento, se vossos motivos são puros, se vossa atitude está em harmonia com as exigências e vossa reação sintonizada com a grande lei, permanecereis ao lado da liberdade, em meio à separação progressiva neste mundo. Essa liberdade, que é mais elevada do que toda a razão, é o que rogamos para vós.

✻✻

I-13

A ASCENSÃO PARA A LIBERDADE

No capítulo precedente, dirigimos a atenção para a natureza do campo de radiação da Fraternidade Universal tal como ele se manifesta em nossa sombria ordem dialética de espaço e tempo. Vimos que esse campo de radiação não está ativo em toda a sua potência eletromagnética, porque isso, além de ser inútil e muito perigoso, suscitaria imensas catástrofes.

Ser atraído por um campo de vida a que não se pode corresponder fundamental e estruturalmente, campo em que um microcosmo danificado não poderia respirar, significaria o verdadeiro fim de toda a existência. O campo de radiação da Fraternidade Universal caracteriza-se, portanto, exclusivamente pela faculdade chamativa, assim como nós a denominamos. Pretende-se apenas que sua influência seja notada e experimentada pelos que são suscetíveis a esse chamado intercósmico. Essa ligação elementar constitui a condição para todo o trabalho realizado pela Fraternidade Universal, e ela é totalmente garantida pela presença do átomo-centelha-do-espírito.

O átomo-centelha-do-espírito, situado no ápice do santuário do coração, está perfeitamente sintonizado, devido a sua natureza e estrutura, com o campo de radiação divino, pois seu núcleo atômico contém hidrogênio da mesma natureza. Por isso, existe uma união baseada em leis naturais, desde o início, entre microcosmo decaído e o Logos. Desse modo, o microcosmo decaído permanece um filho de Deus, e a palavra mística, afirmando que Deus conhece todos os seus filhos pelo nome, assume profundo sentido científico. O vocábulo *conhecer* deveria ser compreendido aqui como *influenciar em permanente ligação,* portanto, *reconhecer.*

A entidade portadora do átomo-centelha-do-espírito, de início, experimenta essa ligação mediante todas essas experiências dolorosas, misteriosas e peculiares neste vale de lágrimas terrestre — experiências de natureza corporal, moral, ética e material. Ela é continuamente inquietada e não pode encontrar repouso em razão de sua dupla natureza, estando permanentemente empenhada na busca, na investigação e na experimentação. Este é um estado que pode durar muitas, muitas encarnações, e o fato de estarmos perambulando neste campo de vida dialético, nesse estado, vem provar que todos nós, visto do aspecto tempo e espaço, temos atrás de nós um período de possivelmente milhões de anos.

A dificuldade com que a entidade portadora de átomo-centelha--do-espírito tem de defrontar-se durante esse imenso período, é o mistério de sua dupla natureza, das complicações daí decorrentes e da confusão que em grau desmedido é gerada nela.

Quando conversamos uns com os outros, trabalhamos juntos, pensamos, queremos, sentimos e agimos, executamos todas essas funções por meio da consciência-eu comum. Esta consciência-eu, ou consciência dialética, não tem nenhuma relação com o átomo-centelha-do-espírito. No entanto, não deveis encarar desdenhosamente essa consciência-eu, em autoacusação, auto--humilhação, pois ainda precisais desse eu terreno. Ela é um foco de vida extremamente necessário à existência de vosso atual microcosmo. Se fôsseis capazes de acabar com a consciência-eu neste momento, a nova natureza em vós ainda não estaria em condição de assumir a direção de vossa existência microcósmica!

A consciência dialética possui também um foco atômico localizado no santuário da cabeça. Assim como o fogo luciferino era originalmente a projeção do fogo de Cristo no campo criador da substância primordial,[1] o átomo em questão, no santuário da cabeça, era também originalmente um átomo refletor do átomo-centelha-do-espírito no coração. O átomo na cabeça abrasava-se na luz do átomo no coração. Já transcorreram éons, todavia, desde que o átomo luciferino no santuário da cabeça interrompeu a obediência ao átomo de Cristo (átomo-centelha-do-espírito), assumindo a direção de todo o sistema, desorganizando-o estruturalmente em todo o sentido e submetendo-se à cultura durante milhares de anos a fio. O quadro de nossa realidade talvez apareça agora claramente ante os olhos e compreendereis também por que a transfiguração é necessária.

Em virtude de sua natureza, o átomo de Cristo exerce influência inquietante sobre a consciência-eu e a despoja de sua segurança; o átomo luciferino perdeu, porém, a faculdade de refletir a luz espiritual — mediante a qual a alma, o eu, foi capaz de viver das obras de Deus, porque o sistema foi corrompido irremediavelmente, tanto segundo a alma como segundo sua estrutura. É necessária, portanto, uma nova alma, um novo princípio luciferino, um novo fator refletor, e somente quando este for obtido, todo o microcosmo poderá ser transfigurado conforme seu ser original.

Compreendereis que isso é um processo. Esse renascimento, esse evento tremendamente radical, não pode realizar-se em duas semanas. Entretanto, o que importa é que o processo seja iniciado, que um início seja dado ao caminho de santificação, isto é, de cura, de restabelecimento, de tornar-se são, de nova gênese primordial em sentido divino. A Escola não cessa de explicar, de

---

[1] Ver p. 107.

esclarecer o como e o porquê desse poderoso processo, de provar sua necessidade, de colocar todos os fatores à luz justa, de apontar as causas de vossa inquietação.

Por que vindes a esta Escola? Por que assistis a nossos serviços templários? Por que, como alunos, aceitais os sacrifícios exigidos por um trabalho como o nosso? Porque possuís o átomo-centelha-do-espírito! Vossa inquietação de séculos, vossa longa busca sem fim vos trouxe aqui; o átomo de Cristo em vós agora radia numa personalidade incapaz de reagir ao chamado em sentido libertador, e esse fogo persegue-vos.

Vindo em vossa direção da outra margem do Jordão, isto é, da corrente de vossa pequena circulação sanguínea, vedes as radiações do átomo de Cristo. Falareis agora como João o fez: "Depois de mim vem aquele que é mais poderoso do que eu, de quem não sou digno de, abaixando-me, desatar as correias das sandálias"?[2] Vós agora também vos extinguireis na *endura,* como João, de modo a permitir que o poder luminoso renovador de vida, emanante do átomo de Cristo, realize sua transformação em vosso sistema decaído, em vosso pequeno mundo de trevas? Permitireis que, mediante o processo[3] que descrevemos, a imagem do homem imortal possa ser formada, para um dia, segundo a via-crúcis do átomo de Cristo, ele poder ressurgir imortalmente em vosso ser?

Compreendeis agora que o batismo de Jesus no Jordão também é um acontecimento que deverá ocorrer, corporalmente, em vós mesmos?

O inquieto homem-eu, o eterno buscador da luz na escuridão, clama de tal maneira que sua voz ecoa pela terra qual grito de dor: "Preparai o caminho do Senhor, endireitai as suas veredas!"[4] Ele

---

[2] Cf. Mc 1:7.
[3] Ver p. 43 e 57.
[4] Cf. Mt 3:3.

busca a retidão e, qual João em sua veste de penitência, permanece no deserto deste mundo.

Pode ser que vós ainda sejais uma vítima da ilusão fundamental de que, como ser natural, sois capazes de participar da justiça divina, da realidade divina; mas também pode ser, e isto é o que se espera de alunos da Rosa-Cruz, que digais, como o fez o profeta em seu manto de pelos de camelo: "Não eu, mas o Outro!". Conheceis esse Outro, pois ele vos inquieta dia e noite, ano após ano, vida após vida. Fostes chamados pelo átomo de Cristo em vós. E agora, em vossa crise de vida, vedes o outro vindo a vosso encontro. As radiações do átomo de Cristo em vosso coração ardem no sangue por meio do timo. O sangue é impelido para cima, através de vosso Jordão da vida, enche o santuário da cabeça e espalha-se por todo o ser. Deveis observar agora, porém, se vossas reações são idênticas às que tivestes em todos os casos precedentes ou se estais reagindo, *pela primeira vez,* de maneira absolutamente nova.

Vossa velha reação é aquela em que percebeis e experimentais o fogo sanguíneo da inquietação e da aflição, em que o recebeis e assimilais com o máximo de vossa habilidade, e, quanto ao mais, permaneceis os mesmos. Podeis adestrar-vos muito bem nessa prática. Em consequência, podeis ser considerados corajosos e respeitáveis, mas vossa natureza permanece a mesma de antigamente. De lábios cerrados suportais tudo, ou vos enganais e aos outros com um sorriso bem estudado, dizendo, de acordo com a psicologia barata e satânica de nossos dias: "Oh! Tudo está bem!" De modo algum, porém, está bem, e isso é extremamente dramático.

Vossa reação somente é nova e boa quando já não rejeitais a outra força sanguínea que flui através de vosso Jordão da vida nem a pondes de lado à moda antiga, mas a *aceitais* com os mais profundos princípios de vossa consciência-eu, em perfeita prontidão, em paz absoluta e alegria interior. O mensageiro do átomo de

Cristo, que se aproxima no sangue, é então *batizado* pelo vosso eu mais intrínseco, o qual é definitivamente ligado ao átomo de Cristo. Esse é o grande milagre do batismo no Jordão, no início do Evangelho. É a fase final do primeiro processo de santificação, o primeiro reflexo voluntário do átomo de Cristo no átomo luciferino da cabeça. É o momento em que Lúcifer se precipita de sua fortaleza celeste. A nova estrela da manhã ainda não surgiu, mas sua luz brilhante já se anuncia. A *endura* principiou!

A Escola Espiritual aspira a fazer deste começo uma realidade em vós. Quando esse começo glorioso do processo de santificação se manifesta, o aluno em questão torna-se um homem predisposto à liberdade, um eleito. Ao falar nos capítulos precedentes a respeito dessas coisas, dirigimos a atenção para o Apocalipse, capítulo 17, onde é indicado o começo da vitória do Cordeiro em três fases. "O fiel, o chamado e o eleito tomam parte nessa vitória", diz o Apocalipse, isto é, três grupos de entidades portadoras de átomo-centelha-do-espírito podem ser conduzidos à liberdade em uma revolução cósmica. A fim de compreender isso, deveis comparar essa afirmativa com a essência do Evangelho.

No começo do primeiro processo evangélico de santificação nasce João. Logo após, ele torna-se profeta e, finalmente, torna-se batista. Então ele desaparece, e Jesus surge.

O Apocalipse denomina a primeira fase a de "fiel", a segunda a de "chamado", e a terceira a de "eleito".

Quando, movidos por verdadeira necessidade interior, aproximai-vos da Escola Espirital com a absoluta convicção de que deveis abandonar esta natureza a fim de, como microcosmo, penetrar a outra natureza, quando possuís essa convicção com base no inextinguível fogo da experiência, estais na primeira fase. Então, nascestes como João. O Evangelho escreveu suas primeiras letras em vós. O átomo luciferino do ser-eu dará suas primeiras provas endurísticas. É lógico que o microcosmo receba, desse momento em diante, um lugar inteiramente diferente dentro do campo de força da Fraternidade Universal. Ele participa da bênção de fé, do antegozo da liberdade. Isso é o *nascimento!*

Nessa base, o candidato pode adentrar a segunda fase, a da *profecia*. Ele demonstra com sua vida: "É necessário que ele cresça e eu diminua".[5] Ele já não é o humanista que repete essas palavras enquanto está voltado para um reino terrestre, porém exclama: "Endireitai [...] uma vereda para nosso Deus".[6] Ele é o que clama no deserto. Ele foi chamado e faz com que seu ser-eu, seu fogo luciferino, que ele sabe ser indigno, submeta-se cada vez mais ao átomo de Cristo. Assim, o antegozo da liberdade converte-se em certeza. Esse homem torna-se inabalável. Ele diz: "não julgo que o haja alcançado; mas [...] prossigo para o alvo".[7]

E no dia seguinte João vê Jesus vindo do outro lado do Jordão. O candidato torna-se o Batista, o definitivamente ligado. Ele tornou-se o Batista no templo de seu mais profundo ser e pode falar como Simeão: "Agora, Senhor, despedes em paz o teu servo, [...] pois já os meus olhos viram a tua salvação".[8]

Do mesmo modo como em nossos templos galgamos o lugar de serviço mediante três degraus e a ele estamos ligados já no primeiro degrau, assim também a ascensão evangélica para a liberdade se caracteriza por três fases. O nascimento de João já efetua a ligação com a liberdade. A fim de liberar essa fé salvadora no coração, não se faz mister esforço sobre-humano, porquanto ali está "a joia preciosa no lótus", o átomo de Cristo. Esse átomo, situado no ápice do santuário do coração, devido a sua natureza e estrutura, está em perfeita sintonia com o campo de radiação

---

[5] Cf. Jo 3:30.
[6] Cf. Is 40:3.
[7] Cf. Fp 3:13.
[8] Cf. Lc 2:29–30.

divino. A joia é iluminada pela Gnosis dia e noite, e nós temos apenas de caminhar nessa luz.

Não faz sentido e constitui prova de tensão nervosa ou de íntima má vontade, quando, ainda no início do caminho, insistimos em falar sobre o fim, ainda inteiramente oculto a nós por um nevoeiro. Procurai alcançar a glória e a luz do início atingível! Chegará então o dia em que todo o vosso microcosmo caminhará na luz, tal qual a joia preciosa no lótus está na luz. Interrompei as contínuas tagarelices e as ponderações teóricas e, como verdadeiro maçom, tomai vossas ferramentas e assentai a primeira pedra!

※

I-14

O EVANGELHO VIVO DA LIBERDADE

Como já observamos, existem milhões de entidades portadoras do átomo-centelha-do-espírito. Uma linha de separação corre por entre essas fileiras de seres tocados pela luz cósmica. Abaixo dessa linha de separação estão os incontáveis grupos de buscadores que — embora possuam um átomo-centelha-do-espírito e, por isso, não encontrem tranquilidade interior — ainda se apegam inteiramente aos valores dialéticos devido à ignorância, à falta de suficiente entendimento, ao desencaminhamento intencional e a sua própria orientação para coisas terrenas.

Acima da linha de separação estão as entidades portadoras do átomo-centelha-do-espírito que, por necessidade anímica, compreensão e decisão própria, reagem à luz chamadora da Fraternidade Universal. Essas entidades portadoras do átomo-centelha-do-espírito que estão acima da linha de separação podem ser divididas em três grupos, em três estados de ser. A Sagrada Escritura os designa como: os fiéis, os chamados e os eleitos, ou diferencia seus estados da seguinte forma:

1.º O nascimento de João: a primeira ligação com a luz libertadora, o antegozo da liberdade;
2.º A fase profética de João: a entrada a serviço da liberdade;
3.º A fase batista de João: a unidade elementar com a liberdade.

Quem sabe liberar no coração a fé salvadora nos mistérios universais galga dessa maneira o primeiro degrau da libertação em Cristo e, com isso, junta-se aos que se encontram acima da linha de separação. Essa fé libertadora nada tem a ver com submissão à autoridade intelectual, ser arrastado por emoções místicas ou com o instinto de autoconservação do eu. Não, este primeiro estágio elementar de libertação se evidenciará microcósmica, anatômica e corporalmente. Por isso, afirma-se que a verdade, a realidade, nos libertará.

Podemos sugerir a nós mesmos muitas coisas, podemos também iludir outros por muito tempo, mas somente fatos serão úteis para o aluno e lhe proporcionarão certeza interior. Trata-se aqui de um novo estado anatômico, que inicialmente se demonstra nos santuários do coração e da cabeça e, transportado pelo sangue, difunde-se por todo o estado de ser. Pela vibração mais elevada do átomo de Cristo, uma nova força sanguínea é liberada mediante o timo — um novo hormônio!

Esta nova força sanguínea corre primeiro através do *Jordão,* ou pequena circulação sanguínea, alcança o santuário da cabeça e seus centros. Ela transforma o novo estado de certeza de fé em realidade quando o átomo luciferino, ou refletor, no santuário da cabeça, começa a demonstrar alguma capacidade ou inclinação à projeção. Isto é, quando começa a reagir positivamente aos impulsos do átomo de Cristo. Se esta capacidade está presente, no mesmo momento, Jesus é batizado no Jordão. Ou seja, a nova força sanguínea, o novo hormônio do átomo de Cristo, pode fazer valer sua influência em todo o sistema controlado pelo eu dialético. Jesus inicia então sua peregrinação no pequeno mundo do aluno.

Esses processos tornam-se possíveis quando o eu dialético recua psicológica e fisicamente diante do eu de Cristo: o aluno submerge em Jesus, o Senhor. João é preso e decapitado. O tríplice processo de libertação apoia-se sobre essa base corpórea. Quem sobe ao primeiro degrau deste caminho fornecerá provas disso com sua inteira atitude de vida e com todas as suas ações, sem forçar nada e de maneira completamente natural.

Todo esse caminho nos é descrito exatamente no Evangelho. A despeito de todas as mutilações a que lamentavelmente foi submetida a Sagrada Escritura, a verdade ainda se irradia através de todos os véus deliberadamente tecidos. Apenas podeis ler essa verdade, contudo, quando o Evangelho for escrito em vosso coração. Daí em diante, não desperdiçareis nenhuma palavra com fanfarronices místicas e ocultistas, as quais olhareis, no máximo, apenas com um sorriso, pois quem pode ler a verdade da única maneira possível é vosso companheiro nos mistérios cristãos. Vossa atitude de vida e a de vosso companheiro estão, assim, dirigidas para as mesmas coisas, e qualquer mal-entendido é impossível — há, então, unidade, liberdade e amor. Quem é diferente e age diferentemente, quer em sentido intelectual, quer místico, dá testemunho, mediante tal comportamento, de que não conseguiu ainda encontrar Jesus, o Senhor, em seu Jordão da vida. Esse encontro não pode ser forçado.

Sede, portanto, silenciosos, não desperdiceis palavras, irradiai amor e "sede prudentes como as serpentes"![1] A grande Fraternidade dos homens não precisa ser fundada, pois ela já existe em todos os que se encontram acima da linha de separação. Estareis claramente cônscios disso tão logo o Evangelho seja escrito em vosso próprio coração.

Quando um aluno se aproxima da Escola Espiritual por verdadeira necessidade interior — com convicção absoluta de que precisa abandonar esta natureza a fim de, como microcosmo, ingressar na outra natureza e chega a essa compreensão baseado

---

[1] Cf. Mt 10:16.

no inextinguível fogo da experiência, como buscador e escravo abaixo da linha de separação — ele nasce como João. Esta é a primeira página do Evangelho. Após algum tempo o átomo de Cristo, mediante o timo, começa a produzir nova força sanguínea. Jesus, o Senhor, o Salvador, nasceu. Esta é a segunda página do Evangelho.

João cresce, e Jesus cresce. A ideia vivente do caminho endurístico amadurece em João, e ele dá prova disso. O espelho sujo, embaciado, do átomo refletor no santuário da cabeça se torna cada vez mais límpido, sua superfície é limpa, e Jesus, recém-nascido, cresce em força e graça. Esta é a terceira página do Evangelho.

E — como poderia ser diferente? — no momento exato João vê Jesus atravessando o Jordão. A nova força sanguínea pode fazer-se valer no santuário da cabeça em sentido libertador. João batiza Jesus e afasta-se. O eu da natureza entrega-se prisioneiro ao ser da natureza de Cristo. A quarta página do Evangelho é escrita no sangue.

João foi aprisionado, mas não se deixa comover por misticismo nem faz especulações intelectuais. Ele é o observador objetivo que se liberta de toda a ficção. Por isso, quando a nova força sanguínea brame em todas as fibras de seu ser, e Jesus já iniciou sua peregrinação e chamou seus discípulos, João envia um mensageiro a Jesus com a importante pergunta: "És tu aquele que havia de vir, ou havemos de esperar outro?"[2]

Percebeis que, ao colocar-se esse problema no próprio ser, um controle contínuo é exercido sobre uma presunção eventual, sobre a garra da esfera refletora? Assim, o aluno lê a quinta página do Evangelho em seu próprio sistema.

Jesus começa a chamar seus doze discípulos e a dar-lhes os primeiros ensinamentos. Quem são esses doze discípulos? São

---

[2] Cf. Mt 11:3.

os doze pares de nervos cranianos que se ramificam, qual ramos de árvore, do santuário da cabeça, controlam e governam todo o sistema. Quando existir um novo estado de consciência, esta nova consciência, a nova alma, terá também de conhecer, guiar e impelir todo o ser. Os doze pares de nervos cranianos devem, por isso, ser submetidos inteiramente ao controle da nova força sanguínea. Eles devem estar totalmente sintonizados com ela a fim de tornarem-se verdadeiros servidores, discípulos do Senhor.

Assim, as páginas do livro sagrado da vida são viradas após o rompimento dos selos. Todas essas páginas testemunham do caminho da cruz, do declínio do velho ser-eu em Jesus, o Senhor, e todo esse processo é registrado nas tábuas do coração. Vemos, claramente, que essa via-crúcis evangélica não é nenhum sofrimento intenso nem drama horripilante com esgotamento físico e faces emaciadas e carregadas de dor, mas um caminho de alegria, uma mensagem jubilosa que grava indelevelmente sua linguagem sagrada no ser do aluno. É um caminho que conduz à ressurreição.

Enquanto a tenda terrestre é destruída processualmente, uma nova casa de Deus nos céus, não feita por mãos, cresce, a saber, a imagem do homem imortal.[3] Quando essa imagem foi concebida, nasceu, cresceu e se tornou adulta, é dito aos candidatos: "[...] convém-vos que eu vá [...] eu vos hei de enviar [...] o Consolador, o Espírito Santo. Ele testificará de mim".[4] E Jesus afasta-se; a nova força harmoniosa suspende seu trabalho após haver completado sua tarefa. Então é escrita a última e mais formidável página do Santo Evangelho, como com toques de trombetas e com violência de tempestade, pois o imortal, o imperecível, o recém-nascido penetra o ser preparado por Jesus e preenche toda

---

[3] Ver p. 54.
[4] Cf. Jo 16:7,26; Jo 15:26.

a casa. O fogo de Pentecostes irrompeu. O verdadeiro Círculo Apostólico formou-se.

E vede, o Apocalipse, o Livro das Revelações, é agora desvendado. O Círculo Apostólico vai por todo o mundo com suas boas-novas e escreve suas cartas às sete comunidades de possuidores de átomo-centelha-do-espírito, explicando o processo, chamando, auxiliando e salvando. Assim, afinal, é formada uma multidão incontável, vestida de túnicas brancas, puras, adquiridas do sangue da terra. A áurea linguagem do Evangelho, insculpida nos corações, termina com um pedido em favor dos que pertencem à grande Fraternidade dos homens, mas que ainda não chegaram: "A graça do Senhor Jesus seja com todos!"[5]

Isso significa, irmãos e irmãs, que estais no início da revelação cristã de salvação:

Possa a força sanguínea do átomo de Cristo em vós em breve libertar-vos! Possa o Evangelho ser escrito em vosso coração, do princípio ao fim, até a última letra!

Essa é a bênção apostólica do Círculo Apostólico, os habitantes do Terceiro Templo. Essa bênção difere de todas as outras por sua força. Ela não é apenas um desejo devoto, pois esse pedido conseguirá comover até um coração quase empedernido e insensível, desde que nele ainda exista uma centelhazinha de vida. Quem é despertado por esse grito do coração das últimas palavras do Evangelho tem de começar já com as primeiras palavras, pois somente a verdade, a realidade, poderá libertá-lo. Talvez saibais agora o que vem a ser a leitura e o estudo do Evangelho, e compreendereis, então, o que significa a pregação do Evangelho.

Talvez possais agora irromper numa decisão verdadeira, a de deixar para trás, definitivamente, todo o dano que o misticismo natural e o ocultismo vos causaram. Isso permanece na cabeça

---

[5] Cf. Ap 22:21.

e no coração qual imenso lastro. Deveis purificar vosso templo de tudo isso. Eis uma página do Evangelho que não deveis esquecer. Lembrai-vos de que o caminho que conduz à libertação é o caminho da automaçonaria!

Segundo a natureza, talvez suponhais que, eventualmente, sereis objeto de um esforço especial e pessoal de hierofantes e, em dado momento, amplamente providos de mestres e adeptos. Contudo, isso está totalmente fora de cogitação!

Existe uma radiação de Cristo fundamental, universal e cósmica. Ontem e hoje, bilhões de anos atrás e agora, essa radiação era e é exatamente a mesma. Ela não muda. Essa graça universal é e permanece eternamente imutável em si mesma. Ela é a mesma radiação que desassossega as entidades portadoras do átomo-centelha-do-espírito situadas abaixo da linha de separação, pondo-as em desespero no mundo, e conduz o aluno-candidato ao reino imperecível. É a mesma força que faz o buscador pecador cair em seu descaminho e leva o Círculo Apostólico a pretensos milagres.

Nessa radiação universal, o inteiro trabalho deve e pode ser realizado. Ao que pede mais, exige mais e apaixonadamente anseia por salvação, a ele são ditas as palavras: "A minha graça te basta!"[6]

Deveis acima de tudo relembrar essa página do Evangelho, porque, se esquecerdes essa lei primordial de libertação, vosso destino será igual ao de incontáveis indivíduos que não a conheceram ou já a esqueceram.

Então a esfera refletora virá a vosso encontro. Hordas de mestres e adeptos chegarão, e todos terão aquilo que desejam. E, então, também é escrita em vosso coração uma linguagem, mas esta é a linguagem do sofrimento. É a grande farsa, a horrível paródia do Evangelho da liberdade. Uma via dolorosa tal qual é apresentada pela hierarquia terrena será vossa revelação de salvação. Todos

---

[6] Cf. 2 Co 12:9.

podem candidatar-se a essa hierarquia com suas múltiplas subdivisões, libertar-se da roda às expensas de outrem e subir às mais excelsas regiões da esfera refletora, o núcleo do campo de Lúcifer. É um estado de ser que tem de ser continuamente defendido. Para alçar-se a esse *devakan*,* tem-se de trilhar caminhos que coincidam perfeitamente com o caminho do imenso sofrimento da cultura e da divisão de personalidade.

No passado, existiram muitos que compreenderam e ensinaram que esse *devakan* é, de fato, o ápice da ilusão, e que o candidato, por fim, terá também de renunciar, voluntariamente, a esse assim denominado céu eterno. A Escola Espiritual mostra, entretanto, um caminho sem par, um caminho prático, um caminho de alegria e felicidade, o caminho universal. É o caminho em que, por meio da automaçonaria, por meio do autoaniquilamento, chegaremos a alçar-nos diretamente ao campo de radiação universal supracósmico.

Contentai-vos com essa graça inabalável! Segui o caminho dos mistérios universais de Cristo e proclamai estas alegres novas, escrevendo o Evangelho libertador em vosso coração!

※

I-15

O CONHECIMENTO DA NATUREZA DA MORTE

Deveis estar lembrados de que já falamos a respeito da origem dos sólidos, líquidos e gases da esfera química do mundo material, e explicamos que todos eles provieram de éteres existentes em determinados estados na esfera refletora.

Esses estados etéricos fundamentais são determinados pelo campo magnético de nossa ordem natural, ao passo que a natureza deste campo magnético é, por sua vez, o resultado das forças naturais de um dos estratos terrestres, as quais reagem exatamente ao caráter e ao comportamento do homem. Tem-se de ver claramente que o próprio homem criou este campo de vida desolado e ele próprio conserva as paredes de sua prisão, pois *fora* da esfera material e de sua esfera refletora, as condições etéricas são totalmente outras, visto que os éteres intercósmicos se originaram direta e harmoniosamente da substância-raiz primordial.

Todavia, é sempre bom levar em conta a possibilidade de que muitos alunos ainda não possuem essa clara compreensão. É bem possível que verifiqueis os fenômenos dialéticos e concordeis com o que a Escola Espiritual diz sobre eles, ainda que vos falte a compreensão de suas causas. A falta desse conhecimento é um perigo, um fator funesto e retardante em vosso desenvolvimento como alunos. Se deveras existisse a compreensão das causas concernentes à existência deste nosso campo dialético, muitos na Escola

Espiritual reagiriam com espontaneidade e de modo totalmente diverso.

Os alunos no Átrio ainda reagem demasiado no plano horizontal. Esse fato sempre indica ausência de compreensão clara. Nessas reações se luta, apesar de toda a luta significar desperdício de energia, e é-se inativo quando as ações são absolutamente necessárias. Assim, muitas pessoas preenchem seus dias com futilidades e estão febrilmente ocupadas com o supérfluo, não obstante possuírem disposição para trilhar a senda, como consequência do sofrimento, das provações da dialética e da nostalgia do lar despertada pelo átomo-centelha-do-espírito.

Nesse estado, portanto, há apenas *uma* saída: conhecer primeiro as causas do estado de queda da humanidade.

Estamos convictos de que muitos pensam conhecer uma coisa ou outra acerca da queda. Podeis, talvez, citar pilhas de livros ou dispensá-los, visto que os bem exercitados ventrículos de vosso hemisfério cerebral direito estão repletos de conhecimento. Em primeiro lugar, vêm a Bíblia e os representantes de outras tradições sagradas. Ouvimos novamente de Adão e Eva, do Paraíso e da serpente; de "no suor do rosto comerás o teu pão"[1] e de "em meio de dores darás à luz filhos";[2] da torre de Babel e da confusão de línguas; do dilúvio e da embriaguez de Noé. A seguir vêm os intermináveis comentários ocultistas e místicos: "Assim está escrito", e "esta é a interpretação". "Naquele tempo começou e assim prossegue. Estamos agora metidos nesta confusão e somos mesmo tal como somos."

Dói-nos o pescoço de tanto olharmos para trás, para o passado primordial. Temos opiniões diferentes, pois o campo da história superficial está cheio de especulações, e também o está o campo da

---

[1] Cf. Gn 3:19.
[2] Cf. Gn 3:16.

memória da natureza, pois não há duas pessoas que, sendo capazes de ler nessa memória, nela leiam a mesma coisa. Em consequência de mal-entendidos, novos livros são escritos, e seguimos novas autoridades, até que estas, escarnecidas e rejeitadas, sejam por fim substituídas por outras.

Admitamos ter estudado toda a literatura mundial sobre as causas da queda e que, a esse respeito, reuníssemos formidável cabedal de conhecimento imediato. Seríamos então conhecedores? Seríamos então unânimes nesse conhecimento?

Certamente que não! O autor deste livro pode falar por experiência própria a esse respeito. Desde o instante em que uma criança aprende a ler, até determinado momento psicológico, devoramos bibliotecas inteiras, para desespero de todos os educadores. Reagimos a uma imensurável fome intelectual, mas nos afogamos na fadiga inútil de milhares de línguas. Quantos soçobraram nessa tempestade, nesse impulso intelectual tão imenso?

Somente os que mergulham nessa violenta tempestade e dão ouvidos a esse impulso porque desejam ser "pescadores de homens" são salvos desse mar acadêmico pela rede da Fraternidade Universal e atirados na terra da realidade concreta, isto é, da realidade do "agora" e do "aqui".

Vós podeis, sim, tendes de determinar as causas de nossa queda com base na realidade do agora e do aqui. Não tendes de procurar essas causas em ancestrais desconhecidos, deveis encontrá-las em vós próprios!

Muitos se debatem, cheios de mortal agonia, no mar acadêmico[3] de seu impulso buscador intelectual e místico. Nesse mar, a Fraternidade lança sua rede, rede não tecida com palavras, mas que consiste em um método para o autoconhecimento fundamental.

---

[3] Cf. Rijckenborgh, J. van. *Christianopolis*. São Paulo: Lectorium Rosicrucianum, 1985.

Quem realmente se conhece a si mesmo possui uma compreensão clara. Consequentemente, abre todo o seu sistema às forças auxiliadoras, as quais transfiguram o sistema. Nesse processo de salvação, vós mesmos vos tornais um dos cordéis da rede de pescar e, junto com outros náufragos, pescadores de homens. Por isso, encimando a entrada dos antigos templos de mistérios, estavam as palavras: "Homem, conhece-te a ti mesmo!" Quem se conhecia a si mesmo podia adentrar o portal do templo, irromper no santuário e santificar-se, isto é, tornar-se são.

Quem está em perigo de afogar-se no mar acadêmico, nele caiu por causa do imenso impulso do átomo-centelha-do-espírito e dos milhares de problemas da existência. Todos eles estão ocupados em pescar nesse mar a Pedra Filosofal. Jesus, o Senhor, diz-lhes: "Vinde após mim, e eu vos farei pescadores de homens!"[4] Seguir a Cristo significa, principalmente, compreender, de modo claro, que o próprio homem criou seu desolado campo de existência e conserva as paredes de sua prisão. Quem sobe a esse primeiro degrau vê diante de si, sem dúvida, o segundo.

Nosso microcosmo é comparável a uma pilha atômica[5] que é alimentada por:

1.º éter refletor — em parte na forma de hidrogênio;
2.º éter luminoso — em parte na forma de oxigênio;
3.º éter de vida — em parte na forma de nitrogênio;
4.º éter químico — em parte na forma de carbono.

Esses são os quatro alimentos da pilha atômica humana. Por que recebemos esses alimentos? Por que, em consequência disso, ocorre combustão na pilha? Para que os processos de vida sejam

---

[4] Cf. Mc 1:17.
[5] Ver cap. I-9, p. 95–98.

possíveis. Processos de vida são processos de produção. Os quatro éteres, nas condições em que os recebemos para serem utilizados em nosso sistema, são a origem das diversas substâncias e forças produzidas em nossa pilha de vida.

Tomemos, como exemplo, o processo respiratório. A substância que inalamos é totalmente diversa daquela que exalamos. Entre outras coisas, exalamos gás carbônico, que é um óxido de carbono, um produto de combustão, uma transformação do éter químico.

É possível que conheçais várias propriedades do gás carbônico. A atmosfera o contém, sem dúvida, porque ele é produzido durante o processo respiratório de homens e animais e também durante a combustão ou decomposição de substâncias orgânicas. Se não houvesse uma correção, nossa atmosfera certamente conteria mais e mais gás carbônico, o que poderia ser fatal, visto que uma chama se extingue imediatamente quando entra em contato com ele. Todo o processo de combustão se tornaria impossível na presença desse excesso de gás carbônico na atmosfera, e toda a vida poderia ser literalmente sufocada.

Como auxílio contra esse perigo, aparece o reino vegetal. As folhas das plantas absorvem gás carbônico e exalam oxigênio. O reino vegetal evita assim que, em dado momento, nos sufoquemos com o produto de nossa própria pilha de vida. Investigadores averiguaram até que ponto a atmosfera pode ser saturada com gás carbônico sem causar a morte de um ser humano. Segundo eles, um ser humano normal pode resistir à concentração de 5% de gás carbônico num ambiente. Observemos, porém, que este gás está sempre presente na atmosfera, embora numa percentagem bem menor!

Agora pensai em vosso lar, em vossa sala de estar, em vosso pequeno jardim! Grande parte de vossa vida decorre em vosso lar. Nele respirais e assim produzis gás carbônico. Todas as plantas em vossa casa, em vosso quarto e em vosso jardim, respiram à vontade o gás carbônico que produzis.

Para vós bem como para as plantas isso é uma bênção, pois se não houvesse gás carbônico, não haveria plantas, e, não havendo plantas, sufocaríeis! O reino vegetal e sua proteção são, portanto, necessidade vital para todos os seres humanos dialéticos. Quanto mais decomposição e mais consumo houver, tanto maior a quantidade de gás carbônico. Quanto mais gás carbônico, tanto mais plantas, e quanto mais plantas, maior segurança de vida para todos nós.

Portanto, as plantas devolvem oxigênio em troca do gás carbônico que recebem de vós. Contudo, não é oxigênio puro, mas um derivado dele. Pode-se dizer que ele se assemelha ao éter luminoso, mas é um tanto escuro, e sua vibração, muito mais lenta. Esse oxigênio inferior das plantas mistura-se outra vez com o oxigênio da atmosfera. Novamente o inalamos e produzimos novo gás carbônico quando exalamos...

Talvez vejais agora diante de vós essa corrente de vida e concluais que viveis da misericórdia do reino vegetal! Talvez descubrais também que tudo isso, considerado corretamente, é um processo assustador, muito duvidoso e mesmo degenerativo. Antes que o explanemos, porém, desejamos falar-vos acerca de algo mais. O gás carbônico é um subproduto do éter químico, mas os outros três éteres também são transformados em nossa pilha de vida. Assim como o gás carbônico é mortífero para nós, também o são os outros derivados em igual ou mesmo em maior medida.

O subproduto do carbono torna o reino vegetal necessário à nossa sobrevivência. Pois bem, os subprodutos do éter de vida, nitrogênio, do éter luminoso, oxigênio, e do éter refletor, hidrogênio, tornam necessários, além do reino vegetal, o reino animal, o reino dos insetos e micróbios e o reino dos elementais, mais uma vez, por nossa causa, pois esses reinos assimilam todas as coisas pelas quais logo pereceríamos! Eles existem, eles vivem, literalmente, de nossas radiações mortais e devolvem-nos o produto decomposto dessas radiações.[6]

É pois de admirar-se que esses reinos — que vivem e provêm dos vapores letais de nossa existência baseada no instinto de autoconservação e afastada de Deus — persigam-se, destruam-se, devorem-se, mutilem-se e infectem-se? Como é possível ver beleza nisso? Como é possível esperar algo disso? Vedes claramente diante de vós esse horror, normal segundo as leis da natureza? Quem pode realmente *viver* neste inferno, caçadores de saúde?

Está agora claro para vós que viveis em estado de queda? Que, com vosso presente estado humano, ainda cooperais continuamente na queda? Que a humanidade está a ponto de precipitar-se, com pressa furiosa, em um horror atômico destituído de toda a razão? Pode ser provado com precisão, de modo científico, que a cada segundo participamos duma catástrofe cósmica e com ela cooperamos; que nós, nesta ordem de existência, exalamos permanentemente o alento da morte, enquanto o homem original recebia outrora o alento de vida da Gnosis. Mesmo uma criança pode compreender que os reinos naturais, necessários para proteger-nos de nosso próprio alento da morte, falham nessa tarefa.

O homem está usando cada vez mais alimentos sintéticos. Regiões cada vez maiores são desflorestadas e cultivadas, o perigo microbiano e os insetos venenosos são combatidos em escala crescente, as enfermidades são combatidas, os cadáveres são queimados, e os animais são substituídos por máquinas. Sim, o que mais não faz o homem em sua existência autoconservadora? Ele combate perigos, mas com isso desencadeia outros. É esforço vão. As forças difusoras da morte, produzidas pelas pilhas de vida humanas e que já não podem ser completamente absorvidas pelos

---

[6] Ver Glossário, p. 363: Reinos naturais subumanos.

reinos protetores da natureza, tornam-se cada vez mais numerosas e abrangentes. O alento da morte ganha cada vez mais terreno, e a consequência não pode ser outra senão uma explosão atômica, a qual designamos como "revolução cósmica".

Sabeis que todas as enfermidades que flagelam a humanidade são causadas por um dos reinos subumanos da natureza, por reinos, portanto, necessários à transformação de alguns produtos de nossa pilha de vida, produtos perigosos para nós? Pensai em um mosquito, com seu ferrão venenoso, causador de muitas enfermidades. O inseto vive de produtos atômicos de nossa pilha de vida. Ele nos ataca e pica em cega reação, porque toda a criatura se dirige, para sua manutenção, em autoconservação, a seu criador e sustentador.

Qual é a consequência? Os mosquitos são exterminados, e isto é compreensível. Outros insetos, que os substituem em sua tarefa, são igualmente atacados em sua existência. Micróbios e diferentes espécies de vírus que atormentam nosso corpo, estão, pela mesma razão, sendo combatidos. Fazemos isto e precisamos fazê-lo porque não podemos fazer outra coisa! Quando, porém, alcançarmos êxito no extermínio desses germes causadores de enfermidades, seremos inteiramente vitimados pelo veneno principal produzido por nós mesmos. Graças às funções biológicas dos reinos subumanos, experimentamos esse veneno até agora na forma de doenças, uma reação retardada, portanto, *bem* enfraquecida.

Podeis imaginar tragédia maior? Combater enfermidades, buscar saúde e por este meio inalar, em grandes doses, os próprios vapores da morte!

Quem vê e vivencia claramente tudo isto, quem, do íntimo, possui esse conhecimento da natureza concernente ao estado humano, possui autoconhecimento. Essa pessoa já não permite que seus livros falem e cessa as furiosas tentativas de conservar a cabeça fora das águas do mar acadêmico. Existe nela apenas uma resolução e apenas um anseio: a resolução de acabar com seu estado atômico doentio, e o anseio do coração de salvação mediante o alento da vida.

> Assim como o cervo brama pelas correntes das águas,
> assim suspira a minha alma por ti, ó Deus!
> A minha alma tem sede de Deus, do Deus vivo.
> Quando entrarei e me apresentarei ante a face de Deus?[7]

*
**

---
[7] Cf. Sl 42:1–2.

I-16

A ILUSÃO DA DIALÉTICA

No capítulo anterior, procuramos dar-vos um novo conhecimento da natureza, objetivando conduzir-vos ao autoconhecimento, que é a porta para os mistérios do homem divino. Descobrimos a nua realidade da essência da dialética.

Vimos que a pilha de vida do homem dialético produz diversas irradiações e energias muito letais. Elas de imediato arruinariam sua existência e fariam sua cadeia de vida totalmente impossível não fora a existência de alguns reinos naturais em nossa ordem mundial. Estes *vivem* às custas dessas mesmas energias e, portanto, absorvem em parte as irradiações letais da humanidade. A existência do homem dialético torna necessários os vários reinos naturais subumanos. Esses reinos devem sua origem e sua manifestação a nossos miasmas mortais, a nossa realidade de manifestação. É evidente daí que eles são inteiramente unos conosco e também provas das causas de nosso destino, de nosso carma. Portanto, embora tencionados como preservadores de nossa vida, ao mesmo tempo constituem nossa ameaça, nossos inimigos e, de acordo com a causa primária de sua existência, também estão em conflito uns com os outros.

O homem dialético produz imensa e multiforme energia nefasta. Conquanto essa energia seja temporária e parcialmente contida pela presença dos reinos naturais em questão, ela o alcançará durante sua vida, de diferentes modos, pela ação da lei de causalidade. Assim, o verdadeiro buscador da senda de libertação percebe em que terrível ordem mundial ele vive e que, já meramente em virtude das funções de seu ser, é cúmplice da tragédia geral do mundo. Ele está convencido de pertencer, com seu inteiro microcosmo, a uma ordem mundial não divina e dela participar. Todo o seu coração, portanto, tem sede de Deus, de uma realidade divina pela qual ele sabe ser chamado. Com isso, o aluno torna-se cada vez mais consciente de sua realidade dialética ímpia.

Quem ainda não possui essa consciência perceptiva de si e do mundo prosseguirá em seu esforço de realizar seus desejos na linha horizontal. Ele continuará a aspirar aos prazeres terrenos e a perseguir as "coisas boas da vida", como são denominadas. Exultará com as pretensas posses e sentirá profunda dor quando elas desaparecerem qual miragem. Essa perseguição e esse desapontamento virão e desaparecerão muitas vezes, mantendo o homem extremamente ocupado por muitos anos, talvez por muitas vidas, até que, em virtude dessas contínuas experiências dolorosas, a realidade do verdadeiro conhecimento da natureza finalmente desponte em sua consciência.

Então o buscador e escravo já não *cita,* mas *vivencia* a verdade das palavras do Pregador: "tudo é vaidade e aflição de espírito".[1] Tudo aqui é vã esperança, ilusão e perfeito logro. Ademais, tudo é sofrimento imenso, tragédia indescritível. Desse modo, ele suspende todos os seus esforços na linha horizontal em favor do pensar, do sentir, do querer e do agir, e eleva os olhos para os montes, de onde lhe virá o socorro.[2]

Enquanto ainda buscais a realização de vida nesta natureza, enquanto perseguis esperanças burguesas, sociais, políticas ou

---

[1] Cf. Ec 2:17.
[2] Cf. Sl 121:1.

humanísticas nesta ordem de natureza, não tendes ainda esse ponto de vista. Não se pode forçar-vos a aceitá-lo nem podeis elevar-vos a ele mediante uma decisão. Deveis crescer e amadurecer para ele pela experiência. Tendes de possuir o conhecimento empírico absoluto de que vossa pilha de vida produz e espalha morte em *todas* as suas atividades. Essa morte é absorvida pelo que denominamos "reinos de vida", que em essência, contudo, nada têm em comum com a vida e expelem vossos produtos letais sob numerosas outras formas. Assim, vossas energias letais provocam e vomitam infortúnios qual reação em cadeia. Dessa maneira vossa existência, no sentido mais verdadeiro, é produtora de dor, morte e tormento.

Quando possuirdes esse conhecimento, essa compreensão, já não coparticipareis desse redemoinho de tormento; primeiro, porque provastes a realidade dialética até o âmago e, segundo, porque já não vos tornareis vítima de nenhuma ilusão, qualquer que seja.

Estes são os dois pilares sobre os quais o discipulado tem de assentar-se, pois eles capacitam o homem a orientar-se completamente para o alvo único da realidade divina. Apenas então ele pode verdadeiramente buscar e bater à porta dos mistérios divinos. A ele é dito: "buscai e achareis, batei e abrir-se-vos-á!".[3] Unicamente aí ele poderá emitir o verdadeiro brado por salvação.

Nossos pedidos de socorro geralmente são consequência de apuros secundários, causados por nossas concessões à ilusão e pela ausência de verdadeiro conhecimento da natureza. Muitas vezes, mal um apuro acaba de deixar-nos, já estamos procurando com afã criar motivos para nova dificuldade.

Todavia, o pedido de socorro, sempre atendido pela Fraternidade, é a consequência de um estado de alma em que, de acordo

---

[3] Cf. Lc 11:9.

com as palavras de Buda, subsiste claramente a ideia de que se esta terra fosse tudo o que os poetas dela sonharam, toda a maldade fosse varrida, todos os sofrimentos acabassem, todas as alegrias se tornassem mais íntimas, todas as belezas tornadas sublimes, e tudo aqui chegasse ao apogeu da perfeição, a alma estaria, não obstante, cansada de tudo isso e, despojada de todos os desejos, se afastaria dessas coisas. Esta terra dialética tornou-se então uma prisão para ela, e, por mais magnificamente adornada que esteja, a alma suspira pela atmosfera livre e infinita além das muralhas que a rodeiam. O assim chamado mundo celeste da esfera refletora também lhe é tão pouco atrativo quanto a esfera material. A alma está igualmente cansada dele. *Essas* alegrias celestiais também perderam totalmente seu poder de sedução.

Para uma criatura nesse estado, os deleites mentais e emocionais já não produzem a mínima satisfação. Com efeito, eles vêm e vão, transitórios que são, tal qual a percepção dos sentidos. São limitados, passageiros, insatisfatórios. A alma está fatigada de todas essas mudanças, e é devido a essa fadiga que ela clama por libertação.

Muitos buscadores já terão conhecido um dia esse estado de ser, essa ideia da inutilidade de tudo, mas, na maioria dos casos, não terá passado de um lampejo de consciência, após o que as coisas exteriores terão voltado a exercer seu completo domínio, e a cegueira da ilusão, com suas alegrias sedutoras, uma vez mais terá embalado a alma em um estado de contentamento.

Compreendereis que a ilusão se apresenta muitas vezes como alegria, beleza e magnificência. A ilusão deste mundo também nos apresenta muitas perspectivas que, em certo sentido, são altamente respeitáveis e nobres. Essas perspectivas nos são sugeridas por forças que se empenham ao máximo em transformar este mundo em uma *ordem* aceitável para a Gnosis e em harmonia com ela. Também essas sugestões podem ser, em certo sentido,

I-16 · A ILUSÃO DA DIALÉTICA

denominadas nobres e respeitáveis. Assim, podem decorrer anos e vidas repletos dessas nobres obras. Nossos dias podem ser preenchidos com numerosos e extremados esforços altruísticos. Estamos sobrecarregados de ocupações humanas em todos os sentidos. Queremos melhorar e tornar saudável a humanidade. Perseguimos numerosos ideais práticos e regozijamo-nos com os marcos alcançados.

A marca de todo esse devotamento altruístico, de todos esses esforços, de toda essa luta, é impressa em toda a nossa personalidade. Nossos olhos falam das distâncias que fitamos, de tudo o que acreditamos como certo no futuro..., mas ilusão é doença mental, loucura!

Se prestarmos atenção, veremos, por trás dos espelhos dos olhos, essa loucura arder qual fogo. Esse fogo da ilusão arde intensamente neste mundo. A arte, a ciência e a religião natural disso testemunham. Esse fogo arde no ocultismo natural e no humanismo. Esse charco de fogo, esse incêndio ígneo não é atiçado por perversidade consciente e propositada. Essas labaredas vermelhas sobem até o céu, porém, como um esforço potente e contínuo de tornar esta ordem mundial aceitável e de fazer com que todas as forças divinas trabalhem para este plano.

A maior fraternidade ocultista natural de todos os tempos trabalha na execução desse plano, conquanto sem o menor sucesso. Ela trilhou todos os caminhos para a consecução de seu objetivo. Embora sua intenção, de certo ponto de vista, fosse nobre e altruísta, ela começou no passado remoto a aplicar a coação a fim de realizar, custasse o que custasse, seu ideal. Coação, porém, exige força, e para impor a força, necessitam-se de recursos violentos. Descobris o drama dessa fraternidade, consequência absoluta da loucura?

Ela precipitou-se num abismo de imensa profundidade. No propósito de eliminar tudo o que se lhe viesse opor, instituiu suas próprias leis, julgou e emitiu sentenças. Para a execução duma sentença são necessários os meios. Desse modo, os meios foram criados.

Assim vieram as prisões, as câmaras de torturas, homicídios e carnificinas. Havia e há agora um aprisionamento quase geral de toda a humanidade. Somos prisioneiros desta natureza não somente em razão de nosso estado natural, mas também como resultado da magia da aludida fraternidade.

Em cada bairro de nossas cidades, em cada vilarejo e em cada povoado de vasta parte do mundo, há edifícios onde a magia para a prisão permanente é exercida, de modo que incontáveis milhões de seres humanos estão amarrados segundo corpo e alma, e outros milhões são fortemente tolhidos em sua liberdade de movimento.

Com o auxílio de métodos muito antigos, oriundos da velha Atlântida, preparações perniciosas de éteres são irradiadas na atmosfera hora após hora. Numerosas subcorrentes de magia negra são, portanto, um fenômeno colateral inextricável do nobre objetivo original, nascido da ilusão fundamental da dialética. Assim como a mencionada fraternidade mantém a esfera material em suas garras, do mesmo modo seu poder está firmemente assentado na esfera refletora. Aí também ela impera, com suas companheiras, por meio da magia.

Após esta explanação, talvez possais imaginar o que significa a excomunhão de um ser humano por esses ocultistas naturais. Ele é atingido por uma irradiação pessoalmente dirigida e oposta a sua vibração de vida, tanto aqui como na esfera refletora. Podeis imaginar o que isso significa para alguém que nada conheça da vida libertadora. Quando esse ser humano morre, é imediatamente acossado no Além por violenta força inquietadora, de maneira que, geralmente, ele logo é forçado, na maioria dos casos, a uma encarnação que lhe é completamente determinada de fora.

Confrontamo-vos com essa realidade, que a nenhum de nós deixa impassível, com a intenção de mostrar-vos aonde toda a ilusão invariavelmente nos conduz. Primeiro se é Judas, o Nobre, o Grande Idealista, o homem que deseja ser pescador e salvador de homens. Então Judas torna-se um discípulo chamado e, como tal, assume a administração de valores extraordinariamente grandes.

Quando o caminho de Cristo se desvia desta natureza, e a voz proclama: "O meu reino não é deste mundo!",[4] Judas, se não tem conhecimento da natureza nem consegue compreender a ilusão, e, por conseguinte, não quer nem deseja trilhar o caminho, será primeiro um estrategista e procurará um acordo. Por fim, acabará em traição e assassinato.

Entretanto, essa perversidade, nascida da bondade deste mundo, essa lei irresistível da dialética, transmutando tudo que é bom em mau, não consegue agarrar nem um filho da Gnosis! O resultado de todo o esforço mundano, de toda a dialética organizada, será, no mesmo instante, autodestruição — qual o fim de Judas — já que, no Oriente, o vermelho da manhã da ressurreição tinge o horizonte. Portanto, se desejais colocar o pé no caminho, o vazio e a inutilidade de todas as aparências e de todos os esforços dialéticos têm de converter-se, permanentemente, em ideia consciente de vossa alma. Então compreendereis que mesmo os esforços mais altruístas e mais nobres, iniciados e mantidos na ilusão, terminarão, cedo ou tarde, irrevogavelmente, em crime contra a luz universal.

Sem esse discernimento, sem haver atingido esse estado preparatório de libertação, ninguém colocará o pé no caminho ou transporá a primeira porta dos mistérios. Todavia, quando tiverdes irrompido nesse estado de consciência, estareis ante a porta

---

[4] Cf. Jo 18:36.

da senda. Somente então renunciareis à poeirenta e larga estrada dos giros da roda para galgar a montanha do templo, firmemente decididos a escapar da escravidão da vida na esfera material e na esfera refletora e a conquistar a liberdade do cume da montanha da realização.

Colocar o pé no caminho não significa ainda atingir a grande meta, mas trilhar um caminho que para lá conduz. Um caminho em que todas as coisas desta natureza, caso tenham penetrado o microcosmo ou crescido com ele, e todas as que, fundamentalmente, nele estão corrompidas, têm de ser radicalmente abandonadas. Desse modo, passo a passo, todas as condições são criadas para transfigurar todo o ser numa nova luz e numa nova força.

Presentemente, há alunos que deram os primeiros passos hesitantes no caminho. Eles podem banhar-se na graça da aurora nascente. Sentimo-nos na obrigação, em seu benefício, de proclamar séria advertência, com a maior ênfase, em razão dos grandes perigos no caminho de transmutação* e de transfiguração, sendo um dentre eles da mais notável espécie. Se cairdes vítima desse perigo, começareis a duvidar do poder absoluto, da realidade do caminho, e a seguir negareis o caminho transfigurístico. Finalmente, sereis de modo irrevogável arrastados a atos diretamente opostos à Escola Espiritual, e depois tentareis destruí-la.

Essa assinatura tríplice da traição — dúvida, negação e ameaça — é tão extraordinariamente clássica que podeis encontrá-la em qualquer parte da história do mundo e até no momento atual. Pensai, por exemplo, em Agostinho, outrora discípulo dos maniqueus, que mais tarde se tornou um dos fundadores da supramencionada fraternidade.

Todas as fraternidades dialéticas na esfera material, assim como as da esfera refletora, com todos os seus hierofantes, adeptos e candidatos, devem sua origem e existência a esse grande perigo inicial do único caminho verdadeiro.

I-16 · A ILUSÃO DA DIALÉTICA

Todas as fraternidades dialéticas têm sido fundadas por candidatos fracassados de escolas transfigurísticas e preenchem suas fileiras com os que, pela mesma razão, passam também por essa mesma experiência nos dias atuais. Assim, dúvida, negação e ameaça não chegam à Escola somente de fora, mas têm origem em seu próprio Átrio!

Primeiro vem a dúvida, que é ainda um estágio negativo. Depois se desenvolve uma atividade que se torna cada vez mais veemente: a negação, de início experimentada no próprio coração, é transmitida a outros. A princípio secretamente e depois, premida por crescente impulso interior, é declarada de maneira cada vez mais aberta. A seguir essa negação toma forma, é organizada, torna-se um plano. Como não poderia deixar de ser, o plano é descoberto, assim como os primeiros vagos sinais já haviam sido reconhecidos. Quando, na Escola Espiritual, todos estão à mesa para alimentar-se do pão celeste, o pedaço é propiciado muito conscientemente aos portadores da assinatura de Judas, e as palavras mantrâmicas ressoam: "O que fazes, faze-o depressa!"[5]

Por conseguinte, Judas sai para a noite do próprio eu, de modo a prosseguir do estado de negação para o de ameaça, que apenas pode ter *um* fim, um fim fatídico.

Que perigo é esse, por que muitos foram e serão vitimados? É o perigo das duas figuras, das duas existências no microcosmo.

∗∗∗

---

[5] Cf. Jo 13:27.

I-17

As duas formas no microcosmo

Um fantasma tríplice ameaça o aluno no início do caminho: o fantasma das duas personalidades, ou duas existências, no microcosmo. Todo o aluno que deseja seguir o caminho de transfiguração encontrará esse fantasma de forma tríplice.

Em primeiro lugar, ele semeará no aluno a dúvida, entre outras coisas, sobre a natureza do renascimento, como este é proclamado e tornado possível pela Doutrina Universal, dúvida que é suscitada de modo bem natural.

Em segundo lugar, se a dúvida encontrar terreno favorável no aluno, a negação se apoderará dele.

Em terceiro lugar, ele partirá para a ameaça. Ele ameaçará todo o servidor da Doutrina Universal e toda a atividade autêntica da Escola Espiritual fidedigna, sim, terá de ameaçar, por medo e oposição, por necessidade e ira, pois ele quer sufocar a própria voz interior do átomo-centelha-do-espírito.

A luz da Gnosis, que brilha em todo o coração, é obstáculo para tais alunos. Eles se lhe oporão, tentarão extingui-la. Compreendereis, sem dúvida, que isso é impossível. Por esse motivo, dissemo-vos que essa atividade tríplice apenas pode ter *um* fim: suicídio, a morte espiritual do aluno desencaminhado e de seus partidários, exaltação e aceleração de seu declínio dialético.

Nesse drama, representado em todos os períodos da história mundial, o elemento trágico é tão forte, angustiante e, infelizmente, impossível de evitar para tantos, que julgamos necessário falar do assunto em forma de orientação e advertência.

Os ensinamentos e explanações relativos às duas existências no microcosmo sempre pertenceram à parte mais secreta do trabalho da Fraternidade. Sempre foram transmitidos oralmente aos que deles necessitavam para encontrar seu caminho. Entretanto, no "período dos últimos dias", em que a humanidade acaba de ingressar, muito do que estava oculto até o momento tem de ser revelado, precisamente pelas seguintes razões: uma revolução cósmica faz que as possibilidades de ter-se êxito na senda se tornem muito maiores e mais frequentes do que antes. Em consequência disso, o número de candidatos crescerá, e com isso o trabalho da Escola Espiritual se tornará mais abrangente. Enquanto antes se tratava de um único candidato, breve milhares terão de ser ajudados. Por causa dessa situação, advertências necessárias aos alunos são transmitidas do púlpito nos templos e mediante nova literatura a todos os que estejam capacitados a compreendê-las. A forma em que as advertências são ministradas evitará abusos e reações desvirtuadas.

Os alunos devem saber que há três grandes obstáculos antes de encontrar-se a verdadeira senda: o primeiro é nosso ser-eu e todas as ilusões da esfera material; o segundo provém da esfera refletora e de todas as forças e entidades aí ativas; o terceiro, até o momento quase não mencionado, provém inteiramente do próprio microcosmo, sobretudo, de sua parte menos conhecida, o ser aural. Este terceiro obstáculo exerce completa influência quando o aluno ameaça escapar dos dois primeiros.

Já vos apresentamos o ser aural antes. Ele é um campo organizado de modo sétuplo em que todas as energias e todos os órgãos do firmamento microcósmico estão presentes. Além da forma esférica facilmente imaginável, este ser aural também tem a forma de uma personalidade, personalidade de estatura muito maior do que a terrena, que conhecemos e somos nós. Não será difícil compreender que a personalidade aural é um ser de luz. Como essa personalidade traz em si os órgãos da lípica,* pode-se falar com razão, em certo sentido, de um ser celestial, uma forma brilhante, radiante e poderosa, de pelo menos dois metros de altura, repleta de esplendor multidimensional.

Portanto, tem-se de dizer que todo o microcosmo conhece duas personalidades: uma forma terrena e uma forma aural. É preciso compreender bem, contudo, que essa forma aural celestial, quase ciclópica e dotada de grandes faculdades, certamente não deve ser confundida com a figura original que tem de renascer no microcosmo e será capaz de retornar ao reino humano original, o Reino Imutável.

Por conseguinte, desejamos enfatizar que, do mesmo modo que a figura terrestre do microcosmo, a figura celestial também tem de ser renovada pela transfiguração.

Particularmente na literatura ocultista natural, a personalidade aural é frequentemente indicada como sendo o eu superior, o verdadeiro homem, o deus-em-nós, e o aluno é incitado a efetuar união perfeita com esse eu superior. Pessoas sensitivas, que possuem qualidades mediúnicas, de tempos em tempos apanham impressões do eu superior ou são confrontadas vez por outra com ele. No estado de exaltação místico-religiosa, o eu inferior é quase sempre eclipsado pelo eu superior. O homem ignorante encara semelhantes eclipses como experiências de graça divina especial, mas, na realidade, ele nada vê senão o próprio protótipo aural.

A conhecida Teresa Neumann, a estigmatizada, íntima da virgem celestial e praticamente adorada como milagre da Igreja, não é vítima de ilusão ou fraude da esfera refletora, mas efetuou uma ligação negativa ocultista com o próprio ser aural. *Este* é que é sua "virgem celestial"! Experiências com aparições de Jesus e coisas semelhantes, mediante exaltações místicas, todas têm exatamente idêntico fundamento.

Quando examinardes vossas próprias experiências com base nessa informação, provavelmente chegareis à conclusão de que em alguma ocasião também tereis experimentado o toque desse ser aural e visto ou sentido algo semelhante.

Talvez perguntareis: "De onde o ser aural retira seu esplendor e sua magnificência? Por que ele é tão poderoso? Qual é sua natureza, sua meta, sua essência? Este ser é bom ou ruim?"

Para obter resposta satisfatória a essas perguntas, tendes de considerar tudo o que a Doutrina Universal transmitiu até agora sobre o ser aural.

O ser aural é, entre outras coisas, um firmamento de centros sensoriais, centros de força e focos. Todos esses princípios, tomados em conjunto, formam uma unidade, um fogo flamejante, um conjunto de forças ingentes em que certo fogo foi inflamado.

Uma das manifestações dessa unidade flamejante é uma aparição brilhante ígnea, em que reconhecemos a imagem gigantesca de uma forma humana, grotesca, mágica, estranhamente imponente.

Outra manifestação desse fogo grandioso é o pequeno mundo que devém nesse firmamento, o microplaneta, o homem terrestre, o eu inferior. Desse fogo aural flamejante viemos a ser e por ele somos mantidos. A forma aural, por conseguinte, encontra seu reflexo em nossa forma terrestre, todavia ela é alimentada e mantida pela atividade de nossa existência.

Portanto, quando volvemos os olhos em exaltada adoração para o firmamento microcósmico, para nosso próprio céu microcósmico, é evidente que é nosso próprio deus ígneo, de quem deviemos e existimos, que envia uma resposta. É também óbvio que o deus ígneo aural barre nosso caminho quando queremos trilhar a senda dos verdadeiros mistérios divinos com o eu, com nosso próprio pequeno mundo não transfigurado. Ora, o egocentrismo e a automanutenção do eu comum resultam da dependência mútua entre este e o deus aural, o que implica em colocar o próprio sistema da lípica em uma posição central, numa base recíproca.

Desse modo, há efetivamente um deus-em-nós: o ser* da lípica. Ele é nosso criador. Isto é, de nosso ser ímpio, mortal, e nós somos sua criatura. Este criador jamais pode livrar-se de sua criatura, pois devido a sua mútua dependência, a destruição da criatura significaria a destruição do criador.

Em outras palavras, embora tenha forma, o ser ígneo de nosso próprio firmamento, em muitos aspectos, é *impessoal*. Ele é mau quando *somos* maus, e bom quando *somos* bons. E ele será demolido à medida que *nós* mesmos nos demolirmos na *endura*.

Quem afirma estar na senda, enquanto esse ser da lípica ainda está vivo com toda a sua força, está dizendo uma mentira.

O ser ígneo da aura é o Lúcifer dos mistérios, nome esse que elucida o que acabamos de relatar.

Em consequência dos processos microcósmicos causados pelo estado de queda, arde na lípica um princípio não divino de hidrogênio em oxigênio.

Nesse processo o nível de vibração é determinado pelo nitrogênio, que é o fator de retardamento possibilitador da manifestação do microplaneta no carbono terrestre inferior.

O microplaneta perece periodicamente, o que acarreta o nascimento de novo microplaneta na desordem do pequeno campo de manifestação. *Entretanto, o ser ígneo permanece!* Ele absorve todos os resultados das sempre alternantes existências microplanetárias, e sua forma e suas estruturas orgânicas dão testemunho disso e trazem os sinais de inúmeros anos. Esses sinais do céu microcósmico mudam continuamente, pois a atividade do fator de retardamento extingue fogos e inflama outros.

Os antigos focos do período pré-luciferino estão adormecidos há éons, pois não podem arder no fogo ímpio. Os resultados desse estado são manifestados repetidamente no pequeno planeta. Assim, o inteiro sistema, qual relâmpago vermelho-escuro, arroja-se pelo espaço, como que perdido no universo. O homem, visto como pequeno planeta, é acompanhado e guiado por seu Lúcifer individual, seu próprio Satanás, seu próprio deus natural.

Compreendei agora contudo, leitor, que esse deus da natureza é, em essência, vosso subordinado, vosso servo, vosso amigo mais querido, vossa imitação da aparição de Jesus, vossa virgem celestial, vosso mestre, pois ele vos serve de acordo com vossos desejos, recebeis o que ordenais. Se invocardes o fogo, ardereis! O que semeardes colhereis. Tudo o que fostes e sois vos é concedido por vosso ser da lípica, por vosso eu superior, por essa projeção degenerada de vosso verdadeiro eu, por esse deus natural em vós.

O ser da lípica, que jamais foi destinado a ser a causa da existência de vosso sistema de vida, cria e mantém este sistema. Muitos têm feito desse ser da lípica um tirano, um ígneo e diabólico monstro, um deus natural que castiga os pecados por inúmeras gerações.

Os seres humanos têm toda a razão em temer essa herança aural. Surge, então, medo, imenso medo. E dele surgem a religiosidade e o ocultismo naturais, pois os seres humanos têm bastante motivo para reconciliar-se com seu próprio, assim denominado, eu superior, com esse deus ígneo, esse portador e irradiador do carma.

Derramais lágrimas, sujeitai-vos a vosso deus e sonhais no coração com a busca da senda. Emanais, então, certa mansidão e doçura. Em tal estado, cultivais um grau razoável de boa vontade, por cujo intermédio, conforme a lei natural, a corrente de fogo flamejante é controlada. A mansidão cultivada retarda o afluxo da desgraça, o deus natural socorreu-vos.

I-17 · As duas formas no microcosmo

Todo o ocultismo é um método para criar certo equilíbrio entre o eu superior e o eu inferior, para controlar o eu superior impessoal pelo eu inferior. Em toda a ilusão, acredita-se que já nada pode acontecer. O cego fala: "Estou ao leme e posso conduzi-lo conscientemente". No entanto, quando o eu inferior e o eu superior estão unidos desse jeito, todo o ser, como sistema microcósmico, está irremediavelmente perdido.

Tudo isso poderia causar medo, mais medo do que nunca. Se tiverdes compreendido, porém, o que estamos tentando dizer, todo o medo vos abandonará, pois o ser aural não pretende matar-vos! Sua atividade somente causará vossa destruição se a provocardes com uma vida egocêntrica ininterrupta. Se vos enforcardes com uma corda, será a corda a causa de vossa morte? Ou fostes vós próprios que cometestes suicídio?

Quando, um dia, as luzes celestiais tiverem sido realmente extintas em vosso sistema* da lípica, será possível restaurar o antigo firmamento glorioso por uma mudança fundamental de vida? Para isso, do mesmo modo que existe um átomo-centelha-do-espírito no coração, existe um princípio-centelha-do-espírito no firmamento, qual latente e extinto sol! Quando um ser humano trilha o caminho, conforme vem sendo indicado há tanto tempo pela escola de mistérios transfigurísticos, ele não invoca o eu superior nem apela ao firmamento da lípica. Ele já não estuda esse firmamento, amigos astrólogos, porém, traspassa esse céu que arde em impiedade e eleva os olhos para os montes, de onde lhe vem o socorro.

E esse socorro chega. Graças ao fato de que uma das luzes que se extinguiu na lípica foi inflamada para nova glória, o átomo-centelha-do-espírito no coração pode ser tocado. Após isso, o processo tantas vezes descrito por nós se realiza. Por meio da glândula timo, a irradiação da centelha-do-espírito atinge o sangue e, por este Jordão da vida, alcança o núcleo do princípio luciferino no eu inferior, o núcleo da consciência no santuário da cabeça. Se esses dois princípios se aceitam reciprocamente, Jesus é batizado no Jordão. João, o eu natural purificado, retrocede, e Jesus inicia sua peregrinação de três anos. O que significa essa peregrinação? Ela representa o toque processual por meio de uma força sagrada em um microplaneta corrompido.

Na mitologia da Sagrada Escritura, no início dessa marcha, Jesus é representado como ingressando no deserto. Não é nosso ego terreno um verdadeiro deserto, onde tudo o que é verdade apenas encontra aridez e desolação? Entretanto, todo esse deserto tem de ser forçosamente vencido pela irradiação-Jesus durante "quarenta dias e quarenta noites", uma imagem da plenitude absoluta dessa batalha, da taça que tem de ser esvaziada até a última gota.

Talvez compreendais o que acontecerá então. A força da nova vida ataca nosso microplaneta. Em consequência, a ação mútua entre o microplaneta e o fogo da lípica natural é imediatamente perturbada. O equilíbrio entre o deus natural e o homem dialético é perturbado. Quando esse homem dialético é agora impelido a sua morte endurística, será inevitável, igualmente, a morte da lípica natural, o fim de Lúcifer, o fim de Satanás, o fim do deus natural em nós.

Entendereis, portanto, o que acontece no início do caminho que vai do deserto à vida verdadeira: o ser da lípica, com toda a sua grandiosidade, com toda a sua carga cármica, com todos os seus poderes de éons, ataca o candidato. E agora ouvi o que se sucede:

"Então foi conduzido Jesus pelo Espírito Universal ao deserto. E, tendo jejuado quarenta dias e quarenta noites, depois teve fome. E, chegando-se a ele, Satanás disse-lhe: Se és um novo homem, manda que estas pedras se tornem em pães. Em virtude da nova força de que participas, não és capaz de transformar, cultivar, esta natureza e fazer pão destas pedras?"

O eu superior desta natureza esforça-se por deter o candidato em seu êxodo desta ordem natural, tentando-o a tornar aceitável a natureza luciferina.

Mas Jesus responde: "O homem não viverá desta natureza, porém da força e da essência do Verbo, do Absoluto".

Jesus rejeita resolutamente a figura da lípica, que nada mais faz do que completar sua missão natural.

"Então Satanás o levou à cidade santa, colocou-o sobre o pináculo do templo, e disse-lhe: Prova agora que és um novo homem! Lança-te daqui abaixo como prova de que sobrepujaste a força da gravidade! Comprova tua filiação no Círculo Apostólico!"

No entanto, a prova do que é original não pode nem deve ser dada ao terreno. Demonstrasse o candidato sua força, isto não teria nenhuma influência sobre o homem terreno. Ele não compreenderia o estado de ser do candidato, e este, na tentativa de convencer, forneceria a prova de que ainda não confia na própria força que uma vez mais lhe foi confiada. Assim, ele poria à prova a força da Gnosis. Seria mero controle dialético conforme com o princípio "em primeiro lugar a segurança". O candidato reserva como resposta a essa tentativa de sedução: "Não tentarás o Senhor teu Deus".

"Então Satanás o levou a um monte muito alto e mostrou-lhe todos os reinos e a glória da natureza dialética e disse-lhe: Tudo isto te darei, se, prostrado, me adorares". O ser da lípica, sabendo agora que toda a sua existência está em absoluto perigo, aparece-lhe em toda a sua magnificência e com todo o seu poder e oferece o que de mais excelente pode ser alcançado na dialética. Agora o candidato dá testemunho de sua firme resolução, de sua completa despedida, mesmo das mais sublimes ilusões, e diz: "Vai-te, Satanás — somente à Gnosis hei de servir!"

Em suma, o ser da lípica, à entrada do verdadeiro caminho, dirige um apelo aos três egos naturais do candidato: primeiro, ao seu antigo egocentrismo; segundo, à sua antiga moralidade; terceiro, à sua antiga idealidade.

Se a nova radiação da Gnosis no sangue do aluno der provas de ser bastante forte, Satanás recuará, isto é, todas as luzes da lípica luciferina serão extintas. A forma do antigo eu superior se desvanece. E as antigas luzes do homem primordial, há muito extintas, inflamam-se na aurora de um novo dia, e, quais anjos, confortam e cuidam do novo microcosmo nascente. Por isto está escrito: "Então o diabo o deixou; e eis que chegaram os anjos e o serviram".

*
**

I-18

É NECESSÁRIO QUE ELE CRESÇA E EU DIMINUA

Vimos que há duas existências no microcosmo: um eu inferior na parte mortal do microcosmo, a consciência terrestre comum, e uma parte imortal, o denominado eu superior, a consciência do ser aural. Ambos os aspectos no microcosmo dispõem de sua personalidade, mas são interdependentes e estão ligados inseparavelmente um ao outro.

O eu superior, a personalidade aural, carrega o carma, o resultado das manifestações de cada eu inferior. Todos compreenderão que, com o tempo, esse eu superior se torna, por isso, fator tão decisivo e orientador para todo o sistema que se pode certamente falar de dominação. Ele abarca quase todas as vias de acesso ao microcosmo; desse modo, pode controlar completamente o eu inferior e transmutar todas as forças e radiações entrantes de acordo com seu próprio estado de ser. Assim, segundo sua essência, o eu superior é nosso deus natural, no mais verdadeiro sentido da palavra. Ele exerce sobre nós poder absoluto.

A fim de permitir que compreendais algo dessa força, aludimos ao mapa astral, por exemplo, a nossos amigos astrólogos. O quadro do instante de nascimento, calculado e desenhado por eles, é regido inteiramente pelo eu superior. Esse quadro é, de fato, uma projeção direta do eu superior, representada em diagrama. Compreendei bem que, exatamente como vosso corpo e seu duplo etérico nasceram no corpo de vossa mãe, o resto de vossa personalidade — isto é, o ego tríplice, a faculdade mental e o corpo de desejos — nasceu do corpo de vosso eu superior.

Quando uma futura mãe nota, pela primeira vez, sinais de vida da criança que leva no ventre, isso significa que um ser aural esvaziado estabeleceu ligação com ela, a fim de preencher suas deficiências. Isto é, um ser aural cuja personalidade mortal dele se desligou em virtude da morte. Ele irradia uma força de hidrogênio no canal do fogo serpentino, que é, por sinal, praticamente a primeira coisa a manifestar-se no embrião. Esse raio de consciência liga-se com o embrião, e, desse momento em diante, exatamente como a criança cresce fisicamente no ventre da mãe até a maturidade para o nascimento, a fórmula da consciência, a qualidade e a vibração dos processos de combustão etéricos serão cuidadosamente sintonizados com o ser aural que adotou a criança. Após o nascimento da criança, ela vai apartando-se vagarosa e progressivamente do ser aural materno e incorporando-se ao sistema do outro ser aural que adotou a nova forma humana material.

Claro está que o ser aural adotivo deve ter afinidade com o ser aural materno. Não sendo este o caso, surgem as mal-afamadas anomalias temporárias da futura mãe.

Às vezes o nascituro é completamente inaceitável para um ser aural estranho. Por exemplo, a estrutura orgânica talvez seja tão fraca e ruim que nenhum ser aural pode usar tal produto para seus propósitos. Em tais casos, a criança nasce morta ou imperfeita em um ou outro aspecto, ou se prende firmemente ao ser aural materno. No último caso, o recém-nascido não apenas é filho, mas simultaneamente, em certo sentido, irmão ou irmã. É também possível que essa criança, inaceitável para um ser aural estranho, seja aceita pelo ser aural paterno.

Em tais circunstâncias, forte ligação se estabelece com o pai ou a mãe. Seja com mãe e filho, ou pai e filho, a força vital decai consideravelmente em virtude de o ser aural ter então de trabalhar para dois. Biologicamente, isso às vezes é suportável, mas quando o ser aural tem muita cultura e, consequentemente, consome enorme cota de hidrogênio e oxigênio, isto é, éter refletor e éter luminoso, o eu inferior naturalmente sofre a necessidade cultural correspondente, e então as forças etéricas imprescindíveis são de coleta difícil. O campo magnético fica sobrecarregado.

Nos casos em que a maternidade ou a paternidade é ardentemente desejada, semelhante duplicação, essa união de dois planetas em um único microcosmo, muitas vezes se realiza. Se uma das partes desejar seguir, mais tarde, o caminho de libertação, quase sempre é necessário esperar até que morra o pai ou a mãe, a morte de um dos dois planetas, antes que a liberdade de ação possa ser obtida. Logo que a morte de um dos pais se torne um fato, a outra parte transforma-se muito rápido em um tipo bem diferente. O semblante e os hábitos modificam-se, e qualquer comportamento anormal desaparece.

A informação acima é dada para que se compreenda claramente que, em nossa ligação ímpia com o ser da lípica, não se pode falar de *vida* verdadeira no sentido original da palavra. Tudo o que venha a passar-se em nós, à nossa volta e conosco, é apenas um processo biológico. Estamos submetidos a um processo natural e somos seu produto fatal.

Vede, à luz desse esclarecimento, os fenômenos denominados "sobrevivência"[1] e "reencarnação". Podeis afirmar já ter conhecido alguma existência anterior? Não o podeis, porque, quando morreis segundo o ser natural, todo o sistema da personalidade desaparece com o passar do tempo. Somente o princípio de hidrogênio, que vos deu vida, regressa ao eu superior. Assim como o ser de um cão se desvanece dentro de poucos dias após a morte, assim

---

[1] No sentido de existência após a morte (N.T.).

ocorre comigo e convosco em um maior lapso de tempo quando permanecemos nesta natureza.

Pode-se afirmar que o eu superior tenha conhecido uma existência anterior? Não, pois ele tem somente *uma* existência! Essa existência começou na aurora da impiedade e prosseguiu até o momento presente, embora com inúmeras reformulações e transformações.

O eu superior é uma força cega e impetuosa, a personificação de uma estrutura de forças que escapou ao controle, procurando o cumprimento de sua fórmula básica e esforçando-se por isso, cujo resultado — o planeta no microcosmo, a manifestação humana — sempre é, todavia, destruído.

Portanto, quando a Sagrada Escritura diz "és pó e ao pó retornarás",[2] essa é a expressão da verdade. E quando, por exemplo, a filosofia hegeliana destrói a ilusão da tagarelice metafísica, ela está certa e, nesse sentido, encontra a doutrina transfigurística a seu lado. Reduzimos a pedaços, por isso, toda a vossa ilusão, pois apenas após rasgados seus véus, somente após cuidadosa limpeza da casa, pode alguém investigar o sentido da verdadeira vida. Se desejais pertencer à raça da futura nova humanidade, tereis de renunciar a todas as especulações em todas as esferas de vida.

Admitimos que negais a divindade da esfera material dialética e da esfera refletora dialética; entretanto, deveis prosseguir em vossa negação e aplicá-la, igualmente, à esfera material em vosso microcosmo, com seu eu terreno, e à esfera refletora em vosso microcosmo, com seu eu superior. Somente então sereis coerentes, e vosso discernimento interior, vosso conhecimento, estará justificado racional e moralmente. Se rejeitais este macrocosmo porque ele é o universo da morte, deveis também rejeitar este cosmo, porque ele é o campo de vida que surgiu do macrocosmo

---

[2] Cf. Gn 3:19.

da morte. E, se rejeitais esse cosmo, tereis de avançar em vosso raciocínio e repudiar também vossa atual condição microcósmica. Apenas então sereis coerentes em vossa filosofia.

O representante da inteira natureza da morte em nosso sistema é o eu superior, a personalidade aural. Ele é "o Satanás" do início; esta palavra significa "opositor", "inimigo". Todavia, atentai bem que, em virtude de nossa natureza terrena comum, o eu superior *não* é nenhum opositor, pois, como acabamos de ver, ele é simultaneamente nosso pai e mãe, nosso mantenedor! Segundo a natureza, temos o mesmo sangue que o eu superior e dele vivemos. Como alunos da Escola Espiritual ainda desejamos ocasionalmente viver desse sangue. Traçamos então horóscopos progressivos, examinamos os aspectos e tentamos assim orientar-nos pelas sugestões do eu superior. Quando já não podemos compreender a voz interior por falta de sensitividade, a ciência astrológica, com seu método, vem em nosso auxílio. Ciência magnífica para o eu superior quando ensinada ao eu inferior!

Se somos um pouco sensitivos, a voz do eu superior pode ressoar dentro de nós e podemos ver algo dele. Imaginamos então ter visto Jesus, ou a Virgem Maria, ou um belo mestre, ou, pensando na linguagem da Escola Espiritual, imaginamos que em nós há alguma coisa do novo ser. Não há, porventura, muitas religiões e sistemas ocultistas que almejam alcançar a unidade com o eu superior? Oh, não! O eu superior ainda não é nosso opositor, pois achamos maravilhoso ainda agarrar *uma* particulazinha de ilusão. *Não nos atrevemos a ser encontrados nus!* A imaginação não é nosso sustentáculo? Quem ousa repudiar essa autoilusão?

Para o homem que o faça, o eu superior converte-se em Satanás, em um opositor. Somente quando o eu superior se torna em um adversário, pode-se dizer: "Para trás de mim, Satanás!"[3]

---

[3] Cf. Mt 16:23.

Frequentemente a ilusão é consequência da ignorância. Muitos supõem que outra personalidade deve surgir no microcosmo, que outra microterra deve nascer no microcéu. Tal suposição é absolutamente falsa! O vidente de Patmos enxergou novo céu *e* nova terra, e o primeiro céu e a primeira terra passaram.[4] Compreendeis essas palavras?

Para falarmos de nova terra, é mister primeiro haver novo céu! Isso significa a aniquilação completa do microcosmo no sentido mais profundo e completo — e o advento de outro totalmente diferente. Isso significa o fim de todo este nosso sistema. *Vós* quereis transfigurar-vos, *vós* desejais ingressar em novo estado de ser. Impossível! *Vós* tendes de perecer, deveis ser inteiramente dissolvidos. Nada mais deve ser encontrado, tanto de vós como de vosso eu superior: a sepultura deve ser esvaziada. Tudo do antigo céu e da antiga terra tem de passar, de ser removido. Pela primeira vez, nos tempos atuais, essas palavras de aniquilação voltaram a ser pronunciadas. Pela primeira vez, a Escola Espiritual explica a palavra de aniquilação total dos antigos irmãos maniqueus. A palavra da verdade está na *extinção* de todo o nosso estado natural, na dissolução em nada.

Um grande servidor de Cristo disse uma vez, no século XIX, que não acreditava na sobrevivência. Quem o ouviu se espantou de que *ele* pudesse afirmar semelhante coisa. Contudo, vós o compreendeis. Ele acreditava na aniquilação do velho céu e da velha terra! Isso ele acreditava, professava, manifestava e assim se despediu. Isso, com efeito, era a *endura* verdadeira. Não apenas a extinção do eu segundo o eu inferior, mas também a aniquilação do eu superior. Essas coisas são difíceis de compreender. A magnitude desse caminho é surpreendente. Permiti-nos apresentar os seguintes fatos com toda a sobriedade. É bem provável que

---

[4] Cf. Ap 21:1.

algum dia já tenhais afirmado a vós mesmos: "Para trás de mim, Satanás!" *Quem* diz isso? Na natureza comum, Satanás diz isso a si mesmo, em sua luta* contra o mal e suas consequências. Nessa luta, o adversário, o eu superior, encontra resistência em si mesmo, como consequência da relação mútua entre o bem e o mal. E sua exclamação prova que ele ainda está muito ocupado em manter-se. Provavelmente observareis agora, com certo desespero: "Já que nada há em mim e em torno de mim para ser transfigurado e, segundo vossas palavras, trata-se apenas de completa extinção de toda a minha realidade existencial, não é o maior absurdo tudo o que é ensinado sobre o transfigurismo? Não é sonho a doutrina concernente ao átomo-centelha-do-espírito? Não deveríamos relegar ao reino das fábulas a afirmação da existência de um sol latente no ser aural?"

Seria esplêndido se essas perguntas proviessem de vosso ardente desespero. Respondemos a vossa pergunta, fazendo outra: quem é Jesus, que terá de nascer em vós? E quem é Cristo, que deverá voltar nas nuvens de vosso céu microcósmico? É Jesus uma alteração de vosso ser-eu, e Cristo, uma transformação do eu superior? Não, mil vezes não! Jesus Cristo é o Outro, totalmente diferente, é o novo microcosmo, a nova terra-céu.

"E que tenho eu com ele?", voltareis a atacar-nos com vosso fogo inquisitivo. E respondemos: já ouvistes falar da lei sagrada, lei que vige em todos os reinos: onde a luz um dia surgiu, aí voltará? Outrora existia um microcosmo divino, mas grande impiedade tomou seu lugar, impiedade organizada durante éons, tornando-se no que é hoje o homem e seu eu superior.

Contudo, esse sistema de impiedade não poderia subtrair-se a algumas das características do passado. No ser aural há um sol latente divino, e no ser terreno há um princípio atômico divino, situado no coração, qual latente e oculto segredo do passado remoto. Quando a totalidade do sistema quiser reduzir-se, quiser aniquilar-se completamente, rompendo, dilacerando e afastando toda a ilusão, a luz, a luz original, reaparecerá em seu antigo lugar.

Novo céu e nova terra serão criados. O sol latente no ser aural será inflamado, e seu espelho, sua lua, o átomo-centelha-do-espírito, dará início a sua trajetória. É nesta base que o novo homem surgirá. Se, fundamentados nessa nova gênese, puderdes exclamar do imo da alma, expressando-o enfaticamente por perfeita vida de ações: "É necessário que ele," o outro, "cresça e eu diminua";[5] se puderdes dizer isto com alegria e júbilo que ultrapassem toda a compreensão, a salvação dos mistérios assomará sobre vós, e a luz do Jordão virá a vós.

Nesse momento, o grande presságio de que fala o Apocalipse, capítulo 12, assomará sobre vós:

> E viu-se um grande sinal no céu: uma mulher vestida de sol, tendo a lua debaixo dos pés e uma coroa de doze estrelas sobre a cabeça.[6]

E então o processo continua, durante mil e duzentos e sessenta dias, símbolo da realização do processo, e, ao final, pode ser dito: "E vi um novo céu e uma nova terra, pois o primeiro céu e a primeira terra passaram, e o mar [das velhas forças etéricas] já não existe".[7]

Podeis percorrer esse caminho conosco? Possivelmente já não sabereis tão bem como um homem se transfigura, pois nenhum de nós, mortais terrenos, se transfigura, porém compreendereis melhor que e por que o microcosmo ímpio tem de ser liquidado e o demonstrareis com ações. Dessa hora em diante, paz imensa descerá sobre vós, a paz do fim! Toda a perseguição e toda a busca

---

[5] Cf. Jo 3:30.
[6] Cf. Ap 12:1.
[7] Cf. Ap 21:1.

pertencerão ao passado, e a cada alento professareis: "É necessário que ele cresça e eu diminua". Ele, que é o menor, será o maior, pois onde a luz um dia surgiu, aí voltará, logo que a impiedade se haja dissolvido.

*
**

Acabamos de chegar ao fim de nossas considerações preliminares sobre o advento do novo homem. Exploramos filosoficamente, de todos os ângulos, a "nova raça" mencionada na Sagrada Escritura. Agora, devemos passar a refletir sobre os processos de gênese em si e as possibilidades e qualidades desse tipo humano exclusivo, que já se faz valer aqui e ali e breve aparecerá em quantidade avassaladora.

O grupo dos que compartilham esse novo processo de gênese e já deram os primeiros passos nesse caminho rumo à casa paterna denominamos o *Círculo Apostólico* e a *Fraternidade Apostólica*. Por *Fraternidade Apostólica* entendemos a reunião de todos os renovados que se libertam em todo o globo terrestre, e por *Círculo Apostólico*, os que, entre eles, já despertaram no campo de força da Escola Espiritual da Rosacruz Áurea.

O Círculo Apostólico veio à luz em uma sexta-feira, 15 de junho de 1951. Ele inaugurou desse modo o Terceiro Templo, mediante o qual o grande campo de trabalho da Escola Espiritual atingiu seu alvo pré-estabelecido após 36 anos de trabalho. O trabalho começou a 17 de dezembro de 1915, e na sexta-feira, 15 de junho de 1951, a incumbência estava realizada.

Com o *Primeiro Templo* indicamos a Escola da Rosacruz Áurea, que é mister encarar como o grande Átrio em que todos os buscadores são recebidos e têm a oportunidade de examinar o objetivo e a atividade da Escola e experimentar sua força atuante. Com o *Segundo Templo* indicamos a Escola de Consciência Superior, em que são admitidos alunos que já se preparam para o advento do novo estado de vida. O *Terceiro Templo* é o local de trabalho do Círculo Apostólico, onde adentram os que já compartilham esse novo estado de vida.

Assim, nossas considerações a respeito do advento do novo homem obtêm significado altamente atual, pois o resultado das atividades dos três templos, a realização do novo homem, se demonstrará aqui. Deve ficar claro para o leitor que o caminho foi aberto para um trabalho que, em futuro próximo, será gravado com letras indeléveis na história da humanidade. Um dia, a Fraternidade dos três templos já não será encontrada no campo dialético. Terá sido arrebatada às nuvens do céu, caminhando ao encontro do Senhor!

✲✲✲

Parte II

A senda sétupla da nova gênese humana

II-1

Fé, virtude, conhecimento

Quem quer trilhar a senda de renovação tem de estar bem informado sobre suas condições prévias a fim de poder, se as cumprir, alcançar sua meta.

Há sete condições para a senda. Vós as achais esboçadas na Sagrada Escritura no início da Segunda Epístola de Pedro, onde lemos:

> Ponde nisso toda a diligência
> e acrescentai à vossa fé a virtude;
> à virtude o conhecimento;
> ao conhecimento o autodomínio;
> ao autodomínio a perseverança;
> à perseverança a piedade;
> à piedade o amor fraternal;
> ao amor fraternal o amor.
> Porque, se em vós houver e abundarem estas coisas;
> não vos deixarão ociosos nem estéreis
> no conhecimento de nosso Senhor Jesus Cristo.

Muitos, no curso dos séculos, leram estas palavras e estudaram essa tarefa sem chegar a um resultado positivo sequer. Eles começaram a perguntar o que é "virtude", discutiram isso uns com os outros, consultaram literatura e estudaram diversas normas místicas de vida. Após essa preparação puderam compor algumas regras de vida, em parte de natureza puramente biológica, em parte de caráter ético, moral. Dispuseram mandamentos e determinaram o que era e o que não era permitido fazer. Esboçaram teoricamente o padrão "homem virtuoso", e cada qual tentou, por si mesmo, realizar na prática esse quadro teórico.

Em seguida se viram ante a tarefa de, com base na virtude adquirida, chegar ao conhecimento. Pensavam que reunir conhecimento fosse compreensão intelectual, treinamento da capacidade cerebral, e que se podia fazer isso melhor e mais rápido se se fosse virtuoso e aplicado. Vivendo o mais simplesmente possível, praticando a virtude em solidão, dedicavam-se ao estudo, a uma compreensão intelectual a mais abrangente possível. Alcançava-se muito, muitíssimo. Sabia-se tudo o que há para saber e abranger neste mundo. Tornava-se muito erudito.

Compreendereis que assim, exercendo a virtude e reunindo conhecimento, tinha-se extremo autodomínio. Ressoava algures um riso alegre, que com sua vibração estimulante pode atuar de modo tão contagiante em outros, a face do candidato permanecia impassível, qual máscara. Ele permanecia, muito senhor de si, concentrado em sua tarefa concernente à virtude, ao conhecimento e ao autodomínio.

Um raio de sol adentrava a cela de estudo, o gorjeio de um pássaro entrava pela janela. Quem, de tempos a tempos, não dirigiria o olhar para a amplidão dos campos? Certamente não o candidato. Ele não queria ser distraído. Com férrea perseverança, com persistência quase incompreensível, continuava o processo que havia iniciado. A face empalidecia, e as feições afilavam-se. Nenhuma diferença era feita entre o dia e a noite. Pausas para o descanso e o cuidado corporal eram negligenciadas.

II-1 · FÉ, VIRTUDE, CONHECIMENTO

Será que a piedade viria agora? Não, o candidato tinha de *ser* piedoso! A todas as tensões ainda era acrescentado algo: a piedade tinha de ser *exercitada*. O que era, o que abrangia a piedade? Consultava-se reciprocamente, refletia-se em conjunto e estabelecia-se um programa, uma ordem do dia. Com base na virtude, no conhecimento, no autodomínio e na perseverança, tinha-se de proferir orações, murmurar ladainhas e fazer reflexões piedosas.

Além disso, as orações não deveriam ter fim. Desse modo, originaram-se os cultos ininterruptos nas capelas dos mosteiros, onde se ajoelhava por horas a fio em lápides ou se exercitava a piedade no frio das noites de inverno.

Assim, cada candidato a monge tornava-se um iogue cristão, pois não havia nenhuma diferença prática entre todas as penitências desse gênero de adeptos e as daqueles sob o sol tórrido da Índia. Momentos de exaustão não podiam deixar de sobrevir. Momentos em que, sob pressão tão violenta, os pensamentos divagavam, quase não podiam ser evitados. Isso dava origem a grande dissabor e a autoflagelação. Flagelava-se a si próprio com vergastas, renunciava-se ao menor conforto que ainda restara e passava-se a jejuar, pois a qualidade alcançada tinha de ser mantida. Não se devia desanimar, sobretudo porque ainda havia uma tarefa a ser cumprida. O candidato também tinha de exercitar na prática o amor fraternal. O que isso poderia ser senão o manifestar-se em uma ou outra forma de atividade humana? Preparar refeições e distribuí-las, arranjar vestimentas e assistir doentes, ser amigável com todos e, com um sorriso muito elevado e pleno de amabilidade, trilhar os caminhos do Senhor.

Também para isso ainda era arrumado tempo. Como isso era possível, ninguém compreendia, mas era arrumado. Certo é apenas que o candidato que trilhava esse caminho estava mais morto do que vivo, vivia quase que fora do corpo e em um estado sanguíneo totalmente mediúnico.

E agora viria a glória das glórias: mediante o amor fraternal, o amor! Aqui, porém, os candidatos perdiam o contato com o chão. Eles compreendiam que não se tratava aqui de amor humano e achavam que devia ser uma questão de renúncia mística, de amor a Cristo; a Jesus, no caso de uma candidata, e de amor a Maria, no caso de um monge, porém, um amor a ambos também acontecia.

Ouvi-os falar sobre seu doce Jesus e sobre a brilhante majestade da virgem celestial! E um dia, em uma noite, acontecia: os protótipos de sua adoração apareciam na forma de fantasmas, os quais deslizavam através das janelas das igrejas. Figuras desprendiam-se dos vitrais coloridos e deles se aproximavam, faziam gestos de bênção e pronunciavam palavras inefáveis.

Possivelmente já lestes como esses piedosos lutavam até o fim por trilhar o caminho que lhes fora indicado pelo Pai da Igreja, Pedro. Milhões supõem que esse peregrino podia então ingressar no reino do Senhor. Quanta ilusão! A verdade, a realidade, é que esses iogues cristãos haviam forjado, mediante seu método, uma ligação tão grande com a esfera refletora que quase se poderia falar de ligação eterna. Seu resultado era o da mediunidade místico-ocultista: a ilusão de uma bem-aventurança dialética.

Esse método ímpio que descrevemos pode ainda também ser exercitado de outras maneiras. Pode-se com isso aspirar, com pequenas diferenças, ao mesmo objetivo, e isso também se fez. No entanto, tudo isso conduz irrevogavelmente ao mesmo resultado: um agarramento mais intenso à roda. Diversas escolas místicas fizeram toda a sorte de experiência nesse âmbito, e nós julgamos como certo que também na Escola Espiritual da Rosacruz moderna há alunos que trilham esse caminho ímpio porque não querem ouvir suficientemente as indicações, os conselhos e as exortações que lhes são transmitidos. Também há entre nós os que se aferram a determinada ética, abrangem intelectualmente, com avidez, a filosofia e demonstram completo autodomínio e perseverança. Eles são, no sentido mencionado, piedosos e praticam diletantemente, de diversas formas, o amor fraternal e a elevação. Todavia, isso de nada lhes adiantará. Sua liberdade em breve será uma ilusão; sua ligação, uma carga de chumbo, e sua piedade, uma ascensão ao país das sombras. E isso tudo porque não se deram ao menor esforço real para forjar a chave da senda sétupla.

Essa chave assenta-se na fé. "Ponde nisso toda a diligência e acrescentai à vossa fé a virtude."

Tendes de possuir fé. Em nossos tempos modernos isso é um conceito gasto e morto. Com isso se entende, entre outras coisas, a aceitação ou o reconhecimento de determinada doutrina. Quando essa aceitação se refere aos difíceis dogmas calvinistas, é-se um fiel ortodoxo e, quando é o caso contrário, tolerante e muito liberal. Desse modo, em tonalidades diversas, é-se fiel ou, eventualmente, infiel.

Todavia, a Sagrada Escritura de todos os séculos enfatiza que fé não é o reconhecimento ou a aceitação de uma doutrina ou de uma igreja, de uma escola ou de um deus, senão se refere a uma posse de que se tem de realmente estar consciente. Essa posse tem de ser experimentada no santuário do coração, ela "tem de fazer morada" no coração, ou com outras palavras, o átomo primordial, o átomo-centelha-do-espírito, tem de ser vivificado. Não se pode de nenhum modo falar de fé antes que esse átomo esteja desperto. Tudo então é apenas falatório dialético, imitação, religião natural. Por conta disso devemos notar que essas sete condições prévias, de que Pedro fala, adquirem, com base na verdadeira fé, tonalidade muito diferente e, ao mesmo tempo, sentido altamente científico.

Se o átomo primordial é impelido à comoção e o candidato, em autorrendição, a ele se confia, isto significa vivificação do sangue. Então ingressa, em todo o nosso ser, algo que brilha em todas as células de nossa existência, e espontaneamente existirá um impulso interior do sangue para a *virtude*. Isto não significa estudar normas morais de vida e segui-las à risca. Aí já não se perguntará: "O que me é permitido, o que posso e o que tenho de fazer?", porém nossa consciência sanguínea dirige-se espontaneamente ao caminho, que é iluminado como por um sol, a luz do átomo primordial. Virtude é aqui uma auto-orientação segundo a luz, um seguir do imo as diretrizes da luz. Se um aluno ainda não pode liberar essa luz, ele ainda não serve para a senda. Então surgem mal-entendidos e erros grosseiros, e ninguém pode evitá-los.

Quem todavia experimenta no sangue a salvação do átomo primordial, e desse modo se dirige à senda, também chega ao *conhecimento*. Bem provavelmente compreendereis o que se quer dizer com isso.

Nossos centros cerebrais possuem a faculdade de abranger racional e moralmente aquilo a que os órgãos dos sentidos se dirigem e fixar no cérebro uma impressão disso. Se a consciência do homem é totalmente desta natureza dialética e nela está focalizada por completo, e os órgãos dos sentidos estão em harmonia com isso, ser-lhe-á impossível reunir no cérebro conhecimentos diferentes dos que concernem à esfera material e à esfera refletora. Quando ledes um livro da Rosa-Cruz, assistis a um serviço, ou ainda, suponhamos, quando houverdes memorizado toda a doutrina da Escola Espiritual de A a Z, não penseis que possuís o conhecimento da Gnosis enquanto o átomo primordial não vibrar no coração, portanto, enquanto não fordes inflamados pelo Espírito de Deus e obtiverdes "fé".

Que utilidade tem então nossa literatura? Nossa literatura objetiva orientar vossa busca, ajudar-vos a obter fé, conduzir-vos a ações autolibertadoras, mediante as quais o átomo primordial pode ser inflamado. Sem essas ações, todo o vosso conhecimento de nossa filosofia será conhecimento superficial, e todo o vosso esforço com base nele será ocultismo místico, e o resultado é aferro à roda.

Assim, a bênção transforma-se em maldição. Quando houverdes descoberto o lado negativo de vosso esforço, é evidente que imputareis vosso fracasso à filosofia e à Escola Espiritual, e não a vós mesmos. Aborrecidos, retirareis a literatura em questão de vossa estante e a vendereis a um sebo ou, irritados e cheios de sarcasmo e cólera, devolver-nos-eis vossos livros, acompanhados de uma cartinha mordaz, o que também já aconteceu. Uma *terceira* possibilidade é surgir em vós uma inclinação a adulterar o conteúdo da literatura e adequá-la a vosso próprio uso.

Provavelmente há em vossa estante diversas obras das escrituras sagradas de todas as épocas. Podeis estar certos de que todas essas publicações foram adulteradas, uma vez que, no passado, alguns senhores, que se julgavam autoridade em Metafísica, achavam ter de fazer modificações nelas, já que o conteúdo não correspondia com suas próprias experiências.

Se colocardes no chão uma folha de papel limpa, descobrireis que vosso gato ou vosso cão se sentará sobre ela com as patas sujas de terra do jardim.

A natureza sempre senta-se sobre a pureza e a imaculabilidade. Da pureza sempre irradia algo que atrai a natureza, porém, quando esta toca aquela, conspurca-a. E isto sempre acontece com a brutalidade e com a ignorância da insciência. Não podemos, portanto, zangar-nos, isto somente causa dor. Já averiguastes que abuso monstruoso e terrível se faz neste mundo de nossa já irremediavelmente mutilada Bíblia?

Quando o átomo-centelha-do-espírito no coração inicia seu santo trabalho mediante vossa autorrendição, e vos dirigis a essa luz, somente então se poderá falar de *conhecimento* em vós no sentido da Sagrada Escritura.

Sabeis que o átomo-centelha-do-espírito libera um novo hormônio e influencia assim vosso sangue. Em consequência disto, novo archote é inflamado no santuário da cabeça, o archote da pineal. A luz deste archote liga o candidato à Gnosis Universal, ao Tao,* ao conhecimento que é como uma plenitude viva, como uma realidade viva, vibrante.

É o conhecimento que é simultaneamente Gnosis, Espírito, Deus, Luz. Conhecimento que tudo abrange e é onipresente, e de que foi dito:[1]

> Senhor, tu me sondas e me conheces. Tu conheces o meu sentar e o meu levantar; de longe entendes o meu pensamento. Esquadrinhas o meu andar e o meu deitar, e conheces todos os meus caminhos. Sem que haja uma palavra na minha língua, eis que, ó Senhor, tudo conheces. Tu me cercaste em volta e puseste sobre mim a tua mão. Tal conhecimento é maravilhoso demais para mim; elevado é, não posso atingi-lo.

※

---

[1] Cf. Sl 139.

II-2

Autodomínio — 1

Ponde nisso toda a diligência
e acrescentai à vossa fé a virtude;
à virtude o conhecimento;
ao conhecimento o autodomínio;
ao autodomínio a perseverança;
à perseverança a piedade;
à piedade o amor fraternal;
ao amor fraternal o amor.

Essas são as condições para a senda sétupla. Quem quiser subir esses sete degraus precisa primeiro possuir a chave para isso. Essa chave consiste na *fé,* e descobrimos que a fé, no sentido da Sagrada Escritura, não é a aceitação ou o reconhecimento de uma doutrina ou de uma igreja, de uma escola ou de um deus, senão a posse e a experiência conscientes do átomo primordial no santuário do coração. Quando o átomo primordial é compelido à atividade, e o candidato a ele se confia em autorrendição, isto significa, como dissemos, uma nova vivificação do sangue. Essa vivificação do sangue constitui o primeiro degrau da senda sétupla e é denominada, na Epístola de Pedro, *virtude.*

Virtude aqui significa seguir espontaneamente as diretrizes da Gnosis com base na nova posse sanguínea. Quem não possui essa base sanguínea, ainda não está apto para a senda e, com isso, dá a prova de que, em caso favorável, ainda está ocupado em forjar a chave da senda, a fé.

Quem possui a virtude obtém o conhecimento, pois o archote da pineal no santuário da cabeça é então inflamado, e em consequência disso o candidato entra em ligação direta com a luz universal da Gnosis, com o grande Livro da Vida, como o denominavam os rosa-cruzes* clássicos. O segundo degrau é galgado, e agora começa a evidenciar-se também o *autodomínio,* a aptidão para o terceiro degrau.

É necessário iniciar-vos, com certa abrangência, na essência desse terceiro degrau, uma vez que diversos mal-entendidos concernentes ao conceito "autodomínio" têm de ser tirados do caminho. O homem dialético, seja ele primitivo ou culto, conhece diferentes formas de autodomínio. Esse autodomínio é certa tática de vida, a atitude segundo formas de cultura já adotadas, o "não perder as estribeiras".

Com base nessa atitude de vida, calar-se-á, embora o sangue incite a falar. Dominar-se-á a cólera e mostrar-se-á serenidade mesmo quando interiormente reina uma tempestade. Impor-se-á uma atitude que está em completa contradição com os pensamentos e simular-se-á amabilidade, atenção, correção, solicitude e amor humano em casos onde um golpe mortal estaria muito mais em concordância com a índole.

Quantas vezes não se mostra enorme interesse, somente porque se sente obrigado a isso por motivos profissionais ou por determinada situação. Essa atitude de vida é tão inverídica, tão falsa, tão incorreta, que unicamente por ela diversas formas de mal neste mundo são conservadas e estimuladas. Nessa atitude de vida se é instruído e educado, ela é um fator infrangível em todos os métodos de vida. Ela também está presente no Átrio da Rosa-Cruz, quase ninguém está livre dela.

Esse autodomínio é autoproteção, porque, se nós mostrássemos o próprio eu com sua verdadeira qualidade, sem entraves, o que aconteceria conosco e com outrem! Irromperia um caos, um banho de sangue, um horror infernal, além da mais ousada fantasia, um estado que somente se pode observar nas regiões fronteiriças do Além. Não temos autodomínio, portanto, apenas para exaltar uma ilusão de cultura, também o temos por medo, o medo do instinto natural de terceiros. É claro que se pode forçar a humanidade inteira a um férreo autodomínio, a erigir e a manter certa norma de cultura. Nem por isso ela deixa de ser uma cultura que se baseia em mentira, ilusão e medo, motivo por que a humanidade vive sobre um vulcão.

Sabemos que esse vulcão entra em erupção periodicamente, porque as correntes do autodomínio sempre mostram pontos extremamente fracos. O autodomínio é solapado pelo impulso do eu e pela automanutenção. Interesses humanos entram em conflito uns com os outros de modos múltiplos. Por trás da máscara do autodomínio, e portanto com extrema amabilidade e cultura macia como o veludo, murmúrios religiosos e uso múltiplo de nomes santos, considerar-se-á então o melhor método servir aos próprios interesses e realizá-los. Isso significa que o autodomínio do homem, por trás da máscara, ataca o autodomínio de outro homem. Inopinadamente, o desenfreado instinto natural irrompe, qual erupção de lava ardente, com todos os seus horríveis aspectos, ou, formulado de outro modo, os poderes e as forças do instinto natural reprimido, acumulados nas regiões fronteiriças do inferno, precipitam-se contra o mundo e a humanidade.

De tempos a tempos essas erupções acontecem. Pode-se comprovar isso com certeza absoluta. É uma lei de nossa natureza da morte que o autodomínio dialético faça os instintos naturais reprimidos crescer como que de minuto a minuto nas regiões fronteiriças. Tal como o calor do fogo aumenta a pressão numa caldeira, assim cresce no inferno a carga avernal. Mesmo uma criança pode prever qual a consequência disso. Por isso, a Sagrada Escritura afirma, de maneira científica inatacável, que a humanidade ouvirá falar de guerras e rumores de guerra, que as dores da humanidade virão e irão qual giro de roda.

Nossa cultura, nosso autodomínio, nossa amabilidade e nossa atitude humana causam o aumento das tensões do inferno. Esta é a abominável verdade perante a qual a humanidade é colocada. Este é o profundo abismo sem fundo perante o qual estamos.

É isso a conclusão de um lunático? Ou se pode falar aqui de uma afirmação comprovável? Vós mesmos tendes de julgá-lo!

O que chamamos neste mundo cultura, autodomínio, amabilidade, comportamento humano, atitude religiosa de vida, está em total contradição com nossa disposição natural e com nosso instinto essencial. Segundo a natureza, todo o homem é um animal e se comportará desenfreadamente, portanto em estado natural puro, como um animal. Ele não se compraz nisso, pois sofre dor imensurável, proveniente não de seu comportamento, porém do âmago da alma.

Quando reprimimos nossa disposição natural, nossos impulsos naturais, nossas razões fundamentais de ser, com alguma cultura que se encontra em oposição a eles, criamos em torno de nós e sob os pés um campo de tensão, um vulcão. Uma vez que esse campo de tensão tem seus limites, pode-se averiguar que uma explosão ocorrerá tão logo o equilíbrio entre a tensão e a segurança do campo de tensão seja perturbado.

Esse campo de tensão e suas explosões não são de natureza puramente pessoal. Todos os instintos naturais que reprimimos mediante nossa cultura, nossa ilusão e nossas mentiras de vida, criam um campo de tensão coletivo, que se estende em torno do mundo, nos mantém aprisionados de todos os lados, aumenta sempre mais em ameaça e de tempos a tempos rebentará. Assim a humanidade criou, mediante sua ilusão, seu medo de vida, os estratos mais inferiores da esfera refletora. Estes são as regiões fronteiriças, as regiões de impulsos naturais reprimidos. No início de um dia de manifestação essas regiões estão vazias de forças humanas reprimidas. Elas formam então apenas um campo de tensão para os éteres naturais. Contudo, logo que o homem comece a viver fora de sua realidade, ele reprimirá em si forças que se acumulam nas chamadas regiões fronteiriças. Ele as povoa com fantasmas e demônios. Como ele mesmo os criou, eles se lhe declaram, eles são produtos dele. Quando a morte sobrevém, e as correntes do autodomínio são partidas, esse homem cai vitimado desses demônios, começa a viver com os restos de sua personalidade no meio desses fantasmas e torna-se um espírito ligado à terra.

O Além é a região fronteiriça para todos os homens primitivos. Sua religião é a oferenda aos demônios e o medo dos demônios, os quais foram criados pela humanidade inteira. Já há muito tempo, muitos homens compreenderam esse horror e procuraram escapar a seu cerco.

Eles fizeram isso como descreveremos a seguir. Eles sabiam que instintos naturais reprimidos vivificam demônios. Evocavam por isso, com base no medo e na necessidade anímica da humanidade, desejos elevados, pensamentos elevados. Teceram, visto dialeticamente, a rede de uma ordem celeste, de um *devakan*. Produziram muitas doutrinas sobre elevação, beleza e graça. Estabeleceram normas sobre o amor humano e sobre grandes sacrifícios e ligaram todas essas sugestões ao sangue da humanidade mediante a utilização de métodos eugenéticos.

Desse modo vivificaram outra esfera refletora, as assim chamadas regiões superiores da esfera refletora, e povoaram-nas com os deuses reflexos de sua imaginação.

Campos de éteres e campos de forças, outrora de pureza natural, tornaram-se então em campos de vida. Após a morte, as pessoas que desse modo estavam preparadas até o sangue transpunham primeiro as regiões fronteiriças. Todavia, se seu sangue tivesse maior polaridade com outra espiral de fantasmas, para lá mudavam finalmente com o resto da personalidade, já que semelhante atrai semelhante.

Assim, a esfera refletora transformou-se no complicado campo de fantasmas e mortos, de sombras e fantasias, o campo de intensa ilusão e enormes paixões.

Com tudo isso o homem dialético permaneceu, porém, por éons a fio, o condenado, o atormentado. Tal como as regiões fronteiriças mostram a fúria dos instintos naturais, o resto da esfera refletora é o campo de tensão da ilusão, o qual causa os incontáveis desenganos e as amargas quedas na realidade mediante sua descarga periódica. Isso tudo aumenta o sofrimento da humanidade. *Não se vai* para o inferno, *está-se* nele, e continua-se a ser arrastado no frenesi do giro da roda.

Pode ser que ao aluno da Escola Espiritual, de quem irradia uma vida aspirante ao que é elevado, essa conclusão se afigure uma injustiça. Poderia mesmo ser que ao examinardes vossa atitude de vida, vossos interesses e mais profundos desejos, já nada encontrásseis de instinto natural, de bestialidade reprimida, de automanutenção grosseira ou de algo congênere.

Todavia, após averiguação inteiramente impessoal, tereis de chegar à conclusão inegável de que — enquanto ainda se é desta natureza, e a natureza divina ainda não vos libertou — existe uma ação recíproca entre nós e nosso campo natural, e atuamos de uma ou outra forma para a conservação deste campo natural. Tanta coisa do passado habita nosso microcosmo, e naquilo que se chama subconsciente está oculto tanto desta natureza que nós não podemos deixar de reconhecer: enquanto ainda sou desta natureza e nela estou, sou cúmplice e coadjuvante em sua conservação.

Pensai nesse contexto nas palavras que Jesus, o Senhor, dirigiu uma vez a seus alunos mais íntimos, concernentes ao julgamento deles da pecadora arrependida: "Quem dentre vós estiver sem pecado seja o primeiro a lhe atirar uma pedra".[1] Muitos alunos distanciam-se da vida grosseira e inferior, e grande número deles alcançou a fronteira do que é atingível na dialética, enquanto outros estão caminhando rápido para isso. Não obstante, eles ainda são moradores da fronteira, efésios, e ainda se encontram, segundo o mais profundo ser, no interior desta natureza, até que chegue o momento em que possam transpô-la. Compreendei agora, portanto, vossa imensa responsabilidade com todos os vossos semelhantes! Não vos defrontais pessoalmente com esses problemas nem tendes de perguntar-vos: "Como os resolvo por mim mesmo?", porém tudo o que reprimis mediante educação, cultura ou outra maneira, a totalidade dos impulsos naturais repelidos, junta-se ao mal demoníaco das regiões fronteiriças e ameaça, por conseguinte, vosso próximo, do mesmo modo que os fantasmas de vossos semelhantes fazem conosco. Temos por isso de estar profundamente compenetrados de nossa culpa recíproca.

Os seres humanos constrangem-se reciprocamente com força diabólica enquanto falam uns aos outros de altruísmo e cultura. Nossa atitude de vida é talvez pura e, segundo nossa concepção, muitíssimo elevada, porém vos dizemos: ela é, enquanto estivermos nesta natureza, tão terrivelmente venenosa que não se pode imaginá-lo. É então exagero quando a Sagrada Escritura diz que somos mau cheiro para as narinas de Deus? Pode-se denominar falsa a declaração do Evangelho: "por fora [...] formosos, mas por dentro cheios de ossos e de toda a imundície"?[2]

---

[1] Cf. Jo 8:7.
[2] Cf. Mt 23:27.

Não é totalmente correto quando a Doutrina Universal indica o homem dialético como a mais perigosa das criaturas? Por isso o autodomínio, tal como o mundo o concebe, é semelhante à tentativa de tapar com um dedo um buraco em um dique em meio à violência de um furacão.

Vedes agora expostas diante de vós as causas do sofrimento? Percebeis agora que não resolveis os problemas da humanidade com sorrisos, com apertos de mão e com amabilidades, enquanto simulais ser aluno da Escola Espiritual? Descobris que se tem de trabalhar a fim de salvar os homens deste mar da vida, que se tornou outra vez *tão* sujo, *tão* corrompido e *tão* horrivelmente perigoso que cada inspiração se assemelha a uma morte? Precisam-se aqui homens e mulheres que queiram trilhar a senda* da *sangha,* a senda de santificação, a senda única de cura — não por causa de exaltações místicas, senão por causa do sofrimento de seus semelhantes!

Há apenas um meio de amenizar o sofrimento da humanidade, a saber, que trilheis essa senda de cura. Ela modifica vossa natureza, tornando-a novamente natural, de modo que possais viver e ser, sem nenhuma violência interior, segundo vossa natureza e essência. Ela livra-vos de imediato, de maneira totalmente natural, de todos os demônios, todos os fantasmas e todas as sombras da esfera refletora.

Já não sereis então veneno mortal para vossos semelhantes e, com isso, suprimireis algo de seu sofrimento. Contribuireis assim para o esvaziamento e para a limpeza de todos os estados da esfera refletora.

※

II-3

Autodomínio — II

Vimos em nossas considerações precedentes que o autodomínio, tal qual o mundo o pratica e utiliza, de modo algum pode ser uma fase libertadora na senda sétupla. Ele contribui para a repressão dos instintos naturais do próprio ser, em consequência do qual desenvolvemos um campo de tensão individual ou coletivo, que de tempos a tempos tem de descarregar-se. Assim criamos continuamente para nós próprios e para outrem as causas do sofrimento e evocamos a situação que Johann Valentin Andreæ nos descreve tão magistralmente no livro *As núpcias químicas de Christian Rosenkreuz.* A multidão na torre, que quer escapar ao sofrimento, chuta, golpeia, se estorva e aperta que se pode considerar um milagre quando alguém logra êxito em seus esforços.

Há apenas um meio de escapar ao sofrimento da humanidade e, com isso, amenizá-lo, a saber, trilhar a senda da *sangha,* a senda da santificação, a senda do remédio universal. Já descrevemos algumas fases dessa senda.

Primeiro temos de possuir a chave da senda, chave que é denominada *fé* na Sagrada Escritura. A fé abrange a posse, a experiência, do átomo primordial no santuário do coração e a reação positiva a ele. Quem dispõe dessa chave galga o primeiro degrau da senda e obtém a *virtude,* isto é, ele constrói para si uma base sanguínea nova, outra estrutura sanguínea. O aluno então torna-se apto para a senda, isto é, ele recebe, do imo, a aptidão para ela.

Sobre essa base sanguínea, o aluno galga o segundo degrau, ele obtém *conhecimento*. A vibração do átomo primordial e as funções hormonais modificadas daí resultantes realizam um processo maravilhoso no santuário da cabeça. O archote da pineal é inflamado, em consequência do que o aluno entra em ligação de primeira mão com a luz universal da Gnosis. Temos de compreender bem o que tudo isso significa.

Como sabeis, há quatro estados etéricos diferentes, e cada um destes éteres se distingue em três vibrações, em três aspectos. Isso quer dizer que recebemos quatro vezes três ou doze influências etéricas diferentes. Além disso todas as influências etéricas nunca sobrevêm ao mundo e à humanidade individualmente, senão sempre em grupo.

Há um grupo de quatro éteres que atuam exclusivamente com e mediante o santuário da cabeça, e que indicamos como éteres mentais.

Em segundo lugar há um grupo de quatro éteres da mesma natureza que os éteres mentais, porém de vibração diferente e portanto de outro grau de atuação, que colaboram exclusivamente com o santuário do coração e são denominados éteres astrais ou elétricos.

Em terceiro lugar conhecemos um grupo de quatro éteres, que colaboram exclusivamente com o santuário da pelve, os chamados éteres sanguíneos.

A opinião geralmente defendida na literatura ocultista de que apenas o éter refletor provoca a atividade do pensamento é totalmente errônea. Um grupo completo de quatro éteres impele à atividade do pensamento e às outras funções do santuário da cabeça, assim como, igualmente, os quatro éteres em conjunto constroem e mantêm o sangue.

Vemos assim que quatro éteres atuam em nosso reino dialético natural, ao total, doze aspectos, estados ou vibrações. Essas doze energias ou alimentos, dimanantes dos quatro e atuando em três grupos, são indicadas em toda a filosofia universal. O inteiro universo visível é formado dessas doze energias e por seu intermédio, e uma série infindável de deduções simbólicas na Linguagem Universal foi consequência disto.

Em sua unidade, elas são Deus manifestando-se na natureza.

Em sua trinalidade, elas são a Trindade. Em sua quaternidade elas são os quatro alimentos santos, ou os quatro senhores do destino.

Em sua coletividade, achamo-las indicadas como os doze patriarcas, os doze apóstolos, os doze *Dhyânis,* as doze hierarquias.

Imaginai um homem que é inteiramente desta natureza. É claro que nesse homem todos os três santuários têm de funcionar em perfeito equilíbrio uns com os outros e funcionarão de modo que os processos de assimilação etérica e seus efeitos apresentem ligação absoluta. Primeiro, pode averiguar-se, no que concerne a esse homem, uma base de vida, determinado nível, em que a vida se desenvolve. Essa base de vida é a base sanguínea em que todo o carma acumulado do ser aural se manifesta. A soma de nosso subconsciente, de nosso passado dialético, a qual foi acolhida em inúmeros estados de existência pelos pontos magnéticos do ser aural, faz-se valer no sangue e pelo sangue. Em concordância com isso, os éteres naturais, que são acolhidos pelo sistema do baço, afinam-se com a natureza deste homem. Desse modo os impulsos primários, as atividades motoras vitais, são assegurados.

Por isso dizemos que esse eu sanguíneo, com sede no sistema fígado-baço e atuando por seu intermédio, é o ego natural, predominante.[1] Se o homem de nosso exemplo ainda é uma criança, o eu

---

[1] Ver cap. I-4, p. 51.

sanguíneo desempenha um papel dominante nos primeiros anos de sua vida. Os outros dois egos naturais ainda não despertaram. Após alguns anos, todavia, o segundo ego natural desperta. A atividade do santuário do coração começa a desenvolver-se, a vida de sentimentos da criança toma forma. Anatomicamente, isso significa que o esterno — palavra latina que significa "irradiante" — inicia sua função. O esterno é um órgão maravilhoso. Ele possui doze pares de vias de entrada e saída, ligados diretamente com o fogo serpentino, e dois pontos magnéticos, um órgão atrativo e um órgão irradiante.

Esse maravilhoso sistema também desempenha grandioso papel na atividade do átomo primordial, todavia deixemos isso no momento fora de nossas considerações.[2]

Quando a vida de sentimentos da criança se torna um fator perceptível, bem pessoal, o esterno passa claramente à assimilação etérica mediante seu órgão atrativo. A vida de desejos, a vida de sentimentos, a vida de sensações, começa a fazer-se valer. Em consequência disso o esterno irradia um desejo, uma radiação buscadora, cobiçante. Com sua faculdade atrativa ele agora acolhe energias que satisfarão o desejo. Essas energias acolhidas são éteres de radiações e vibrações mais sutis do que as dos éteres sanguíneos. Todavia, atentai bem que esses éteres astrais, coadjuvantes com o santuário do coração, embora de vibrações mais sutis, não são de uma classe mais elevada do que a dos éteres sanguíneos. Eles são apenas um grupo diferente, por causa de funções totalmente novas que têm de ser necessariamente vivificadas na criança em crescimento. Um desejo pessoal dirigido individualmente tem de ser respondido. Quando um poderoso impulso material emana do ser aural, ele será primeiro gravado no sangue da criança. Quando o santuário do coração se manifesta — mediante o crescimento, e

---

[2] Ver cap. I-2, p. 31–32 e cap. I-3, p. 40–43.

portanto mediante vigorosa formação dos ossos — a inclinação, a natureza do desejo primário do coração, se evidenciará no sintoma do instinto de posse. Desse modo se demonstra a conexão absoluta que existe entre os éteres sanguíneos e os éteres astrais. Todavia a gênese do homem em crescimento ainda não está completa. Falta ainda um fator. As condições de vida estão criadas; o desejo vital, ativo. Agora todas as atividades do santuário da cabeça ainda têm de nascer.

Esse nascimento realiza-se em uma terceira fase de crescimento. O homem é provido de uma faculdade para poder utilizar inteligentemente suas energias vitais, tanto quanto possível, independente de terceiros, e alcançar suas intenções. Pensamento, vontade, memória, imaginação e outros aspectos do santuário da cabeça manifestam-se com o auxílio de uma terceira categoria dos quatro éteres, os éteres mentais. Estes também são éteres naturais, porém novamente de vibração distinta.

Após atingir a fase adulta, o homem pode, no pleno sentido da palavra, comer dos doze pães. Os Doze Éons da natureza falam nele e por ele. O ser aural o guia completamente por esses doze apóstolos. Assim, o homem desta natureza é guiado por esse deus da natureza.

Dirijamo-nos agora outra vez aos processos da *sangha,* aos processos da senda de cura.

O átomo primordial irradia por trás do esterno, e o aluno desperta essa estrela de Belém. Se o aluno dirige sua atenção para o princípio ígneo interior e a ele se oferece em autorrendição, é claro que um novo anseio surgirá até os ossos, um anseio com aspectos muito notáveis. É um anseio que não nasce do sangue, do eu sanguíneo ou de outra atividade natural, mas que se origina de outra natureza, uma natureza pré-humana.

Em concordância com esse anseio de outra natureza, é emitido por meio do esterno um impulso vigoroso. Essa oração, que não consiste em murmúrio de palavras, senão provém do suspiro dos ossos, necessariamente é respondida. A estrela paira imóvel sobre Belém, a casa do pão da natureza divina, e o candidato é alimentado. Ele torna-se *apto* para a senda.

Todavia, esse processo significa um distúrbio ingente no processo duodécuplo natural. Ele significa "guerra no imo", a espada em nossa alma. O santuário do coração preenche pois duas funções: a assimilação etérica astral desta natureza e a da natureza divina. Desenvolve-se com isso um distúrbio no coração. A fortaleza das doze energias naturais, a fortaleza da aliança duodécupla do Velho Testamento, é atacada no centro, no coração. A irradiação ígnea da Gnosis acomete, por um lado, o sangue e, por outro, ataca as funções do santuário da cabeça. Portanto, quando nosso desejo, nossa irradiação do esterno, transforma-se fundamentalmente, nossa faculdade do pensamento terá de acompanhá-lo. Podeis imaginar um desejo sequer a que o pensamento não se dirija?

Quando então, compelidos pelo átomo primordial, seguirmos a voz do coração, far-se-á luz como a da aurora no santuário da cabeça. O novo sol tinge as nuvens da manhã. Um segundo golpe de espada divide a alma: à virtude segue o *conhecimento*. Uma segunda luta força seu caminho, pois, junto com os éteres mentais da natureza, adentram o sistema os éteres da nova natureza.

Conheceis a luta das duas naturezas? Os alunos que se enobreceram para esses processos têm, graças a seu estado de ser, duas considerações do coração e duas ponderações do intelecto: a voz interior da Gnosis e a voz da natureza comum.

"[...] e acrescentai à vossa fé a virtude" — o novo toque do coração; "à virtude o conhecimento" — a nova atividade da pineal; e, em consequência disso, a imensa luta interna, a graça e a inevitável cisão. Que deveis fazer, pois? Galgai agora o terceiro degrau! "[...] ao conhecimento o autodomínio"! Uma nova força veio a vós existencialmente. Pois bem, segui essa força! Segui a pista que ela vos indica! Não se trata aqui do já mencionado autodomínio dialético, que consiste em refrear as doze forças naturais com todas as suas sinistras consequências e efeitos ligadores à natureza, porém seguir de maneira consequente a voz da luz que foi inflamada em vossa existência pelo Espírito de Deus. Podeis fazer isso sem nenhum esforço, precisais apenas abandonar a voz e a pressão da natureza em vós e dirigir-vos totalmente a esse outro, ao novo em vós: *isso é autodomínio!* Observareis então que a velha natureza cala e definha cada vez mais.

Autodomínio, tal qual a santa lei sétupla o considera, é uma auto-orientação com base na verdadeira virtude e no verdadeiro conhecimento: é seguir a nova voz interior. Esse autodomínio constitui o terceiro degrau da senda.

Agora pode surgir a pergunta: "Como podemos saber se nosso autodomínio provém do toque da nova natureza? Não seria o caso de, pela enésima vez, sermos vítimas da costumeira autorrepressão com todas as suas consequências explosivas?"

A resposta tornar-se-á clara no quarto degrau: "[...] ao autodomínio a perseverança"!

Quem persevera até o fim, quem *pode* perseverar até o fim, será "bem-aventurado", segundo as palavras do Apocalipse.

*
* *

II-4

Perseverança

Tratamos pois minuciosamente de três degraus da senda sétupla. Primeiro o aluno entra em ligação pessoal com a Gnosis, com base em sua autorrendição ao átomo primordial no santuário do coração, e assim recebe a aptidão, a força correta, para poder trilhar a senda. A Sagrada Escritura denomina isto "obter a virtude mediante a fé". Logo que essa força da Gnosis se torna ativa, portanto, no sistema do aluno, ela compele em seguida o santuário da cabeça à mudança. Assim como as irradiações santificadoras da Gnosis são recebidas primeiro pelo esterno, esses toques também habilitam o santuário da cabeça para uma ligação de primeira mão com o campo de irradiação universal.

Se esta segunda ligação está ativa, o candidato pode, tal qual a Sagrada Escritura o denomina, "progredir da virtude para o conhecimento". Os dois santuários, o da cabeça e o do coração, abriram-se então literalmente para a atividade do Espírito Santo.

Uma nova luz irradia do santuário da cabeça e brilha qual lâmpada para os pés. O caminho correto torna-se com isso visível interiormente, e o candidato deste segundo degrau tem também a força interior para trilhar realmente esse caminho que se lhe torna visível. Não obstante, ele tem de estar consciente de que sua inteira realidade de ser provém da natureza da morte e de que ele ainda está totalmente em terra dialética inimiga. Embora as radiações da Gnosis adentrem agora, de primeira mão, o esterno e a pineal, as radiações da natureza comum também tocam coração e cabeça e fazem valer seus direitos, suas influências.

Por isso surge agora uma grande dificuldade: duas forças declaram-se no aluno, duas vozes ressoam, duas naturezas falam, as quais se defrontam irreconciliavelmente. Por conseguinte, este homem se acha diante da tarefa de decidir em inúmeros aspectos, em um conflito contínuo de escolha, que voz, que influência, ele deve seguir. É claro que se ele deseja totalmente a nova vida, ele terá de conduzir as influências da natureza comum ao biologicamente necessário, ao lógico e ao responsável, e determinar-lhes as fronteiras conscienciosamente. Quanto ao mais, ele seguirá a voz e a força interiores com toda a sua atenção, com toda a sua alegria e com todo o seu entusiasmo. Essa ordenação da vida, completamente compreensível e necessária, a Sagrada Escritura chama "progredir do conhecimento para o autodomínio". Este é o terceiro degrau da senda, após o qual se seguirá o quarto degrau: em autodomínio dar provas da *perseverança*.

Eliminemos primeiro alguns mal-entendidos do caminho a fim de adquirir uma compreensão correta. De tempos a tempos todo o homem dialético dá demonstrações de perseverança. Sempre existe um alvo que o homem persegue com perseverança. Mostra-se perseverança sobretudo quando se trata de objetos materiais ou ainda também fama e honra. Todas essas manifestações de perseverança provêm de um egocentrismo duro como pedra. Pensai em questões de prestígio em vossa vida, em que decidis, durante conflitos com terceiros, perseverar em uma posição já tomada anteriormente. Perseverança é então teimosia, obstinação.

Considerai a palavra "obstinado".[1] Ela provém de um conhecimento primordial e indica determinado estado da medula, da

---

[1] *Hardnekkig*, em holandês. Literalmente é: o que tem a nuca dura.

medula oblonga, localizada na nuca. Por meio da medula, os impulsos da consciência são transmitidos a todo o sistema. Obstinação é então manter-se aferrado a uma decisão já tomada, enfrentando todos, é forçar a medula, como em uma crispação do ser inteiro, a fazer valer sua influência em *uma* direção.

A palavra "perseverança"[2] tem, segundo o antigo idioma holandês, dois significados: um conhecimento em que a ideia "duro",[3] pétreo, inflexível, "obstinado", está em posição central, e um significado que deriva da ideia "coração",[4] do santuário do coração. Considerando-se a distinção das duas ideias, é preciso falar de "perseverança" e de "integridade de coração".[5] Devemos advertir-vos quanto a isso porque o quarto degrau vos coloca diante da "integridade de coração". Quando falamos, segundo a Escola Espiritual, de "integridade de coração", referimo-nos a uma qualidade do candidato que principiou no santuário do coração, progrediu consoante o santuário da cabeça e assim se demonstra tanto no coração como na cabeça. Desejamos traduzir a palavra "perseverança" como "persistência". A Escola Espiritual deve tornar-vos compreensível agora de que maneira um aluno no caminho pode persistir em sua tarefa iniciada na Gnosis. Relembrai primeiro, conosco, todo o caminho já mencionado até aqui, com o que ainda voltamos ao exposto no capítulo anterior.

Há três grupos de quatro éteres:

1.º os éteres sanguíneos, que cooperam com o sistema fígado-baço e proveem as funções puramente biológicas de nossa personalidade;

---

[2] *Volharding*, em holandês.
[3] *Hard*, em holandês.
[4] *Hart*, em holandês.
[5] *Volharting* ou *Volhartigheid*, em holandês.

2.º os éteres astrais, que cooperam com o santuário do coração e proveem toda a nossa vida de emoções e o registro completo de nossos sentimentos e desejos;

3.º os éteres mentais, que cooperam com o santuário da cabeça e nos capacitam, com base em nossa vida de emoções, para a compreensão, para a decisão e para a atividade volitiva e, consequentemente, para a ação. Trata-se, em primeiro lugar, da natureza e da qualidade do instrumentário de emoções. Por isso é dito que Deus sonda os corações.

A pureza do coração determina tudo, pois a cabeça entra em atividade totalmente de acordo com a qualidade de nossas emoções. Como consequência dessa ação, chegamos, corporal e por conseguinte biologicamente, a determinado estado sanguíneo, pelo qual o estado do coração é influenciado outra vez. Pode-se dizer por isso que a irradiação do esterno, a qual provém do coração, é a chave para a inteira conduta de vida.

O esterno, como sabeis, não é apenas um órgão irradiante, mas também simultaneamente um aparelho receptor. Toda a irradiação que é recebida por esse aparelho receptor é refletida sem demora no centro da cabeça e aí age. Imaginai agora que estais, pela primeira vez, no templo da Rosa-Cruz. Porque, por um motivo ou outro, estais buscando. Com outras palavras: mediante essa busca irradiante de vosso esterno sois mais ou menos receptíveis à atividade irradiante da Escola Espiritual.

Sois atingidos no coração, de maneira irrevogável, por uma influência que emana nesse instante da Escola Espiritual. Essa influência atua em todos nós de modo diverso porque a faculdade do esterno é diferente, como consequência de nosso estado sanguíneo pessoal. Todos nós, porém, sem exceção, sofremos uma influência nesse momento. De imediato, após a recepção dessa influência pelo esterno, ela é projetada no santuário da cabeça e atua na faculdade de compreensão. Esta, pelo motivo há pouco citado, é igualmente individual. Suponhamos que nesse momento compreendais algo errado, que em consequência do que foi projetado chegueis mentalmente a uma conclusão sem pé nem cabeça. Não obstante, resta o fato de que reagis! Que uma influência atingiu o coração e irrompeu no santuário da cabeça!

Podeis comparar isso a um choque. Na terapia moderna um homem com a consciência obscurecida pode ser submetido a um "choque" e, com isso, chegar ao aclaramento da consciência. Assim a Escola Espiritual igualmente vos submete a um choque, se bem que de outra maneira.

Imaginai agora que o que recebeis corresponde de maneira cabal ao que buscastes e desejastes! Então ocorre, em poucas palavras, o mesmo que a senda sétupla tenciona: mediante o que recebeis no coração por meio do esterno obtendes a virtude. O que é recebido é projetado na cabeça, e recebeis com isso uma compreensão, ou dito de outro modo: obtendes o conhecimento. Sentis e compreendeis, por conseguinte, num momento, consoante vosso sentimento e vossa compreensão, que vos tornareis entusiásticos e dinâmicos e decidireis imediatamente, em autodomínio, continuar a trilhar o caminho. Já saístes de muitos serviços templários com essa disposição, nesse estado de ser. Com a consciência aclarada pelo choque recebido, e carregados de força, ides de cabeça erguida ao trabalho. Vivenciastes em um átimo, por assim dizer, os três degraus da senda.

Por curto período tudo vai bem, às vezes apenas por uma hora, e então fracassais no quarto degrau, pois... *não existe perseverança suficiente!* E, de repente, os três degraus vivenciados como que num átimo parecem haver desaparecido totalmente. Foi uma quimera, um sonho, uma ilusão? Carregados de força pela Escola Espiritual, tratamos de dizer uns aos outros: "Agora o faremos!" — "Agora o realizaremos!" — "Agora se cumprirá!". Todavia, antes de chegarmos a casa, tudo isso já passou. Após o choque, segue-se novo obscurecimento da consciência. Há apenas uma hora experimentamos, por meio do toque cheio de graça da Escola Espiritual, um antegozo da senda, porém nada mais que isso. E a causa?

A causa reside no fato de não haver perseverança suficiente. Nosso coração ainda não foi dado por inteiro à Gnosis. Nosso desejo ainda não é bastante puro e ainda está completamente misturado com intenções dialéticas. Nosso coração ainda está sujo, impuro. Uma bagatela, às vezes em fração de segundo, já é suficiente para interromper o afluxo da luz universal. Quando não há, portanto, perseverança, também não pode haver persistência, firmeza, no quarto degrau. Nosso primeiro desejo e nosso primeiro anseio têm de ser portanto possuir pureza suficiente de coração a fim de que um mínimo de atividade da luz gnóstica esteja presente e permaneça em nosso sistema. Nosso estado de ser deve ser tal que essa flama já não possa extinguir-se. Por isso, nosso santuário do coração deve ser esfacelado consoante a velha natureza. A flama do santo fogo será então acesa permanentemente no coração com todas as suas consequências libertadoras. De um choque sempre repetido, com a recaída que se segue, não obtendes nada. Tendes de ser curados!

Propomos, pois, que vos coloqueis, com a aparelhagem luminosa do coração, à luz do sol universal e vos ligueis com a luz desse sol. Enquanto não existir essa ligação, estais fora da luz, um estado que na Sagrada Escritura é denominado "pecado". Esta palavra, "pecado", não indica um estado de maldade, tal qual a teologia natural afirma sem nenhum fundamento, senão um estado puramente natural. Por isso diz o poeta salmista na Sagrada Escritura:

> Contra ti, contra ti somente pequei, e fiz o que a teus olhos é mal [...] Eis que em iniquidade fui formado, e em pecado [fora da Luz Universal]

me concebeu minha mãe [nesta natureza].⁶ Cria em mim, ó Deus, um coração puro, e renova em mim um espírito reto.⁷

Que conduta de vida é necessária para manter ardendo em nós a flama do fogo curador? Que sacrifício devemos fazer? O mesmo poeta responde:

> O sacrifício aceitável a Deus é o espírito quebrantado; ao coração quebrantado e contrito não desprezarás, ó Deus.⁸

Tendes de entender que não podeis, sem mais nem menos, decidir--vos a acender a flama do fogo curador no santuário do coração e a trilhar a senda. Bem podeis decidir isso, porém não persistireis, não haverá perseverança. O que se manifesta então é uma caricatura, um sucedâneo, o barril de pólvora das forças naturais reprimidas. Não, o archote do fogo tem de ser conquistado. O grau necessário de pureza do coração somente é possível após uma derrota completa da natureza. Temos de ser despedaçados segundo nosso eu conservador. Ninguém que não haja primeiro sido atingido aqui pela ilusão do sofrimento alcançará vitória. Quando então a última labareda do desejo terreno do eu houver desaparecido, e apenas estiver presente um olhar para os montes da salvação, a oferenda, com a purificação do coração, será aceita.

Quem não quiser isso, permaneça longe da Escola Espiritual! O Evangelho de Jesus Cristo é unicamente para os fortes. Sobre estes fortes é erigido o templo da devoção.

※※

---

⁶ Cf. Sl 51:4–5.
⁷ Cf. Sl 51:10.
⁸ Cf. Sl 51:17.

II-5

Piedade — I

Estudamos, pois, quatro degraus da senda sétupla. Passaremos agora a esclarecer perante vossa consciência o quinto degrau de vários ângulos: "[...] à perseverança a piedade".
Recordemos mais um vez:

1.º "Ponde nisso toda a vossa diligência e acrescentai à vossa fé *a virtude*"; — a força de luz da Gnosis, mediante a atividade do átomo primordial, penetra a nossa personalidade através do esterno;
2.º "à virtude o *conhecimento*"; — a força de luz, com o auxílio do hormônio do timo e do sangue, é projetada no santuário da cabeça com todas as consequências;
3.º "ao conhecimento *o autodomínio*" — o candidato reagirá às sugestões da luz interior e se despedirá de maneira inteligente da atividade da natureza que também se manifesta em seu sistema;
4.º "ao autodomínio *a perseverança*" — progredindo no autodomínio, o candidato viverá de modo que a flama da luz de Cristo, a qual foi acesa no santuário do coração com todas as drásticas consequências, já não possa extinguir-se e permaneça sempre ardendo.

Em seguida a isso, guiado e compelido por esse candelabro ardente, o candidato galgará o quinto degrau: "[...] à perseverança a *piedade*". Em sua personalidade algo ocorrerá, algo se modificará. Não se trata apenas de uma mudança da conduta de vida, de uma auto-orientação espontânea no caminho, por causa da luz interior, porém os fundamentos para uma realidade de ser *por completo* nova são estabelecidos de baixo para cima, estrutural e corporalmente.

Somos extremamente gratos e nos sentimos muito felizes por nos ser permitido dar um esclarecimento razoável sobre esse assunto, pois isso é mais uma vez a prova antecipada de que o dia dos dias se aproxima.

Novamente se aproxima um dia de Pentecostes, uma festa sagrada de Pentecostes, e as sete escolas têm de esforçar-se para mais uma vez tornar verdade as palavras históricas e ao mesmo tempo proféticas do capítulo 2 de Atos dos Apóstolos:[1] "E em Jerusalém estavam habitando judeus, varões piedosos de todas as nações que estão debaixo do céu."

Também em nossos dias essa multidão de piedosos tem de ser reunida. Será a multidão de que falamos quando nos referimos ao advento do novo homem. E já agora, no futuro imediato — hoje, amanhã e depois de amanhã — podeis, como alunos da Escola Espiritual, adentrar o estado da nova gênese humana, porém unicamente com base no quinto degrau; ou seja, quando o candelabro da luz universal, graças a sua flamejante realidade, já não puder ser removido de seu lugar. Esse candelabro gera em nós a piedade.

Desprendei-vos e libertai-vos de toda a superficialidade existente, com relação a isso, nas massas religiosas, e consolidada no sangue de inúmeros pela ignorância grosseira dos guias espirituais.

---

[1] Cf. At 2:5.

II-5 · PIEDADE — I

Diz-se: "Piedade é religiosidade. Uma vida piedosa e, portanto, religiosa significa ser e viver segundo os mandamentos da Igreja e, com isso, demonstrar de fato uma vida de ações de moralidade elevada e completamente consequente".

Ninguém poderá reclamar contra isso, porém essa atitude de vida nada tem a ver com piedade segundo o sentido original da intenção gnóstica. No entanto, por séculos a fio, nunca se conseguiu ocultar da humanidade o conhecimento da verdadeira piedade. A ciência original da piedade primordial foi transmitida de *modo* tão perfeito e completo a todas as raças e povos que é de admirar-se quando pessoas de categoria superior desconhecem isso completamente. Achamos que a ciência da piedade tem muito que dizer ao ser humano, sobretudo ao de nosso século moderno.

Nós, que ouvimos e lemos sobre as descobertas dos fisiólogos, biólogos e médicos, conhecemos o poder do infinitesimal num sistema como nosso corpo. Sabemos o que um hormônio, um núcleo de vitamina, a milésima parte de miligrama de um remédio, podem causar e realizar em nosso corpo. Sabemos como se pode influenciar e modificar o processo de crescimento humano com o hormônio da tireoide e o hormônio da hipófise. Sabemos quanto esses hormônios estão ligados a nossa energia criadora corporal, a nossa moralidade e quanto eles influenciam toda a nossa vida de ações.

Refleti bem! Quando um homem é atingido por tão poderosa radiação de luz, como é a da Gnosis, e essa luz cai qual raio e toca corporalmente o coração, a cabeça e o sangue, pensais então que esse medicamento de cura, esse remédio, nada mais causaria no corpo do que uma religiosidade burguesa, uma devoção reconhecida oficialmente?

A força do Espírito Santo é santificadora, curadora, isto é, um remédio não somente em sentido abstrato, filosófico, místico, porém, ao mesmo tempo, corporal, anatômico e biológico. Isso é magnífico e esplêndido, e ao mesmo tempo drástico e perigoso!

Se o trabalho da Escola Espiritual consistisse apenas em reflexões sobre o Reino Imutável — que não possuímos nem vemos e com que não temos a menor ligação — se nos perdêssemos em inúmeras considerações filosóficas e, como homens puramente naturais, afirmássemos: "Isso é assim!", que diferença haveria entre a Escola Espiritual e qualquer outra orientação religiosa natural?

Se o aluno da Escola Espiritual que deseja trilhar o caminho fosse ou permanecesse igual aos que estão fora da Escola Espiritual, poderíamos perguntar com razão: Para que todo esse esforço? Para que todo esse palavreado? Quem reflete seriamente sobre o caminho e se decide de fato a trilhá-lo, modifica-se, a partir dessa hora, corporal, biológica e anatomicamente. Tendes de compreender a lógica disto: estamos encerrados aqui, nesta cabana adâmica, com todas as consequências daí resultantes. Pois bem, se a senda da cura, o processo do remédio universal, for realidade e verdade, ele tem de começar *corporalmente* aqui, tem de ser estabelecido aqui!

Todavia, se alguém é apenas ouvinte da palavra, um observador, então ele permanece um falador, alguém que talvez saiba, mas que não faz. Palavra e ação, nele, não estão em harmonia uma com a outra. Isso é compreensível, pois nele existe apenas *uma orientação* do estado natural para o estado espiritual. Quem permanece nesta natureza é, no melhor dos casos, apenas um ouvinte, e todo o seu procedimento é e permanece desta natureza, muito egocêntrico e conforme com o mundo. No entanto, quem irrompe, partindo do estado natural, no estado espiritual, modifica-se no mesmo instante, e, como dito, não somente em sentido moral, ético e religioso, porém sua mudança é, ao mesmo tempo, corporal.

Essa mudança corporal é que é a piedade! Ela manifesta-se no quinto degrau da senda sétupla.

Por isso essas palavras são dirigidas a todos os que estão decididos a subir a senda sétupla, especialmente aos irmãos e às irmãs que se preparam para o quinto degrau. O advento do novo homem se dará em futuro próximo, o dia do novo Pentecostes se aproxima. Quando a flama da nova luz sobre o quarto degrau se tornou em um candelabro a arder ininterruptamente, pode-se falar de uma força ígnea proveniente dos ossos que aflui via santuário do coração e prossegue rumo à cabeça.

Em que consiste essa força ígnea? Essa força ígnea da Gnosis relaciona-se com uma substância etérica quádrupla de natureza completamente diversa da que conhecemos na dialética. Por conseguinte, o candidato é ligado aos quatro alimentos santos.

Esse candidato, que pode festejar essa ligação, é um ente natural, um homem de carne e sangue que está e vive nesta natureza. Ele também precisa, portanto, dos quatro éteres naturais comuns. Se a corrente etérica *comum* da natureza fosse subitamente interrompida pela ligação com os quatro alimentos santos, isso acarretaria a morte imediata. Portanto, esse homem, embora temporariamente, vive duas vidas — uma vida que sempre diminui, e outra que cresce sempre, continuamente.

Sabeis que no sistema* do fogo serpentino está presente, como sede da consciência, uma constante de hidrogênio. É a constante de hidrogênio da natureza comum. É impossível transferir-se o éter de hidrogênio dos quatro alimentos santos para a coluna do fogo serpentino comum, onde se encontra o fogo serpentino da natureza comum. Isso causaria uma fermentação, um envenenamento, uma explosão.

Tal desgraça sempre ocorre quando um homem, com sua consciência dialética, com seu eu dialético e, consequentemente, com seu fogo serpentino dialético, aspira a apoderar-se dos valores e das forças da Gnosis sagrada. Então surge, por curto tempo, tempo que no melhor dos casos pode durar um par de anos, uma intensa luz flamante, uma atividade febril que cessará de maneira abrupta, portanto inopinada e dramática, semelhante à vida de um cometa. Não se pode pôr vinho novo em odres velhos. Por isso é formado um segundo fogo serpentino no corpo do candidato, que, enquanto for necessário, ainda tem de viver segundo a natureza.

Achamos a possibilidade para isso no simpático.* Por isso o nervo simpático é indicado na sabedoria antiga[2] como a futura segunda medula espinal.

Esse nervo simpático consiste em dois cordões nervosos, um disposto à direita, e o outro, à esquerda da coluna vertebral. Ele parte de um ponto, situado acima da medula oblonga, para onde concorrem os dois cordões do simpático e a esfera de influência imediata da pineal.

Os dois cordões do simpático formam, de fato, dois campos separados. Um campo, situado à direita da medula espinal, é criador; o outro, situado à esquerda da medula espinal, é manifestador. O primeiro é impulsionador, masculino; o segundo, reagente, feminino.

Por isso, os antigos Árias denominavam o campo masculino do simpático de "Pingalá", e o campo feminino de "Idá". Em Atos dos Apóstolos, o campo masculino é indicado como Ananias, e o campo feminino, Safira, nomes que significam, literalmente, "o campo da graça divina" e "o campo da beleza maravilhosa".

A força de irradiação do campo manifestador do simpático, o campo feminino, abrange todas as cores do espectro, tal qual acontece em todos os tipos de safiras. No ser humano comum da massa sua cor de irradiação é vermelha, no candidato do quinto degrau ela é de um maravilhoso violeta, tal qual nas ametistas.

---

[2] Blavatsky, H.P. *The Secret Doctrine*. 1. ed. London: The Theosophical Publishing Society, 1897. v. 3, p. 547.

No candidato do quinto degrau, os dois cordões do simpático fundem-se em um lento processo de mudança. O elemento criador e o elemento manifestador unem-se. O elemento masculino e o elemento feminino tornam-se assim em uma unidade e, por fim, em uma trinalidade, quando o antigo fogo serpentino do sistema espinal comum é extinto de maneira completamente não forçada e natural no caminho da endura, e o fogo da renovação pode adentrar esse sistema.

Desenvolve-se, pois, no candidato do quinto degrau o seguinte: quando, pela comoção do átomo primordial, as radiações do fogo gnóstico penetram o santuário do coração, o hormônio do timo providencia, em primeira instância, a projeção desse fogo no santuário da cabeça. Esse hormônio é apenas um recurso temporário, como também é na infância. Em nossa meninice, a glândula timo é um depósito de forças para um crescimento posterior autônomo. Esse depósito foi preenchido pelos pais da criança.

No aluno acontece, de fato, o mesmo, porém agora o depósito é preenchido pelas vibrações do átomo primordial para um possível novo crescimento espiritual. Quando, pois, a luz divina é inflamada no santuário da cabeça, essa força aflui pelo cordão direito do simpático até o plexo sacro, situado na parte inferior da coluna vertebral.

O plexo sacro, no que concerne ao fogo serpentino comum, está quase totalmente isolado. Por conseguinte, a torrente da graça da Gnosis preenche todo o ser e desce, ao longo da torre dos mistérios, até a câmara terrena do plexo sacro.

Nele Pingalá é confrontada com Idá. Aí, o campo impulsionador é ligado ao campo manifestador, reagente. E agora a torrente tem de subir novamente via esse campo reagente, portanto, ao longo do cordão esquerdo do simpático, para o ponto de encontro no santuário da cabeça.

Então a jornada na torre dos mistérios está cumprida, e o novo processo é colocado em andamento. A força gnóstica impulsionadora corre para baixo; o simpático reage e impulsiona para cima sua resposta, sua oferenda, seu filho da graça.

Os antigos poetas diziam que essa torrente ascendente é uma corrente de louvor e gratidão, uma alegria jubilante, uma corrente de renovação. Por isso não é surpresa alguma os antigos sábios denominarem o simpático de "lira de Deus", o instrumento musical tangido pela Gnosis.

Se puderdes imaginar a atividade dessa circulação da manifestação gnóstica no duplo simpático e compreender por que os iniciados originais chamavam o plexo sacro de plexo santificador, de onde subia a força de Idá, então prevereis razoavelmente a consequência disso: o simpático, tocado assim pela força gnóstica, transformar-se-á em um novo sistema nervoso, uma mudança literal do corpo acontece. O novo éter de hidrogênio manifesta-se por intermédio do novo sistema nervoso, do novo sistema de linhas de força. Um novo grupo de hormônios, que reagem unicamente ao novo fluido nervoso, é liberado no sangue. Um novo fluido sanguíneo etérico faz-se valer e desse modo, ó maravilha, uma personalidade inteiramente nova é erguida na velha personalidade da natureza, porém fora dela! E essa nova personalidade é a personalidade do novo homem. Quem iniciou a construção desse novo templo, ainda que tenha deitado uma única pedra, é pleno de graça, é pleno de ventura. Ele é um irmão ou irmã do quinto degrau.

Porém atentai e vigiai: "Aquele que julga estar em pé, tome cuidado para não cair!"[3] Por isso, é necessário informar-vos minuciosamente sobre o significado do relato dramático de Ananias e Safira, que é exposto em Atos dos Apóstolos.

---

[3] Cf. 1 Co 10:12.

Mediante o maravilhoso campo do simpático torna-se possível construir a cidade com as doze portas da libertação. Possa vossa cidade de Christianopolis em breve deitar o fundamento de suas doze portas! Possa a duodécima porta, com sua refulgência de ametista, logo luzir em vós!

⁂

II-6

Piedade — II

Quando o candidato alcança a piedade na senda sétupla, algo muda em seu corpo. Os fundamentos para uma realidade de ser totalmente nova são deitados sem que essa mudança prejudique demasiado as funções comuns da personalidade dialética. O candidato passa a viver duas vidas. Uma vida que diminui continuamente, e outra que progride, cresce sempre. Um segundo fogo serpentino é formado, e para isso se utiliza o nervo simpático.

Como foi explicado, o nervo simpático consiste em dois cordões, um deles situado à esquerda da coluna vertebral, e o outro, à direita. Eles partem de um ponto, acima da medula oblonga, em que os dois cordões do simpático e o círculo de fogo da pineal concorrem. Além disso eles estão em ligação com a câmara do rei, atrás do osso frontal.

Os dois canais dessa maravilhosa segunda medula espinal formam dois campos isolados. Um campo é impulsionador, masculino, criador; o outro campo é reagente, feminino, gerador. Na Doutrina Universal o campo masculino é denominado Pingalá, e o feminino, Idá, enquanto em Atos dos Apóstolos eles são indicados como Ananias e Safira, que podem ser traduzidos como: "uma graça divina que se manifesta em maravilhosa beleza".

Por fim, tratamos do processo em que unicamente o coração, portanto o átomo-centelha-do-espírito, recebe a nova torrente magnética, que sobe via circulação sanguínea ao santuário da cabeça, com o auxílio do hormônio do timo, para então descer pelo cordão direito do simpático. No plexo sacro, a torrente liga-se ao cordão esquerdo, o qual a impulsiona novamente para cima, para o ponto de partida no santuário da cabeça.

Essa nova circulação magnética é o segundo fogo serpentino, e a nova vida se manifestará processualmente, guiada por essa consciência, em todos os que a tenham. É evidente, todavia, que para todos os participantes desse novo processo magnético surge grande nova responsabilidade, outra exigência de vida elevada. É sobre isso que agora desejamos falar e o faremos após a introdução da história de Ananias e Safira, que podeis encontrar em Atos dos Apóstolos:[1]

> E certo homem, de nome Ananias, com sua mulher, Safira, vendeu uma propriedade, mas, em acordo com sua mulher, reteve parte do preço e, levando o restante, depositou-o aos pés dos apóstolos. Então, disse Pedro: "Ananias, por que encheu Satanás teu coração, para que mentisses ao Espírito Santo, e retivesses parte do preço do campo? Conservando-o, porventura, não seria teu? E, vendido, não estaria em teu poder? Como, pois, assentaste no coração este desígnio? Não mentiste aos homens, mas a Deus". Ouvindo estas palavras, Ananias caiu e expirou, sobrevindo grande temor a todos os ouvintes. Levantando-se os moços, cobriram-lhe o corpo e, levando-o, o sepultaram. Quase três horas depois, entrou a mulher de Ananias, não sabendo o que ocorrera. Então, Pedro, dirigindo-se a ela, perguntou-lhe: "Dize-me, vendestes por tanto aquela terra?" Ela respondeu: "Sim, por tanto". Tornou-lhe Pedro: "Por que entrastes em acordo para tentar o Espírito do Senhor? Eis aí à porta os pés dos que sepultaram o teu marido, e eles também te levarão". No mesmo instante, caiu ela aos pés de Pedro e expirou.

---

[1] Cf. At 5:1–11.

Entrando os moços, acharam-na morta e, levando-a, sepultaram-na junto do marido. E sobreveio grande temor a toda a igreja.

Alguém sensato, ao ouvir essa narrativa da primeira comunidade de cristãos, observará: "É, os senhores daquele tempo não pensavam em meias medidas!" Se levarmos isso ao pé da letra, trata-se aqui, de fato, de um duplo homicídio em que as autoridades civis não intervieram, consequência certamente dos costumes bárbaros daqueles dias.

Suponhamos que vendais um terreno por certa quantia e digais a vossos familiares: "Guardemos vinte por cento para nós mesmos para comprar isso e aquilo e o restante depositemos no caixa do Lectorium Rosicrucianum". Presumimos que a comissão de finanças, após o recebimento dessa quantia, de modo algum cometerá um homicídio duplo, mesmo que soubesse não haverdes esvaziado completamente vossa carteira!

É de propósito que colocamos isso desse modo para mostrar o completo absurdo dessa narrativa se a tomarmos em sentido literal, pois mesmo no conto de fadas mais banal há mais lógica. Já se tentou explicá-la indicando-a como a lei comunista da comunhão de bens, à qual os membros da primeira comunidade de cristãos tinham de submeter-se sob pena de morte.

Todavia, os que dizem isso ainda estão com a consciência totalmente baseada no Velho Testamento. Eles não ponderam que o verdadeiro cristianismo é completamente não violento, que a verdadeira comunhão de bens não pode basear-se em uma lei escrita e que nessa comunidade a pena de morte está totalmente fora de cogitação. Por isso, esse relato, quando o examinamos segundo a natureza, está tão longe da verdade, que se tem de escolher entre o descrédito de Atos dos Apóstolos ou uma avaliação bem diferente. Optamos pela última alternativa na Escola Espiritual da Rosacruz Áurea.

Já dissemos que nesse relato se alude ao duplo simpático, o qual se torna em um segundo fogo serpentino, em uma segunda consciência, para o candidato da Escola Espiritual enobrecido para isso. Quando a piedade se manifesta no aluno, quando a nova circulação magnética se faz valer, ele tem de comportar-se completamente segundo uma nova lei divina interna. Ele adentra literalmente, corporalmente, um novo mundo, uma nova comunidade, a qual se pode com certeza denominar a primeira comunidade de cristãos. É a primeira comunhão consciente com as radiações de Cristo, de natureza completamente nova. Quem deseja ser acolhido *nessa* comunidade terá de portar-se segundo sua ordem. Essa ordem de maneira alguma está regulada por leis, prescrições e inúmeros artigos. Por trás dessa ordem não há patíbulos, revólveres ou prisões, polícia ou cortes de justiça. Nessa ordem não há nenhum apóstolo assentado em um trono elevado nem moços que se ocupam de retirar do salão seres humanos que morreram de medo, porém é uma ordem que atua de maneira autorreguladora.

Precisamos de ar para encher os pulmões, para viver. Esta é uma das necessidades vitais espontâneas. Na ordem de natureza em que vivemos, recebemos esse ar, ele existe para todos. Se adentrássemos um vácuo, onde não há ar, sufocaríamos, por isso não o fazemos. Todavia, se o fizermos, sabemos quais serão as consequências. Pois assim também é com a primeira comunidade de cristãos. Não há nenhuma segunda ou terceira comunidade de cristãos... ou breve talvez uma quarta. Há *uma* eclésia da Gnosis, *uma* comunidade da vida universal. Uma comunidade com uma ordem espiritual e científica evidente, que tem sua origem no número de linhas de força magnéticas nela atuantes. Quem deseja participar dessa comunidade tem para isso de trilhar um caminho.

Já indicamos esse caminho. É o caminho que foi aberto no coração pelo átomo primordial e conduz a uma nova circulação magnética no duplo simpático. Essa relação com o fogo da Gnosis, mediante o simpático, significa uma nova consciência. Essa consciência manifesta um novo querer, um novo desejar, um plano de ação e uma orientação de vida totalmente outros, uma obediência completamente inflamada na Gnosis. Em suma, um estado de vida inteiramente novo, o qual está sintonizado com a base científica de outra realidade mundial.

Suponhamos pois que algo desse novo nasça em nós. A Escola Espiritual procura continuamente alçar e guiar seus alunos, coletiva e individualmente, *rumo* a essa Christianopolis. Desse modo, de tempos a tempos, uma flama de elevada vibração magnética cai, qual raio, no simpático de muitos deles. Porém ela logo desaparece! Antes que Safira possa reagir, Ananias, a irradiação impulsionadora, já foi levado para fora, morto, pelos moços.

Quem são esses moços? Eles são os coveiros mais trágicos que se possa imaginar. São os círculos plexais, que sempre têm de purificar o sistema nervoso de influências espúrias, removendo ao mesmo tempo as elevadas forças que já não podem manter-se devido às influências espúrias. Desse modo, Ananias e Safira não foram sepultados no aluno apenas *uma vez,* senão talvez já milhares de vezes!

Desse modo, já inúmeras vezes atraiçoastes, enganastes e vendestes o grande e santo trabalho da Fraternidade e o campo de sua serenidade, pois enquanto a Fraternidade se esforçava por vós e vos ensinava a ser independentes, escarráveis o *veneno* do velho fogo serpentino da medula espinal central no novo fogo serpentino. O simpático não pode suportar tal injeção. Por isso, a semente da renovação já várias vezes foi completamente arrebatada de vós.

Compreendeis que perigo representa vosso egocentrismo pétreo, vossa teimosia e vossa obstinação no próprio sistema? Compreendeis que talvez diariamente mateis em vós uma possibilidade de renascimento?

Compreendeis o que a Fraternidade suporta de vós diariamente e com paciência ilimitada quando faz descer na torre do simpático, com ternura incompreensível, a graça divina, a fim de que vos alceis a nova beleza, e vós mesmos aniquilais com um golpe do eu esse jovem princípio?

Compreendeis o que se tem de suportar no trabalho prático da Fraternidade Servidora na terra quando se é obrigado a ver como danificais o trabalho com vossa presunção e ilusão? Que longanimidade há em sempre dar-vos nova oportunidade para dardes novo golpe no trabalho!

Não *podeis* compreender isso, porquanto é amor que ultrapassa todo o entendimento.

Todavia, esse amor é extremamente perigoso, pois quem, após paciência sem fim, não quer ouvir e prossegue em seu instinto do ego não será punido em consequência de uma prescrição ou de artigo tal da lei, porém será entregue completamente aos próprios impulsos do eu.

Após haver sido protegido continuamente da própria estupidez pelo campo de força da Fraternidade, o aluno será colocado ante o que ele mesmo desencadeou, até que o próprio eu, curvado ou arrasado, tenha aprendido a submeter-se, a resistir ao Satanás do ser aural e a consagrar-se em completa obediência ao "não ser". Compreendeis agora que a automortificação é uma das primeiras condições prévias da senda?

Quem não sepultar o eu da natureza não adquirirá o novo eu. Tem-se de ressuscitar do túmulo da natureza para a nova vida.

Quem diz servir à Fraternidade e, todavia, leva uma vida desenfreada segundo o eu da natureza, quem altera a seu bel-prazer a Doutrina Universal por teimosia e presunção, à custa da Escola de Mistérios e por responsabilidade de terceiros, é rechaçado sob responsabilidade própria, com todas as consequências. Essa pessoa ainda não perdeu nada, pois o que em grande graça nascera no simpático nunca se tornará posse sua, porquanto desde esse momento ela já o matara.

Contudo, quando esse ser humano, com a clara ideia de sua filiação perdida, houver aprendido finalmente a pôr o machado ao instinto do eu, e levantar-se de seu isolamento para aproximar-se da Fraternidade do modo correto, o Pai lhe irá ao encontro, o abraçará e lhe prestará mais honra do que ao filho que permanecera em casa, pois quem vence a si mesmo é mais forte do que quem conquista uma cidade.

*
**

II-7

PIEDADE — III

Ponde nisso toda a diligência
e acrescentai à vossa fé a virtude;
à virtude o conhecimento;
ao conhecimento o autodomínio;
ao autodomínio a perseverança;
à perseverança a piedade;
à piedade o amor fraternal;
ao amor fraternal o amor.

Até este ponto tratamos, com pormenores, da senda sétupla e vimos, por último, que a piedade se relaciona com uma nova e maravilhosa circulação magnética da força do Espírito Santo no nervo simpático, o qual é designado na Doutrina Universal como a segunda medula espinal, ou o segundo fogo serpentino. Esse segundo fogo serpentino é a base de toda a nova gênese humana. Sobre essa base, é formada uma nova figura corpórea, uma nova personalidade, cujos aspectos e qualidades serão tratados minuciosamente quando o tempo para isso estiver maduro.

Trata-se aqui de ensinamentos relacionados com o Círculo Apostólico, com o Terceiro Templo. Quem pode adentrar esse Terceiro Templo em virtude de sua piedade recebe o auxílio necessário para poder aprender:

1.º como o novo corpo deve ser alimentado;
2.º como o novo corpo se desenvolve;
3.º como movimentar-se nele;
4.º como o novo corpo deve ser utilizado;
5.º como despedir-se processualmente do velho corpo da natureza.

Essa informação, evidentemente concisa, talvez esclareça um dos maiores problemas — ainda hoje velado para o público dialético — concernente aos antigos santos cátaros, a saber, seu suposto suicídio. Os relatos descrevem como na Cruzada contra os Albigenses,* durante a Idade Média, os prisioneiros da Inquisição, ao serem submetidos às mais refinadas torturas e não verem nenhuma salvação, eram forçados a deixar o corpo, com um sorriso feliz na face. Mediante o suicídio, escapavam à violência de seus algozes. Seus corpos exânimes, em completa paz, eram encontrados sem nenhum ferimento externo nem sinal de veneno.

O que devemos pensar disso? Sabeis o que é o suicídio. Põe-se fim à própria vida, força-se a morte corporal. Após isso, o resto da personalidade dirige-se para a esfera refletora e, em certas regiões do Além, tem de sofrer um período extremamente miserável e doloroso até chegar o momento em que a morte teria ocorrido normalmente. Segue-se então de imediato a reencarnação, e o fio da vida, o qual foi rompido de maneira forçada, tem de ser reatado em circunstâncias mais difíceis.

Compreendereis que nem um único albigense cometeu tal ato, que, além das demais consequências do suicídio, poria a perder completamente uma possibilidade existente de real libertação da roda. Não, os santos cátaros possuíam o novo corpo, a nova personalidade! Eles participavam do Círculo Apostólico daqueles dias e desde então pertencem à Fraternidade Apostólica Universal. Por isso, podemos fazer, de suas antigas experiências, uma imagem clara que está em total conformidade com as leis do processo transfigurístico. Tendes pois de entender que o candidato com o fogo serpentino gnóstico no simpático constrói uma nova personalidade, a qual está completamente equipada de materiais de construção da Gnosis e absolutamente livre desta natureza. É uma personalidade que se desenvolve em um campo de vida magnético totalmente outro, enquanto ocupa, não obstante, o mesmo espaço que a personalidade dialética.

Portanto, em certo momento, além da personalidade aural, há ainda *duas* personalidades no microcosmo do candidato, a personalidade da velha natureza e a personalidade da nova natureza. Por isso, há também, nesse estado, dois núcleos de consciência, dois seres-eus.

Nunca cometais o erro de pensar que vosso eu comum é transferido para o novo corpo, que vós próprios, como núcleo de consciência dialético, participareis da nova vida! Vossa consciência, como homem dialético, pertence aos fenômenos desta natureza. Ela desaparecerá, ela um dia cessará de existir se trilhardes a senda. É necessário que o Outro cresça, e vós tendes de diminuir.

Quando a Fraternidade se dirige a vós, ela o faz à vossa totalidade microcósmica. Ela fala a vós e ao Outro, que, caso ainda não o possuais na forma de uma personalidade, existe contudo potencialmente em vós, em vosso microcosmo, oculto como "semente".

Podeis imaginar que é de suma importância para os servos da Fraternidade Servidora em nosso campo de existência, embora já possuam o novo homem, manter a velha personalidade dialética tanto tempo quanto possível, pois com essa personalidade dialética se pode estabelecer contato com seres humanos dialéticos. Discretamente, de maneira normal e natural, pode-se pescar seres humanos do mar da vida da decadência. Eles manterão portanto, nesse sentido, sua personalidade dialética até os limites extremos do que é alcançável na prática. Somente quando seu tempo chega, abandonam, sem chamar atenção alguma, sua velha forma da natureza.

Eles morrem, todavia compreendereis que essa morte é totalmente diferente da morte de qualquer outro ser humano. Essa morte não é, então, o fruto do pecado, não é nenhuma divisão de personalidade, mediante a qual o resto da personalidade se dirige para o Além, porém com essa morte o sepulcro é encontrado completamente vazio: nele há apenas a veste da velha natureza. Nem mesmo um corpo que foi abandonado, pois esse corpo era para o aluno, já há muitos anos, apenas uma camuflagem, uma veste, um véu ocultando outra realidade.

Em um morto comum, o resto da personalidade ainda está presente após a morte do corpo. No iniciado transfigurista, contudo, esse resto da personalidade já há muito desaparecera, já há muito "morrera em Jesus, o Senhor", como o denominavam os rosa-cruzes clássicos. O que restava era apenas a camuflagem, a aparência exterior da velha forma corpórea, a qual era ainda utilizada, tanto tempo quando possível, a serviço da humanidade.

Quando essa velha veste, pois, em certo momento é abandonada, percebe-se que já nada existe da velha existência, quer aqui, quer no Além.

Por isso também se diz que o sepulcro de Jesus foi encontrado completamente vazio. Não se via nada mais do que alguns lençóis enrolados, isto é, a veste exterior da velha forma corpórea. Quando Maria quer ver o Senhor, ela tem de olhar para trás. Esse "olhar para trás" é uma antiga expressão gnóstica para o contemplar do espaço magnético primordial, agora outra vez novo para nós. Lá ela vê aquele que sempre havia conhecido interiormente, aquele de quem todavia ainda não pode aproximar-se, pois ela ainda existe no velho estado de natureza comum. Por isso, ressoa para ela: "Não me toques!" Aqui se alude à mesma lei que ocasiona a morte de Ananias e Safira. Não se pode aproximar do "totalmente outro" com o que é dialético sem causar-se uma catástrofe.

Caso reflitais, à luz do que foi dito acima, sobre os antigos albigenses, então compreendereis.

Um grupo de prisioneiros foi emparedado vivo numa caverna. Um muro de um metro de espessura erguia-se entre eles e o mundo exterior. A intenção é clara: morte lenta por fome. Nem uma possibilidade sequer de liberdade. Pensais que tenham ficado ali dias e talvez semanas, na escuridão, em meio à imundície e aos insetos, para morrer lastimavelmente? Não, eles, que já há muito tinham transformado o sistema nervoso simpático em cerebrospinal, sabiam: "Agora chegou nossa hora. Nossa tarefa terminou", e com uma leve pressão da vontade sobre o nervo vago, fugiam da veste, da camuflagem, e iam ao encontro da eterna liberdade, deixando atrás o sepulcro vazio.

Outro grupo de cátaros, agrilhoados, foi precipitado do alto do monte da cruz, em Foix. Pensais que esperaram o resultado de sua queda? Que morreram esmagados, sangrando por causa das feridas abertas, com os membros quebrados e em meio a dores infernais? Não, antes de chegarem ao chão, já haviam escapado de sua veste, de sua camuflagem, evolando-se rumo à claridade da nova vida!

O mesmo aconteceu com os que foram para a fogueira e com os que foram atirados às masmorras. Uma vez que já não eram deste mundo, e a mão profana da violência dialética se estendera sobre eles, adentravam sua própria pátria. Esta também é a verdade sobre a morte de Jesus, esta é a verdade do pretenso suicídio dos cátaros.

Os que não sabem nem conseguem ver colocam desesperados as mãos sobre a face e dizem: "Oh, que terrível, que sofrimento imensurável!" No entanto, os que sabem cantam um hino, um hino de borbulhante alegria, pois os que morrem em vida a morte voluntária da natureza na endura já não podem ser prejudicados pela segunda morte, a morte do corpo, que era uma camuflagem. Compreendei bem isso tudo. Para uma informação mais precisa, prestai atenção mais uma vez ao Sermão da Montanha. Nele é dito aos alunos da Fraternidade Apostólica que possuem "o Outro":[1]

> Ouvistes que foi dito: "Olho por olho, e dente por dente". Eu, porém, vos digo que não resistais ao mal; mas, se qualquer te bater na face direita, oferece-lhe também a outra; e ao que quiser pleitear contigo, e tirar-te a túnica, larga-lhe também a capa.

O que as hordas romanas tencionavam com a Cruzada contra os Albigenses era a destruição da capa, a aniquilação da aparência externa dos santos cátaros, pois elas partiam da mistificação de que sob essa capa pulsava o coração vivente da Gnosis.

Todavia, com um riso que ressoava pelas montanhas, os cátaros deixavam a capa dialética a seus inimigos — após terem cumprido sua tarefa por tanto tempo quanto possível, indo para isso até os extremos — e se evolavam às serenas alturas da sagrada tranquilidade.

Eles alçaram-se dos locais plenos de lágrimas, eles adentraram um novo alvorecer. Eles já eram antes irmãos e irmãs da aurora, eles possuíam o corpo para tanto, porém permaneceram até quando possível nos campos da noite a fim de auxiliar os buscadores em sua escuridão. No entanto, pensais que eles lutariam por isso?

Eles adentraram a nova vida porque sabiam que sempre haverá auxiliares, irmãos e irmãs. A corrente da Fraternidade Servidora na terra jamais será quebrada.

Há um entre eles a quem se queira tomar a túnica? Prazerosamente ele também deixará a seus agressores a capa.

---

[1] Cf. Mt 5:38–40.

Todavia, ele não os desafiará, pois conhece seu dever. Espontânea e naturalmente, porém, anseia pelo momento da despedida. Quando esta chega, seu lugar é ocupado sem demora por um sucessor. Achais talvez esse ponto de vista falso? Prestai atenção pois à Segunda Epístola aos Coríntios, onde Paulo diz:[2]

> Porque sabemos que, se a nossa casa terrestre deste tabernáculo se desfizer, temos de Deus um edifício, uma casa não feita por mãos, eterna, nos céus. E por isso também gememos, desejando ser revestidos da nossa habitação, que é do céu [...] Porque também nós, os que estamos neste tabernáculo, gememos carregados; não porque queremos ser despidos, mas revestidos, para que o mortal seja absorvido pela vida. Ora, quem para isto mesmo nos preparou foi Deus, o qual nos deu também o penhor do Espírito.

Assim nos dirigimos a todos os que estão no quinto degrau e aos que anseiam por esse estado de maçom. Mais perto do que nunca, os santos valores da nova vida são trazidos a vós. Palavra por palavra, são-vos soletrados os valores do *consolamentum*, que no quinto degrau se tornam realidade como piedade no simpático. Por isso, também podeis acolher as palavras da Epístola aos Efésios, como se fossem pronunciadas para vós:[3]

> Assim, já não sois estrangeiros e peregrinos, mas concidadãos dos santos, e sois da família de Deus, edificados sobre o fundamento dos apóstolos e profetas, sendo ele mesmo, Cristo Jesus, a pedra angular; no qual todo o edifício, bem ajustado, cresce para templo santo no Senhor, no qual também vós juntamente sois edificados para morada de Deus no Espírito.

---

[2] Cf. 2 Co 5:1–2,4–5.
[3] Cf. Ef 2:19–22.

Um edifício imperecível, livre de toda a natureza dialética, pode ser erigido sobre a base de uma nova circulação magnética. Para esse ofício de construtor todos vós sois chamados. Quem puder mostrar suas ferramentas para isso receberá no Círculo Apostólico a oportunidade para a construção do novo templo, santo no Senhor, bem ajustado, uma nova morada. Quem adentra esse céu está seguro, é intangível a qualquer violência. Quem vive nesse céu sorrirá pela primeira vez em sua existência microcósmica decaída. Sorriso libertador, jubilante de alegria.

⁎⁎⁎

II-8

Amor fraternal

No sexto degrau da senda sétupla, o *amor fraternal* segue à piedade, e examinaremos agora o que em realidade acontece nesse sexto degrau.

Vimos que a *piedade* se refere a uma nova circulação magnética de força gnóstica santa no nervo simpático, o qual é indicado na Doutrina Universal como a segunda medula espinal, ou segundo fogo serpentino. Se esse processo se inicia e não é perturbado por ações egocêntricas da natureza comum, a consequência, entre outras coisas, é que o inteiro ser do candidato será iluminado por uma luz supranatural. Ela é uma força de luz cujos elementos não provêm de nenhum campo dialético, porém é de qualidade totalmente outra, a qual não se origina desta natureza.

Essa nova força de luz sobe pelo cordão esquerdo do simpático. Devido a suas características, ela é denominada, na Doutrina Universal, maravilhosa, bela, encantadora e gloriosa. Quando ela se manifesta, isto é uma prova de que o fluido gnóstico que o toca se tornou uma propriedade, uma posse pessoal do aluno. Enquanto o fluido da Gnosis desce pelo cordão direito do simpático, não se pode falar de uma posse pessoal. Isso apenas acontece quando o fluido consegue passar pelo plexo sacro, sendo aí, por assim dizer, transposto, e sobe ao longo do cordão esquerdo do simpático.

Todavia, essa corrente ascendente é de natureza totalmente distinta da corrente descendente, de vibração muito mais fraca e de faculdade não tão dinâmica.

No início, o que se manifesta nessa marcha ascendente é apenas um princípio, um fraco prenúncio, o início de uma aurora, uma faculdade que pode desenvolver-se em uma força muito poderosa. O que se manifesta desse modo é denominado pela Sagrada Escritura de amor fraternal. Portanto, é claro que esse amor tem de passar por um processo de desenvolvimento.

O amor é chamado a maior e mais poderosa força em todo o universo. Deus é identificado com ele. "Deus é amor",[1] diz a Sagrada Escritura. O que se manifesta nessa nova circulação magnética é também literalmente, portanto, "Deus manifestado na carne".[2] A Gnosis mesma brilha e trabalha no sistema microcósmico decaído; o amor mesmo tornará tudo novo.

Não é necessário argumentar que o que chamamos amor na dialética nada tem a ver com esse amor nem mesmo pode ser comparado a ele. O amor em nossa natureza é uma qualidade de nosso potencial natural de bondade. Essa qualidade pode realizar muito e ter sua própria beleza; todavia, comparada com a nova faculdade do sexto degrau, é menos do que nada.

O amor na natureza como qualidade da bondade tem, primeiro, seus limites; segundo, não é incondicional; terceiro, exclui outros e, portanto, é egocêntrico; quarto, surge sempre com diversas máculas, como por exemplo, estupidez, egoísmo, indiferença e ódio.

Como faculdade desta natureza, ele tem de contar, porém, com a lei dos opostos. Por isso ele é responsável pelo maior sofrimento que a humanidade decaída já vivenciou.

---

[1] Cf. 1 Jo 4:8,16.
[2] Cf. 1 Ti 3:16.

II-8 · Amor fraternal

Se um dos mais belos aspectos da faculdade humana da bondade pode converter-se em seu oposto e projetar sombras tão perigosas, então é certo que aqui, ou justamente aqui, reside a maior fonte de dor.

Essas coisas são muito dramáticas. Por séculos a fio se soube disso. Quantas figuras imortais da literatura mundial testemunharam disso! O que de mais belo o ser humano pode possuir sobre a terra, o único raiozinho de calor que os homens podem alcançar na frialdade do mundo, pode transmutar-se na maior perversidade, na maior atrocidade, no maior demonismo. Mesmo no auge de suas possibilidades, esse amor não é perfeito e exclui outros.

Atacamos aqui o ponto mais fraco da dialética! Por isso, não é de admirar-se que em todos os tempos se tenha procurado, partindo do lado conservador da natureza, disfarçar esse ponto extremamente fraco de diversas maneiras. Neste dia de manifestação em que o livro da natureza vira agora uma de suas páginas, é evidente que se tente parodiar o único amor, o amor manifestado na carne, por meio do humanismo. Quem se oporia a uma realização de humanidade? Quem não teria respeito por esforço e vida humanistas? Quem de nós não tem respeito pelos representantes humanistas da humanidade, que sacrificam a vida a serviço de outrem? De fato, o humanismo prático, levado a efeito até as mais extremas consequências, é a única coisa existente no plano horizontal da vida comum que se pode fazer em prol da deplorável humanidade. Compreendeis entretanto ao mesmo tempo a horrível ilusão, o contínuo girar da roda, que surgem disso?

Terrível enfermidade aflige a humanidade, enfermidade que faz inúmeros sofrer as mais medonhas dores. Milhares e dezenas de milhares estão ocupados em minorar essas dores. Grandes somas são angariadas. Grande onda humanista se movimenta. Grande bondade arde em milhões de pessoas. A causa fundamental, a essência de toda a doença, nossa existência dialética permanece completamente intata. Pior ainda, segundo as leis fundamentais da dialética, a maldade coletiva da humanidade e os sofrimentos a ela ligados são estimulados e fortalecidos na mesma proporção em que a luta humanista comum contra a enfermidade se desenvolve. O terrível estado doentio da humanidade piora com isso ainda mais! Dez anos, porém, de uma atitude de vida modificada total e fundamentalmente fariam a aflição sumir como uma rajada de vento! Não obstante, humanidade é bondade. Ela libera elementos de fraternidade. Quem aspira a essa fraternidade tem de realizar esse trabalho. Todavia, é bom que ele saiba que essa fraternidade de homens de modo algum liberta, senão, ao contrário, atua mantendo a natureza e, por isso, gerando dor.

*
**

Tomando novamente o fio de nossa explicação, averiguamos que a força do amor fraternal, a qual se manifesta no aluno no sexto degrau da senda sétupla, não é nenhuma força, nenhuma qualidade que se origine desta natureza e, portanto, tampouco jaz potencialmente submersa na humanidade dialética. Aquilo que se declara na nova circulação magnética é "Deus manifestado na carne". Essa força de irradiação parte do simpático, propaga-se via fluido nervoso e sangue e em certo momento preenche todos os órgãos.

Desse modo se origina maravilhoso cativeiro. O candidato está literalmente cativo na Gnosis, uma situação que, entre outros lugares, é descrita tão magnificamente no Salmo 139:[3]

> Senhor, tu me sondas e me conheces. Tu conheces o meu sentar e o meu levantar; de longe entendes o meu pensamento. Esquadrinhas o meu

---

[3] Ver também cap. II-1, p. 194.

andar e o meu deitar, e conheces todos os meus caminhos. Sem que haja uma palavra na minha língua, eis que, ó Senhor, tudo conheces. Tu me cercaste em volta e puseste sobre mim a tua mão. Tal conhecimento é maravilhoso demais para mim; elevado é, não posso atingi-lo.

Quando essa força de irradiação arde por completo no aluno e dele se apodera por todos os lados, ele passará, a partir desse momento, a ver o mundo dos fenômenos de maneira diversa. O aluno se aproximará sensorialmente do mundo de modo absolutamente distinto. Ele está nesta natureza como homem totalmente diferente. Ele abandonou o egocentrismo da velha natureza e já não é uno com ela. Ele não é atormentado pelas aflições próprias deste campo de vida, senão permanece literal e corporalmente como um estranho neste mundo. Já não pertence ao mundo, porém está nele.

Suas faculdades de reação funcionam de maneira completamente distinta. Ele compreende melhor do que nunca o procedimento de seus semelhantes, que ainda são perfeitamente unos com este campo de vida. Ele sabe que esses pobres, esses condenados, não podem agir de outro modo. Dessa maneira, o que irrita, enraivece e impele outros à ação o deixará absolutamente impassível. Assim como compreendemos um animal e verificamos as características e o comportamento da espécie e não nos irritamos porque determinado animal é e age conforme sua espécie, o irmão ou a irmã do sexto degrau distinguirá os diversos tipos humanos em sua espécie e os considerará de maneira perfeitamente não emocional.

Dia e noite, os seres humanos desta natureza são mantidos ocupados por outros seres humanos de todas as formas possíveis, com seus problemas e sua maneira de comportar-se. Talvez canseis o cérebro com todos os muitos problemas, perguntas e enigmas a vossa volta, que são causados por todos os seres humanos com quem tendes de lidar cotidianamente. Todavia, tão logo estejais inflamados na torrente de amor da Gnosis, tereis sobejamente tempo e energia, pois assim como conheceis o cãozinho do vizinho, também conheceis o próprio vizinho. Com o raio de ação inteiramente novo de vossos órgãos dos sentidos, sabeis, sentis, percebeis, o que o vizinho pensa, o que ele é e o que fará. Em um relance descobris seu tipo e então não tendes de defender-vos, não tendes de lutar nem tendes de demorar-vos nisso. Tendes apenas de ser cautelosos. Reconheceis um animal zangado e um animal estúpido. Não vos zangais porque o animal está zangado, muito menos vos irritais por causa de sua estupidez. Apenas levais isso em conta. Assim, vós, que estais no sexto degrau, levareis em conta seres humanos zangados, estúpidos ou treinados nesta ou naquela direção. Concomitantemente emana de vós a influência que a Gnosis manifesta em vós. É a força do amor de Deus. Todavia, atentai bem! Ela é uma força magnética, uma força buscadora e, ao mesmo tempo, uma força atrativa.

Desse modo, caminhareis com essa nova faculdade entre a humanidade e certamente entrareis em ligação com todos os diversos tipos humanos possuidores de um átomo-centelha-do-espírito. Reconhecê-los-eis, assim como eles se sentirão atraídos pela nova corrente magnética. Assim, andareis qual pescador entre os homens e apanhareis irrevogavelmente em vossa rede todos os que podem ser apanhados.

Isso é o amor fraternal: verdadeira nova faculdade existencial irradiante na Gnosis. Por trás dela não está o eu. Ela não é consequência de uma decisão: "Agora tenho de amar o próximo!", ou: "Agora me colocarei a serviço do ser humano". Quem possui essa faculdade *está* existencialmente a serviço do ser humano. Ele não pode deixá-la, pois essa faculdade o cerca de todos os lados. Este é o segredo do Círculo Apostólico, este é o segredo do trabalho da Escola Espiritual moderna.

Por que os alunos vêm às centenas a nossos templos? Por que os seres humanos fora da Escola Espiritual se admiram do procedimento dos alunos, que semana após semana vão aos templos e mês após mês viajam para os locais de conferência? Por que eles dizem: "Isso é incompreensível, isso não pode ser"?

Porque o que está oculto aos homens deste mundo é revelado aos filhos de Deus. Um filho de Deus é um ser humano com um átomo-centelha-do-espírito a arder por trás do esterno, um ser humano que, perdido, tateia e busca na noite do mundo. Esse filho de Deus é achado e, por conseguinte, atraído para o campo de força da Fraternidade, pela força gnóstica do amor fraternal, a qual se revela em número cada vez maior de irmãos e irmãs. Nada pode resistir a esse amor fraternal, pois esse amor é um fogo consumidor. Quem foi apanhado por ele e é arrastado por esse redemoinho é subjugado. Semelhante ligação já quase não pode ser desfeita. Esse é o segredo deste trabalho.

Não é necessário ser profeta para poder dizer com certeza que breve, e com rapidez crescente, milhares buscarão a Escola Espiritual. Se vos esforçardes em galgar a senda sétupla, isso desencadeará uma tempestade de amor fraternal, cujo resultado ultrapassará todo o entendimento.

Essa experiência, esse conhecimento, ser-nos-á demasiado maravilhoso, elevado.

Talvez também compreendais agora algo do famoso capítulo 13 da Primeira Epístola aos Coríntios:

> Ainda que eu falasse as línguas dos homens e dos anjos, e não tivesse amor, seria como o metal que soa ou como o címbalo que retine.

Paulo quer dizer que o ser humano sem a nova faculdade existencial não tem força. "E ainda que eu pudesse profetizar e soubesse todos os mistérios da ciência" — aqui ele alude ao ápice que o ocultismo natural pode alcançar — "e ainda que tivesse fé e transportasse montanhas" — aqui ele indica as alturas sagradas da vida religiosa natural e mística — "e não tivesse amor, eu nada seria" — não se pode realizar nenhum trabalho de libertação da humanidade sem esse amor — "e ainda que desse todas as minhas posses aos pobres e entregasse meu corpo para ser queimado, e não tivesse amor, nada disso me aproveitaria."

Paulo alude aqui às limitações da vida humana natural. E então continua a explicar o que é e faz o verdadeiro amor fraternal, que ele liberta o mundo e a humanidade, como ele abarca, trespassa e purifica tudo, como é eterno e imperecível, porque é Deus. E conclui: "Agora, pois, permanecem a fé, a esperança e o amor, estes três; porém o maior destes é o amor".

Um aluno que irradia, por causa da *fé,* lapidou seu átomo-centelha-do-espírito, transformando-o em uma maravilhosa joia, a qual emite luz e traz interiorização.

Um aluno preenchido de *esperança* colocou o círculo ígneo do cundalini qual coroa sobre a cabeça, e essa força radiante dá coragem.

Porém o aluno que está no *amor* possui a nova faculdade do sexto degrau, e isso dá força. Ele é acolhido no Círculo Apostólico, ele tem seu assento no Terceiro Templo, ele tornou-se pescador de homens.

Agora, pois, permanecem a fé, a esperança e o amor, estes três; porém o maior destes é o amor.

*
**

II-9

O amor — 1

Explicamos com detalhes o amor fraternal, que se revela em faculdade existencial realmente nova, irradiante na Gnosis, e não deve ser confundido com o potencial de bondade do homem dialético.

Essa nova faculdade desenvolve-se no aluno do sexto degrau que tornou possível a realização corporal de uma nova circulação de fluido gnóstico no simpático, sem obstaculizar esse processo com o egocentrismo da velha natureza. A luz que irradia dessa circulação ígnea magnética é o amor fraternal de que fala a Doutrina Universal. Ela é uma força verdadeiramente divina, nascida na carne, e confere um apostolado, isto é, o candidato que possui essa força pode ser um verdadeiro servo de Deus, um servo da Gnosis. Quando essa força de amor toma forma no sistema de algum aluno, é-lhe possível irradiar e transmitir essa força santa, também denominada Espírito Santo, aos que anseiam e buscam o Espírito. Tal irmão ou irmã poderá espontaneamente alcançar outros e ajudá-los com a Gnosis recebida. O fluido magnético do outro reino pode então, desse modo, ser consolidado no coração dos homens abertos a isso.

O potencial de bondade da natureza comum, indicado também como amor fraternal, está em forte contraste com isso. Esse potencial de bondade pode estar apto a realizar muito, como o demonstra sobejamente a história mundial, todavia nunca é libertador. Ele continua sendo da natureza dialética e é uma faculdade totalmente distinta do amor fraternal a que a Doutrina Universal se refere. *Esse* amor é o segredo do sexto degrau!

A piedade nasce mediante a perseverança. Talvez compreendais que essa piedade não cresce nem se manifesta de modo automático. Nossas explicações prévias deixaram isso bem claro. Também a utilização da nova faculdade, seu uso prático, não pode nem deve ocorrer assim, sem mais nem menos. Ela está ligada a leis santas. Somente quando o candidato que possui a faculdade conhece e domina essas leis, é que ele pode e deve utilizá-la na prática, com consequências que verdadeiramente servirão a Deus. Talvez também possais compreender agora melhor a conexão entre os três templos:

1.º no Primeiro Templo o aluno é instruído na Doutrina Universal e é confrontado com ela;
2.º no Segundo Templo é empreendida uma tentativa de consolidar no sistema, de maneira definitiva e consciente, a luz e a força do novo auxílio magnético;
3.º no Terceiro Templo o aluno — que desse modo irrompeu no Círculo Apostólico e, portanto, dele faz parte — receberá instrução e auxílio das leis sagradas do apostolado. Em dado momento, de posse do novo autodomínio, ele poderá e deverá pescar do mar da vida almas humanas buscadoras, a serviço da Fraternidade.

Queremos dar uma explicação mais detalhada concernente às três leis sagradas do apostolado, a fim de que tenhais uma perspectiva bem nítida do inteiro trabalho que é feito nos três templos. O fundamento desse grande trabalho não são mistérios, e a chave única para a entrada é a qualidade interior.

Assim, dirigimos a atenção para o último capítulo do Evangelho de João, o capítulo 21.

O relato começa assim: Alguns alunos mais ou menos adiantados da Escola Espiritual reuniram-se às margens do mar de Tiberíades, que é o mar da vida dialética. Esses alunos dispõem de grandes possibilidades e certamente não são os melhores. Eles compreendem a Doutrina Universal com a consciência cerebral e conhecem todos os seus aspectos. Eles foram instruídos pessoalmente por Jesus, o Senhor, que lhes revelou o caminho da vida. Eles cresceram no trabalho da Escola Espiritual e assim foram fortalecidos. Agora lhes vem espontaneamente a necessidade de sustentar e expandir o trabalho que viram e ouviram também mediante atividade pessoal. Por isso está presente neles, ao lado de seu conhecimento, o desejo de ser pescadores de homens.

Simão Pedro disse: "Vou pescar"; os outros responderam: "Nós também vamos contigo". Eles saíram e subiram ao barco. Eles organizaram-se, reuniram-se, discutiram, decidiram e foram; todavia, não pescaram nada! Isso nunca se mostra de imediato. No início é como que se os pescadores tivessem sucesso. Quando a manhã irrompe, porém, mostra-se que todas as redes estão completamente vazias. Isso é uma experiência maravilhosa para um aluno talentoso e ambicioso, isto é, reconhecer que ele de nada é capaz senão juntar ilusões — se ele se põe a pescar segundo a natureza e conservando seu egocentrismo. O resultado então é completamente negativo. Quem ainda não experimentou isso, quem ainda não está consciente disso, quem ainda não pode aceitar isso, tem ainda de esfalfar-se durante um período na noite de sua ilusão até que venha a alvorada da desilusão.

Quando, na história de Pedro, a alvorada surge, Jesus, o Senhor, aproxima-se deles e pergunta: "Tendes alguma coisa de comer?"[1]

---

[1] Cf. Jo 21:5.

Imaginai que vós, em semelhante estado de ser, sois desiludidos pela aurora, porém não queirais aceitar essa desilusão. Esperastes tanto da pesca, dirigistes o lançamento das redes e falastes tanto, vangloriando-vos do resultado vindouro, que a alvorada vos encontrou arrasados. Então vem a pergunta: "Tendes alguma coisa de comer?"

Ou podeis dizer com honestidade, do imo, embora, é lógico, muito desiludidos: "Absolutamente nada!", ou podeis, disfarçando completamente vossa insuficiência e vossa própria consternante descoberta, dizer com um sorriso magistral, um gesto de superioridade e algumas rugas na testa: "Entrai, há aqui comida em abundância!" Fazeis alarido. Aqui um livro e ali uma brochura. Pregais uma lição ao faminto ou o convidais para uma reunião. E assim o dia passa, e nova noite de ilusão cai sobre as ondas do mar da vida.

Aquilo por que o faminto indagava era algo da borbulhante, cálida, nova faculdade magnética, da água viva do amor fraternal, da faculdade magnética de Deus na carne. Ah! Não se vos levará a mal se nada tiverdes a oferecer. Esse é o estado dialético fundamental! Não pode ser de outro modo. *Declarai* isso, porém! Não vos escondais atrás da ilusão da própria cegueira, da tola presunção do eu! Descobri a vós mesmos!

Trata-se aqui do grande momento psicológico na alma do aluno em que ele pode responder à pergunta: "Tendes alguma coisa de comer?", não com desespero, orgulho ferido ou fingindo-se de ofendido, porém do imo, pleno de autoconhecimento e alegria interior: "Absolutamente nada". Quem aceita e reconhece esse nada, e realmente está cheio de interesse pelo horrível sofrimento e pela busca da humanidade, ouve a voz: "Lançai a rede para o lado direito do barco e achareis".

E o resultado? Cento e cinquenta e três peixes! Talvez conheçais o significado desse número. A soma de seus algarismos é o número da humanidade: 9. A rede tem ligação completamente impessoal com o público que se interessa em encontrar a Escola Espiritual.

Como se desenvolve esse milagre aparente? A história narra que Pedro estava nu. Ele lançara tudo fora, até os limites mais extremos de suas possibilidades. Quem chegou a seu nada e se comporta correspondentemente pode permanecer na luz universal da nova dispensação* magnética. Quando essa luz puder afluir ao coração e preencher a cabeça, o ardor do amor fraternal, a força com que os homens terão de ser salvos do mar da vida, poderá demonstrar-se. Esse é o significado do número cento e cinquenta e três. Quem nasceu nessa ligação pode comer do pão celeste e dá-lo a outrem.

A fim de elucidar isso, um diálogo desenvolve-se entre Jesus e Pedro em que as três leis sagradas e inabaláveis do apostolado são tratadas. Com grande ênfase falamos convosco sobre essas leis. Não para confrontar-vos já com elas, porém para deixar claro que todo o aluno, cada um em seu próprio ritmo, tem de crescer para o cumprimento dessas leis. Além disso, queremos lembrar-vos de que quem diz "Estou de pé" tem de cuidar para não cair!

A primeira lei sagrada é descrita na história da seguinte maneira:[2]

> Depois de terem comido, perguntou Jesus a Simão Pedro: "Simão, filho de João, amas-me mais do que estes outros?" Ele respondeu: "Sim, Senhor, tu sabes que te amo". Jesus lhe disse: "Apascenta os meus cordeiros".

Imaginai que vos encontrais no círculo de todos os que vos amam, em meio a vossos caros amigos e caras amigas, em meio àqueles para quem talvez faríeis tudo, e que então ressoa a pergunta da Gnosis: "Amas-me mais do que estes outros?" Responderíeis então

---

[2] Cf. Jo 21:15.

que a torrente de bem-aventurança que aflui ao santuário do coração é mais importante para vós do que qualquer outra coisa? Que desejais aceitar todas as consequências correspondentes? Que não dizeis isso em uma onda de emoção ou exaltação, senão porque compreendeis de modo fundamental que esse estado é *vosso* estado?

Caso digais um "sim", então cumpristes a exigência da primeira lei sagrada do apostolado. Isso não significa de modo algum, segundo espaço e tempo, que ireis despedir-vos completamente de todos os vossos parentes e amigos, senão que passareis a relacionar-vos com eles de maneira completamente distinta: no mundo, porém já não do mundo, e que as eventuais consequências já não trarão nenhum problema. Quem preenche essa primeira lei sagrada ofereceu à Gnosis o santuário do coração e somente ele pode pescar no mar da vida.

> Uma segunda vez [Jesus] lhe disse: "Simão, filho de João, tu me amas?" "Sim, Senhor", disse ele, "tu sabes que te amo". Disse-lhe Jesus: "Apascenta as minhas ovelhas".

O candidato é colocado aqui perante a segunda lei sagrada. Agora já não se trata do relacionamento emocional com outros, que eventualmente pode ser um obstáculo ao grande trabalho da Fraternidade, porém da correta relação conceitual com o sagrado trabalho.

Assim como o coração tem de estar livre do eu, este também é o caso com o santuário da cabeça. A pureza do querer e do saber tem de tornar-se absoluta. A vontade tem de ser absorvida de maneira harmoniosa pela vontade da Gnosis. Assim deve ser demonstrado o amor à Gnosis. Quem ainda está na cegueira da obstinação aniquila, de tempos a tempos, a ligação de amor com a Gnosis, o que leva a horrível caos no simpático.

Pela terceira vez Jesus lhe perguntou: "Simão, filho de João, tu me amas?" Pedro entristeceu-se por ele lhe ter dito, pela terceira vez: "Tu me amas?" E respondeu-lhe: "Senhor, tu sabes todas as coisas, tu sabes que eu te amo". Jesus lhe disse: "Apascenta as minhas ovelhas. Em verdade, em verdade te digo que, quando eras mais moço, tu te cingias a ti mesmo e andavas por onde querias; quando, porém, fores velho, estenderás as mãos, e outro te cingirá e te levará para onde não queres". Disse isto para significar com que gênero de morte Pedro havia de glorificar a Deus. E, dito isto, disse-lhe: "Segue-me".[3]

Esta é a terceira lei sagrada do apostolado. Quem se consagrou à Fraternidade, segundo o coração e a cabeça, com o não eu, já não trilhará, em nenhuma circunstância, o caminho da natureza, mas sim todas as veredas em que é conduzido pela Gnosis.

Somente então ele se torna um instrumento perfeito nas mãos da Fraternidade, e a nova circulação magnética do simpático irradia, qual luz do sol, o amor fraternal na escura natureza, e as cavernas mais tenebrosas são aquecidas por essa chama. Quem cumpre essa terceira lei sagrada experimentará que outro o cingirá e levará para onde ele não quer ir. Aparentemente de modo sombrio e sinistro o evangelista observa: "Disse isto para significar com que gênero de morte Pedro havia de glorificar a Deus".

É Pedro aqui de fato abandonado à morte? É dito aqui ao candidato: "Agora que cumpriste essa lei, receberás o que lhe segue: perseguição e martírio, prisão e uma morte miserável"?

Se isso fosse correto, o inteiro drama de Cristo e o seguir a Cristo por completo seriam colocados na esfera mística estereotipada de sofrimento e dor da religião natural.

Pelo contrário, a vida dialética é puro esforço e dissabor; todavia, quem segue as pegadas de Cristo é dispensado dessa dor

---

[3] Cf. Jo 21:17–19.

contínua e vai para onde a vida e a existência dialéticas nunca podem existir. Não é assim que *todo* o candidato, ao trilhar a senda, morre a morte da natureza completamente não divina a fim de glorificar a Deus de modo absoluto no novo campo de vida magnético?

※

II-10

O AMOR — II

Desejamos agora falar sobre o último degrau da senda sétupla: "[...] ao amor fraternal o amor". Novamente, fazemos uma retrospectiva para dar uma visão geral de tudo o que foi transmitido nos capítulos imediatos precedentes. Vimos minuciosamente que caminho percorre a luz gnóstica, a força do Reino Imutável, o fluido magnético não dialético, no aluno que a ela se abre.

A chave para a senda é a fé, isto é, a ligação do átomo-centelha--do-espírito no coração com a pura luz divina. Quando essa porta está aberta e a nova força pode adentrar o sistema do aluno e aí atuar, ele estará realmente apto para a senda da renovação. Por esse motivo, o primeiro degrau da senda sétupla diz: "[...] acrescentai à vossa fé a virtude". Quando a verdadeira fé, e com ela, virtude, aptidão, estão presentes, há perfeita disposição de abandonar a própria natureza egocêntrica, de diminuir cada vez mais segundo o eu da natureza, a fim de que a nova luz possa afluir desimpedida ao sistema.

Se essa condição foi cumprida, o candidato pode galgar o segundo degrau e, com isso, progredir da virtude para o conhecimento. Esse segundo degrau alude a uma libertação elementar, ou abertura do santuário da cabeça ao fogo da renovação. A consequência disso é que a aptidão recebida se manifesta em conhecimento. O antegozo da onisciência da manifestação universal torna-se realidade. Quando o aluno chega a esse ponto, desenvolve-se nele grande luta interior, pois duas naturezas, duas forças, a velha e a nova, declaram-se agora nele. Trata-se, pois, se ele trilhará até o fim a senda joanina do "É necessário que ele, o Outro, cresça e eu diminua".

Ele terá de demonstrar se leva a endura a sério. Por isso, ele terá de mostrar autodomínio no terceiro degrau. Não apenas por algum tempo, como em um esforço extremo, porém fundamentalmente. Ele mostra assim, no quarto degrau, perfeita perseverança, grande, interna e imutável fidelidade ao processo da graça que nele se revela. Quem é capaz disso, portanto, quem é achado fiel, recebe no quinto degrau a piedade.

Essa é a descida do novo fluido gnóstico pelo cordão direito do simpático a fim de que seja deitado o fundamento para um segundo fogo serpentino. Se essa mudança fundamental do ser não experimenta nenhum estorvo, o novo fogo do cordão direito do simpático irromperá através do plexo sacro, ascenderá pelo cordão esquerdo do simpático e retornará a seu ponto de partida, acima da medula oblonga.

Quando esse caminho é inteiramente explorado e a nova circulação ígnea magnética se manifesta completamente ao longo dos dois cordões do simpático, o novo fogo serpentino, a nova consciência, o novo eu nasce, e o sexto degrau pode ser galgado: "[...] à piedade o amor fraternal".

A nova consciência irradia, evidencia-se, tal qual o fazia o antigo eu. Uma nova atividade, uma nova ação é levada ao mundo. Essa nova ação é característica, extraordinariamente diversa de todos os esforços e atividades da bondade da velha natureza. A nova ação é espontânea, não é forçada magicamente. Ela é capaz de achar, atrair magneticamente e capturar tudo o que está e se sabe perdido nas trevas do mar da vida, como em uma rede tecida de novas linhas de força magnéticas. Mesmo se a inteira parte da humanidade em consideração fosse nela apanhada, ela é tão forte que resistiria. Apesar da grande quantidade de peixes, ela não se romperia.

Esse é o segredo do trabalho fidedigno. Quando se pesca com a rede do amor fraternal, a qual foi atirada no sexto degrau, todas as tempestades são vencidas invariavelmente, pescas gloriosas se derramarão todos os dias na praia.

Agindo e pescando desse modo, o sétimo degrau é galgado: "[...] ao amor fraternal o amor".

Examinemos agora o que significa o sétimo degrau, e o que ele tem a dizer-nos. A Segunda Epístola de Pedro, de onde tiramos o texto da senda sétupla, indica com relação a esse sétimo degrau: "Porque assim vos será amplamente concedida a entrada no reino eterno de nosso Senhor".[1] Portanto, trata-se da participação corporal na nova vida, a entrada, o ser acolhido definitivamente, em um estado de vida inteiramente novo.

※※※

Gostaríamos de falar sobre essa futura nova vida, porque tais palavras concernem a todos. Quando forjamos a chave para a virtude, para a aptidão à senda, mediante decisão séria e enérgica, participamos do processo que conduzirá à nova vida.

Se realizarmos no primeiro degrau a ligação com o novo campo magnético, a violência de toda a comoção dialética já *não* poderá fazer-nos mal algum. Então já fomos acolhidos no campo de força da nova vida. E o que mais poderíamos desejar?

Está fora de cogitação que queiramos, em nossos dias movimentados, transmitir uma doutrina e dar visões sobre o que um

---

[1] Cf. 2 Pe 1:11.

dia poderá ser possível. Falamos sobre novas forças cósmicas sumamente importantes que têm de ser recebidas por nós.

A salvação que os grandes enviados outrora prometeram a nós pode de novo evidenciar-se nestes dias. Por isso, temos de considerar como muito atual as palavras do antigo e belo hino:[2]

> Como te receberei
> e como te tratarei,
> ó desejo do mundo inteiro,
> ó adorno de minha alma?

Não se trata apenas de que *nós* testemunhemos, e *vós* vos limiteis a ouvir. Tendes de colaborar com a Escola Espiritual em uma grandiosa construção que devemos e podemos realizar: o futuro novo homem!

Já não está longe o tempo em que as primeiras evidências desse novo tipo humano virão à luz do dia. Será um homem que confirmará cabalmente as palavras: "No mundo, porém não deste mundo". Será uma multidão que ninguém poderá contar. Ela se subtrairá a toda a disputa e a todo o barulho da natureza dialética e entrará em repouso imperturbável, no repouso e na imutabilidade de uma nova dispensação magnética, o repouso do povo de Deus.

E cada um de vós poderá falar: "Este é o meu repouso para sempre; aqui habitarei, pois o desejei".[3]

Falamo-vos a fim de que também vós desejeis esse repouso e compreendais que esse desejo não precisa ser pura fantasia nem um belo sonho, porém que ele pode tornar-se realidade se tão somente quiserdes utilizar todas as vossas possibilidades e na

---

[2] Paul Gehardt (1607–1676) (N.T.).
[3] Cf. Sl 132:14.

atual agitação neorrevolucionária pôr as mãos ao arado, pois o tempo chegou!

Que desejo é exigido de vós? Que desejo atua de modo tão intensamente libertador? É o desejo de salvação, isto é, o desejo de verdadeira cura.

Quem deseja cura tem de ter a consciência de estar doente, de estar fundamentalmente danificado e de viver em um mundo que não oferece nenhuma salvação e nos arrasta consigo em órbitas sem fim. Quem deseja salvação deve estar disposto a suprimir a causa de todo o sofrimento, a saber, sua ilusão, seu engano, seu instinto do eu, seu instinto de conservação, em suma, ele próprio. Isso é anseio de salvação!

Quem assim anseia subtrair-se ao poder da ilusão, será conduzido à aurora da consecução, a um novo dia, ao repouso inatacável do futuro novo homem. Ele progredirá na senda sétupla tal como foi exposto pormenorizadamente, na senda dos nascidos duas vezes, a senda da transfiguração.

Quem desejar perder-se a si mesmo achará essa senda e, finalmente, no sétimo degrau, verá a entrada para o novo reino aberta para si.

Essa entrada é aberta, como já dissemos, pelo desenvolvimento da nova circulação magnética no simpático, pelo nascimento do segundo fogo serpentino, do novo eu. Essa nova circulação magnética, esse novo eu, constrói uma personalidade inteiramente nova. Se imaginardes o microcosmo como uma esfera, então é como se no coração desse microcosmo um velho templo fosse sistematicamente demolido e um inteiramente novo fosse erigido. Explicaremos como isso é possível.

Sabeis que o nervo simpático consiste em dois cordões, cada um situado em um lado da coluna vertebral. Em muitos locais, esses cordões são interrompidos por nós nervosos ou gânglios. Um nó nervoso ou gânglio é uma dilatação circular, lisa, de cor vermelha acinzentada, consistindo em células de uma construção típica e situadas entre os nervos ou nas fibras nervosas.

Nervos também nascem da medula espinal comum. Fala-se de um ramo anterior e de um ramo posterior desses nervos da medula espinal. Os gânglios do simpático estão em ligação direta com o ramo anterior dos nervos correspondentes da medula espinal. Além disso, desses gânglios do simpático partem alguns feixes de nervos, que são ramificações de nervos que, ao longo das artérias, se distribuem para quase todos os órgãos e controlam os movimentos do coração e do inteiro sistema vascular.

Se puderdes agora fazer uma ideia disso, podereis tirar algumas conclusões. E elas serão tanto mais acertadas se tiverdes algum conhecimento da anatomia do corpo humano.

Quando um aluno do sexto degrau recebe a piedade, portanto, quando a nova circulação magnética se realiza no simpático e esse aluno persevera em sua autodemolição,* o fluido nervoso da velha natureza garantirá um equilíbrio biológico geral na antiga estrutura corporal, mediante os ramos posteriores dos nervos da medula espinal. Todavia, são interrompidas as correntes nervosas da velha natureza, que eram secretadas ao longo dos ramos frontais no corpo inteiro, e uma nova corrente nervosa, a corrente do segundo fogo serpentino, assumirá então a tarefa da antiga natureza.

A consequência é que o sangue e o fluido nervoso se transmutam. A atividade de todos os santuários e de todo o sistema endócrino é submetida a mudanças. Assim, um sistema de linhas de força totalmente diferente se forma na figura da personalidade comum quanto ao aspecto exterior, porém iluminada e inflamada por correntes vitais totalmente outras que partem da nova fonte de consciência no simpático.

Um novo templo surge. Um templo tríplice, segundo consciência, alma e corpo. Um corpo material, não a figura densa da natureza dialética, senão a forma sutil de uma nova natureza. Essa personalidade sutil não possui a estrutura da entidade da esfera refletora, pois esta habita os fragmentos da antiga e despedaçada personalidade dialética, cujo corpo material foi totalmente aniquilado. Não, o irmão e a irmã do sétimo degrau manifestam uma personalidade totalmente nova e glorificada que compreende uma forma corpórea material. Para o homem comum essa forma somente será visível se ela manifestar-se em conexão com a antiga natureza, porém tão logo a antiga forma natural já não precise ser mantida, a nova forma natural se retirará rumo ao reino da eternidade banhado pelo sol.

Na terceira parte deste livro descreveremos pormenorizadamente a natureza e as características dessa nova forma natural bem como de que maneira ela se libertará das faixas de seu nascimento e ressurgirá do túmulo.

Na Bíblia é relatado como o corpo crucificado de Jesus, o Senhor, foi sepultado na cripta de José de Arimateia. José de Arimateia é o hierofante dos novos mistérios, e a cripta é idêntica à cripta de Christian Rosenkreuz, onde o novo corpo imperecível pode ser achado.

Nossos pensamentos de prece são que todos os que trilham a senda possam concluir seu áureo caminho da cruz e ressurgir do túmulo da vitória, renascidos e fortes, para a nova e santa vivência: a vivência santa do futuro novo homem.

※※

Agora sabeis como podeis progredir do amor fraternal rumo a uma ascensão ao amor. É o amor que é denominado Deus, Espírito e Luz. Agora compreendereis como Paulo o compreendeu: se tudo tivésseis e vos faltasse esse amor, esse novo estado de ser, nada teríeis nem seríeis, pois esse amor que é Deus, esse voo de águia do Espírito, é a grande e maravilhosa meta de todos os que, nesta época de transição, são chamados à luz.

Portanto, o amor não é questão de palavras ou de terno sentimento, porém de ação salvadora e libertadora da humanidade. Seja essa ação, para a qual mesmo o mais fraco entre nós foi escolhido, vosso começo e vosso fim, vosso sentar e vosso levantar até o dia de vossa consumação!

Segui conosco na alegria do novo conhecimento! Celebrai conosco a festa dos feitos do futuro novo homem!

※

Parte III

Os dons e os poderes do novo homem

III-1

O RENASCIMENTO AURAL

É chegado o momento de apresentar o futuro novo homem. Em ambas as partes precedentes deste livro descrevemos os diversos aspectos filosóficos e intrínsecos dessa nova gênese humana. A época que agora irradia no brilho da clara luz matutina é o despontar do dia em que o novo homem surgirá, agirá e será. Se não pertencermos aos que estão ligados à terra e enredados nos véus cinzentos da dialética, reconheceremos sem dúvida a natureza desse novo homem e poderemos verificar seu reaparecimento na história mundial, o qual teve início no ano de 1952.

Outra vez brilhará nesta sombria ordem mundial o que se manifestou nesta Época Ária há milhares de anos, mediante as fraternidades divinas, pelo trabalho santo de Akhenaton no Egito, pelos grandes obreiros da Índia, por Lao Tsé na China, por Zaratustra nos reinos caldeus, por Mani no Oriente Médio, pela atividade de Platão e Pitágoras na Grécia, bem como também pelos druidas e pelo trabalho dos cátaros na Europa Ocidental.

O dia do novo homem chegou. A aurora de uma nova dispensação do verdadeiro povo de Deus rompeu a couraça da dialética. A corrente dos sete templos soou outra vez, forte e firme, e invencivelmente recomeçou seu trabalho, que com razão pode ser denominado o trabalho do discipulado perfeito. O trabalho de renovação começou, os caminhos de Renova estão sendo palmilhados.

Trilhar uma senda, principalmente no sentido muito especial que tencionamos, pressupõe uma despedida *ou* um andar juntos. Há alunos que, de coração e com toda a espontaneidade, querem seguir conosco. Outros, todavia, ainda estão plenos de dúvidas, e ainda há talvez os que, sem compreendê-lo completamente, ainda estão cheios de reserva e crítica. Pois bem, esforçamo-nos em ajudá-los, porém não o quiseram. Por isso, agora chegou a hora da despedida. Nós os saudamos. A aurora de um novo dia paira qual coroa sobre os caminhos que elegemos. Abandonamos a noite, e uma nova tarefa espera-nos. As palavras faladas agora e as que serão no futuro somente são válidas para os que viajam conosco, elas apenas serão eficazes para eles.

Deveis estar lembrados de que a força da renovação gnóstica, que pode ser acolhida pelo átomo-centelha-do-espírito após um longo caminho, já descrito por nós, finalmente brilha no ramo ascendente esquerdo do simpático. Se essa plenitude de irradiação se manifesta, isso é prova de que uma nova circulação magnética se formou no coração do microcosmo, coincidindo com o corpo da natureza da morte. Esse nascimento tão especial relaciona-se com a circulação de forças puramente gnósticas no corpo da velha natureza, em suma, o desenvolvimento de uma nova corrente nervosa. A consequência disso é, como dissemos, que tanto o sangue como o fluido nervoso se transformam. A atividade dos santuários da cabeça, do coração e da pelve e do sistema endócrino será transformada. Paulatinamente um sistema de linhas de força totalmente outro se forma, segundo a aparência exterior, na figura da personalidade comum. Ele é, porém, irradiado e iluminado por correntes vitais totalmente outras, que partem da nova fonte de consciência no simpático.

Um novo templo surge. Um templo tríplice, segundo consciência, alma e corpo. Um corpo material, não à imagem grosseira da natureza dialética, porém segundo a aparência sutilizada de uma natureza inteiramente nova. Uma personalidade glorificada, incluindo, portanto, uma forma corpórea material. Com essa nova forma, o candidato deve "sair ao encontro do Senhor nas nuvens do céu".

A viagem que ora iniciamos se relaciona com a construção desse novo veículo, dessa arca, do navio celeste, necessário para alcançar nossa meta. É claro que agora temos de discutir e estudar minuciosamente que proporções nosso veículo deve ter, de que material ele deve ser e com que ferramentas teremos sucesso. Cada um de nossos companheiros compreenderá que em primeiro lugar a oficina tem de ser preparada; o local de trabalho onde as marteladas devem ser desfechadas, onde o esquadro e a régua podem ser utilizados sem estorvo, onde a rampa terá de ser aplainada, a fim de que breve, sem incidentes, o navio celeste possa ser confiado ao novo mar da plenitude de vida.

Que local poderia ser a oficina senão o centro de nosso microcosmo, de nosso corpo, de nossa forma física? Sabemos que essa forma física, proveniente da natureza da morte, não é divina. Por isso, o cerne dessa forma, seu princípio fundamental, tem de ser aniquilado. Por isso tratamos tão pormenorizadamente das sete condições prévias da senda, com o auxílio de algumas indicações da Segunda Epístola de Pedro. Unicamente quando preencherdes essas sete condições, vossa oficina estará pronta, somente então podereis construir.

Primeiro a nova circulação magnética no simpático tem de ser realizada. Para uma entidade com a centelha-do-espírito isso não é absolutamente nenhum esforço. Quem se entrega em perfeita autorrendição à senda e aceita as consequências apronta, sem dúvida, sua oficina para a nova construção. A prova desse "estar pronto" está no novo fluido que se manifesta no simpático. Esse fluido é a pedra com que se tem de construir. Ele é o remédio supremo, o verdadeiro elixir da vida dos mitos, o "Abre-te, ó

Sésamo!" dos contos de fada. Esse fluido é a flama da sétima condição preenchida, a luz do amor divino. Somente com esse amor o trabalho pode ser iniciado e concluído.

Devemos compreender bem que não há sentido, e é mesmo muito errado, falar sentimentalmente sobre esse amor divino e consagrar-lhe versos. Quem sobre ele fala tem de fazê-lo com atos, com os fatos da construção concreta. *Isso* é exigido de nós. O que é denominado amor na Doutrina Universal é a substância primordial da flama divina, da alma do mundo. Quando a luz dessa flama arder na nova circulação magnética, o candidato será capaz de — segundo as palavras de Paulo — "cobrir todas as coisas com esse amor",[1] e — segundo as palavras de Pedro — ele "cobre uma multidão de pecados".[2]

Queremos explicar primeiro o que Paulo e Pedro queriam dizer com essas palavras. No famoso capítulo 13 da Primeira Epístola aos Coríntios, Paulo diz que alguém que respira na substância primordial da flama divina está no caminho que conduz à libertação. Ele fala a seus alunos e diz que ainda que dirigíssemos nossa atenção às entidades mais cultivadas do campo de vida dialético e dominássemos perfeitamente a arte da retórica e, portanto, falássemos e escrevêssemos um idioma tão extraordinariamente bem que se pudesse falar com razão do máximo alcançável, e mesmo que alcançássemos também os cumes mais elevados do campo mágico e intelectual e dominássemos todo o conhecimento da profecia, das secretas verdades sagradas da salvação e da Ciência, seríamos semelhantes a um címbalo que retine, seríamos totalmente nada se não possuíssemos a substância primordial da flama divina.

---

[1] Cf. 1 Co 13:7. Na tradução do verbo grego στέγω desse versículo na Bíblia holandesa é usado o verbo "cobrir", enquanto na tradução de João Ferreira de Almeida é usado o verbo "sofrer" (N.T.).

[2] Cf. 1 Pe 4:8.

E então ele prossegue, citando as possibilidades que se manifestam para todo o candidato quando ele obtém a participação nessa magnificência. Ele diz entre outras coisas: "O amor cobre todas as coisas, não suspeita mal", e com o mesmo sentido citamos aqui as palavras de Pedro: "[...] porque o amor cobre uma multidão de pecados".

Quando em geral se pede dos homens uma explicação dessas palavras, então nos é indicado um novo comportamento moral e ético que aparentemente tanto Paulo como Pedro exigem. Ouvir-se-ia sem dúvida uma efusão mística, e todos pensariam nas mais elevadas normas do amor como nós o conhecemos em nossa ordem de natureza; em atos de autossacrifício e conciliação, em relações com seres humanos que se distinguem especialmente nesse campo.

Todavia, sabeis que, com suas palavras, os apóstolos aqui citados não pensaram de modo algum nessas elevadas exteriorizações sentimentais dialéticas humanas? Como nós, achareis essas habituais exteriorizações de amor nobres e úteis, que elas são como um bálsamo para uma alma dilacerada, porém o capítulo 13 da Primeira Epístola aos Coríntios refere-se, muito enfaticamente, a algo bem diferente do que se supõe. Precisamos compreender a verdadeira natureza dessas coisas a fim de poder abranger completamente o discipulado atual, tanto segundo os pensamentos como segundo a realização. Simultaneamente, compreenderemos então o que Paulo quer dizer com o dom de línguas e o dom da profecia nos trechos restantes da Primeira Epístola aos Coríntios.

Bem sabeis que este mundo está cheio de movimentos baseados no dom de línguas, de comunidades pentecostais e de sociedades apostólicas, que pretensamente exercem esses dons. É profundamente trágico que a busca inconfundível de dezenas de milhares se tenha detido aí. Detida no esforço espiritista, ocultista negativo, mediúnico. A causa desse mal está na ignorância, no fato de esses seres humanos se terem tornado vítimas das fraternidades da esfera refletora, as quais imitam a vida santa com intenções compreensíveis.

Se não puderdes ver essas intenções, dizemo-vos que todos os dons de que Paulo fala são extremamente atuais em uma verdadeira escola espiritual. Eles são a primeira característica, as primeiras provas da nova gênese humana. Todavia, é compreensível que uma onda inteira de buscadores sinceros se desencaminhe quando essa característica e essas provas são desfiguradas por meio de imitação puramente dialética e completamente negativa. Essa traição intensa do século XIX aproxima-se de seu desmascaramento. A verdadeira essência dos dons e das características do novo homem tornar-se-á conhecida no mundo inteiro, e não apenas filosoficamente, mas também, ao mesmo tempo, de maneira prática. *Assim* o abismo intransponível entre imitação e realidade será mostrado claramente. A consequência será que inúmeros desencaminhados se dirigirão à Escola Espiritual a fim de reencontrar a via perdida e prosseguir conosco de força em força, de magnificência em magnificência. Desse modo, será dada a prova de que a Gnosis verdadeiramente chegou.

Quando preencheu as sete exigências da senda, o aluno participa organicamente da Gnosis. Assim, a nova circulação magnética no simpático torna-se ativa, a nova irradiação que dela parte cobrirá todo o ser do aluno: a personalidade, o campo de respiração, o ser aural, assim como também o campo magnético. Essa nuvem do Senhor envolverá o candidato e seu inteiro microcosmo como um manto, com consequências quase inacreditáveis. Grande diversidade de dons e de novas faculdades se manifestará, e todos eles se desenvolverão do único e mesmo santo espírito da renovação. Todos os pontos magnéticos no ser aural, os quais estão afinados completamente com a vida dialética e seus éons, são extintos processualmente no manto do amor divino, e novas luzes são inflamadas. Portanto, essa irradiação de amor "cobre uma multidão de pecados" prática e diretamente.

Esse processo do amor divino extingue, pois, o carma. Portanto, ele cobre o carma não apenas em sentido negativo — com o que ele, não obstante, continuaria a existir — porém o substitui completamente. Estamos novamente aqui diante de uma tradução errônea. A palavra original para "cobrir" pode também ser traduzida por "substituir". Os tradutores originais da Bíblia não compreendiam que o amor pode "substituir" os pecados, por isso traduziram essa palavra como "cobrir", pois esta eles bem podiam compreender. Todavia, o sentido divino dessa palavra, à luz do que foi exposto, fica agora claro: o sistema magnético do ser aural é totalmente afetado por essa flama divina. Esse firmamento dialético é extinto, e um novo firmamento forma-se. Sob esse novo céu, uma nova terra microcósmica irá, terá de manifestar-se — uma personalidade transfigurada. O primeiro sinal disso é uma multidão de novos dons e possibilidades: o sinal do futuro novo homem.

Falaremos agora sobre isso com detalhes. Aconselhamo-vos a estudar bem os capítulos 12 a 15 da Primeira Epístola aos Coríntios, pois eles formarão a base de nossas explanações.

※

III-2

CONSEQUÊNCIAS DO RENASCIMENTO AURAL

Explicamos minuciosamente de que maneira a flama divina da Gnosis no ser aural do candidato extingue todos os pontos magnéticos do firmamento dialético, e como um novo céu é formado processualmente nesse amor flamejante a fim de que, com isso, sejam liberadas as possibilidades para uma nova terra, isto é, para uma personalidade glorificada.

Nessa base, antes de prosseguirmos nossas explanações, tendes de imaginar bem a situação. Com a boa vontade inteligente do ser-eu dialético, que se sacrificou completamente, a Gnosis irrompeu na personalidade com o auxílio do átomo primordial e tomou forma nos dois cordões do simpático. Desse modo, é formado um segundo fogo serpentino, um segundo ser-eu, uma segunda consciência. Nesse momento, o candidato é plenamente consciente de seu estado duplo, de sua natureza dupla.

Ele então também dá provas dessa consciência dupla, como se depreende do profundo significado do prólogo do Evangelho de João. O candidato que em seu caminho para a renovação chegou a esse ponto assemelha-se a João. Ele tornou-se um homem muito especial, um homem de quem Deus se apoderou, mas certamente ainda não um homem renascido em Deus.

Por isso ele diz: "É necessário que eu diminua e ele", o Outro, a nova natureza em mim, "cresça". "Aquele que vem após mim já era *antes* de mim".

Se o aluno que alcançou esse grau espiritual vive realmente desse princípio joanino assim formado, desenvolve-se a energia radiativa que, emanando do novo fogo serpentino, se propaga pelo inteiro campo de manifestação, cobre o inteiro firmamento aural e extingue processualmente os pontos magnéticos nele existentes. Em contrapartida, outras luzes, anteriormente latentes e que podem reagir a uma energia eletromagnética mais forte, são forçadas à atividade. Portanto, nada mais e nada menos do que um renascimento aural se desenvolve, que é fundamental para toda a mudança da personalidade.

Esse renascimento aural nos é relatado em inúmeros mitos. A inteira Sagrada Escritura o menciona; basta apenas indicar, por exemplo, o capítulo 24 do Evangelho de Mateus. Uma revolução cósmica não tem apenas um aspecto geral, mas também deve ser entendida de maneira completamente pessoal. Se um microcosmo quiser continuar seu caminho para a restauração sem impedimentos, a revolução microcósmica há pouco citada é absolutamente indispensável.

Sabeis quanto a vida exterior está relacionada com a vida interior. Quando a vida interior dos povos é superficial, materialista, dilacerada e demoníaca, são criadas condições externas em total concordância com isso. Então todos os reinos naturais afinam-se com isso, e mesmo o firmamento cósmico comum fará valer essa influência.

A antiga ciência secreta proclamou isso constantemente, a ciência moderna pode provar e explicar esse antigo segredo. Trata-se de condições magnéticas que são criadas coletivamente e às quais a revelação universal tem de obedecer qual destino cego. Se compreenderdes isso, compreendereis também o que pode realizar um grupo relativamente pequeno de pessoas, disseminadas pelo mundo inteiro. Se nós e outros seres humanos, mediante nova orientação de vida na Gnosis, causarmos uma revolução microcósmica e nela ingressarmos completamente, também invocaremos de maneira irresistível forças magnéticas cósmicas e suprimiremos as irradiações degenerativas. Em seguida, nosso novo firmamento microcósmico ocasionará ao mesmo tempo uma reversão geral que abrangerá a humanidade inteira. Que consequências esse processo terá para a massa, isso é assunto que concerne à própria massa.

Por isso, em todos os tempos, gritos de alerta soaram da boca de videntes e profetas quando essa crise de reversão se aproximava, pois é claro que a vinda dessa crise e o período de tempo em que as consequências irrompem podem ser verificados, sobretudo pelos seus aspectos científicos. Por isso, a Escola Espiritual moderna, com sua expansão sétupla por todo o mundo, pode falar sobre essas coisas com certeza tão positiva. Falamos porque sabemos. Se trilhardes o caminho, também sabereis!

Supomos agora que tenha ficado claro o que significa o renascimento aural. Se ele não se realiza, vosso desenvolvimento não pode ultrapassar determinado limite e tem de retornar, após o curso de toda a natureza dialética, ao ponto de partida.

O conjunto dos elementos magnéticos de vosso ser aural forma vosso plano de vida, vossa canção de vida. As linhas de forças magnéticas que desses pontos irradiam em vossa personalidade vos mantêm completamente em sua garra. Não podeis dar nem um passo para fora. Em vosso firmamento aural falam todos os vossos antepassados, todas as manifestações precedentes de vosso microcosmo, em suma, o inteiro passado, todo o carma.

É por isso que se tem de romper radicalmente com o passado! É por isso que todas as linhas de forças magnéticas que brotam agora do ser aural têm de ser despedaçadas, extintas.

Esse é o profundo significado de: "Perdoa-nos as nossas dívidas, assim como nós também temos perdoado aos nossos devedores".[1] A flama divina que irradia no segundo fogo serpentino *despedaça*, porém o próprio candidato tem de liberar a possibilidade para isso.

Por conseguinte, quando outras luzes são acesas no firmamento aural, e com isso outras linhas de forças magnéticas partem para a personalidade, ela tem de reagir a elas. Ela não pode agir de outra forma. Praticamente ela é impelida em outra direção, pois um novo campo de tensão eletromagnético surge, uma nova canção de vida ressoa. Quando os raios da nova aurora atingem a personalidade, um novo dia irrompe, o primeiro dia de seu grande processo de recriação. À luz desse primeiro dia, uma sequência lógica de novos dons e dádivas manifesta-se. São os dons e as dádivas citados na Primeira Epístola aos Coríntios. É nossa intenção tratar de todos esses dons e dádivas. Observemos, porém, que a ordem das explanações não é a mesma em que eles se manifestam no aluno que trilha a senda.

Primeiro queremos falar sobre o *dom de curar*. Se existe algo que falou e fala à imaginação da humanidade, esse algo é provavelmente esse dom. Por natureza, todo o homem é muito doente. A maioria de nós é afetada por muitas doenças ao longo de toda a vida. Em todo o caso, a morte de todos é finalmente causada por alguma doença. É claro, portanto, que todos nós temos o maior interesse em um bom cuidado da saúde como também na existência de um corpo de médicos o mais seleto possível.

Também é compreensível que cresça o interesse da humanidade por toda a espécie de charlatanismo e práticas de cura notáveis feitas por toda a espécie de pessoas quando esse corpo de médicos falha — e isso porque ele se depara com uma tarefa impossível.

---

[1] Cf. Mt 6:12.

Se alguém tivesse tempo e se desse ao trabalho, poderia compilar um tesouro literário inassimilável pertinente aos vários métodos e receitas de todos os séculos.

De tempos a tempos, retira-se algo do baú de velharias, sopra-se um pouco o pó, e um ou outro espertalhão o mostra como novo na época moderna. Assim acontece com tudo. Há algo novo debaixo do sol? Tudo já existiu nos séculos antes de nós. Os cabiros, por exemplo, trouxeram a cura pelas ervas para os sacerdotes egípcios. E sabeis que em nossos dias esses métodos têm novamente sucesso cada vez maior.

Naturalmente, a medicina também teve em todos os tempos um caráter religioso. Os sacerdotes — outrora e hoje! — sempre quiseram ser chamados de curadores e sê-lo, pois leram sobre as excelsas personagens sagradas que de maneira miraculosa proporcionavam cura a seus doentes. Não era Jesus um curador? Não curavam os apóstolos em um instante? Seus pacientes, após a cura, estavam tão fortes que tomavam sua cama e, com todos os pertences às costas, deixavam o hospital. Essas histórias agem de modo hipnotizante e inspirador em toda a posteridade religiosa. Quando então Paulo fala do "dom de curar", as defesas vêm abaixo. Como uma torrente que se precipita montanha abaixo, os curadores religiosos, até os momentos atuais, inundam o mundo. Sempre que eles dirigem a atenção sobre si, os interesses confluem, e a imprensa religiosa dedica ao acontecimento a maior atenção.

Após investigação, descobrem-se três aspectos na cura religiosa: um aspecto denominado espiritual, um aspecto moral e um aspecto corporal. Sobretudo após grandes catástrofes e guerras esses três aspectos são praticados intensamente. Após a Segunda Guerra Mundial, um movimento de curandeirismo pela oração surgiu na Alemanha e difunde-se cada vez mais, já propagando-se também em outros países. Esse curandeirismo pela oração em essência nada mais é que a imposição religiosa de mãos. A imposição de mãos, de que fala a Sagrada Escritura, é também algo que sempre ocupou a imaginação da humanidade. Em nossa juventude vimos os benzedores e impositores de mãos ocupados, e frequentemente eles tinham sucesso.

O curandeirismo pela oração baseia-se na ideia de que as doenças são as consequências dos pecados humanos, o que de fato é correto. Todavia, com isso se esquece que a inteira existência humana é pecadora e se diz: "Porque isso é assim, essas doenças podem ser eliminadas ou neutralizadas mediante a humilhação, a oração e a reconciliação". Isso de modo algum é tolice. Contudo, quando se considera o que os benzedores entendem por reconciliação, então se sabe que eles bem ouviram o sino tocar, mas não sabem onde. Então se sabe que seu procedimento de reconciliação tem lugar no plano horizontal, que sua humilhação diz respeito apenas aos conflitos na personalidade dialética, provocados pela atividade da lei gêmea do bem e do mal, e que a oração somente objetiva desembaraçar e eliminar esses conflitos na personalidade.

Permanece, pois, a pergunta: "Como é possível que homens possam tornar-se sãos mediante o curandeirismo pela oração?" *Perguntamo-vos:* Como é possível que alguém com dor de cabeça possa ficar livre da dor com uma aspirina?

Há pouca diferença entre o efeito dos produtos da indústria farmacêutica e aqueles do curandeirismo pela oração e da imposição de mãos. Mediante a atividade da aspirina no sangue, a ação de um ou outro incômodo no sistema é suprimida um pouco, a dor de cabeça desaparece. Contudo, a não ser que tomeis outro remédio, façais dieta ou useis outro método, a dor de cabeça retornará. A causa em si realmente não foi removida!

Pensai por exemplo em uma perna paralítica! A paralisia surgiu pela avaria da parte do sistema nervoso relacionada com a perna. O fluido magnético já não pode manifestar-se nela. Se o distúrbio não for antigo, e as fibras nervosas não estiverem degeneradas, portanto, esclerosadas, esse doente pode ser auxiliado com o curandeirismo pela oração.

Coloca-se o paciente em um estado extático religioso. Nesse estado ele é "reconciliado", isto é, ligado com certa vibração da esfera refletora. Essa vibração excede a vibração do paciente em questão; o benzedor, nesse caso, é um médium que está em ligação com a esfera refletora e desse modo — por seu intermédio — a perna paralítica é eletrizada, magnetizada. Se o paciente em questão pode manter-se em seu estado religioso exaltado, e com isso, obumbrado, a perna paralítica ficará sã, parcial ou totalmente, e esse homem poderá andar outra vez. O preço que tem de ser pago por isso, porém, é uma ligação contínua com o Além e seus pretensos curandeiros. Ele tornou-se vítima das forças naturais da dialética, e o dramático é que tal homem louva a Deus diariamente por haver-lhe manifestado sua graça. Ele pode andar, porém a que preço!

Quem acha esse procedimento muito estranho, deve pensar nos métodos dos psiquiatras modernos. Esses métodos requerem e realizam primeiro uma ligação de simpatia entre médico e paciente, com outras palavras, uma reconciliação. Quando essa reconciliação, essa ligação extremamente indesejável, surgiu, o médico pode dirigir seu paciente aonde o queira.

Esperamos que estejais agora profundamente compenetrados do fato de que o dom de curar, de que Paulo fala no capítulo 12 da Primeira Epístola aos Coríntios, de modo algum pode ter ligação com essas práticas.

Esse dom nada tem a ver com o curandeirismo pela oração, com a imposição de mãos, com qualquer influência psicológica de um procedimento experimental de um médico ou charlatão. Ele não tem relação alguma com o curandeirismo religioso e seus três aspectos. Por isso a Escola Espiritual, ao longo de todos os anos, manteve-se livre de todo o charlatanismo e de práticas ocultistas de cura, que se apoiam nas leis magnéticas mencionadas. E ela também o fará no futuro.

O que é mesmo o dom de curar de que Paulo fala?

***

III-3

O DOM DE CURAR

Na Primeira Epístola aos Coríntios, Paulo refere-se a algumas faculdades a serviço do novo homem, tais como: diversidade de dons, diversidade de ministérios e diversidade de operações, que são a consequência do toque do Espírito Santo. Então o capítulo 12 da Primeira Epístola aos Coríntios dá outros detalhes sobre esses dons: o dom da sabedoria, o dom do conhecimento, o dom da fé, o dom de curar, o dom da operação de milagres, o dom da profecia, o dom de discernir espíritos, o dom da variedade de línguas e finalmente o dom da interpretação de línguas.

Em seguida é determinado o lugar específico do ministério do candidato no grande trabalho, em ligação com os processos de desenvolvimento de seus novos dons espirituais e com seu estado de ser nesses processos. Paulo cita três ministérios: primeiro, o ministério de apóstolo; segundo, o ministério de profeta; terceiro, o ministério de mestre.[1] E entre esses três graus de ministérios estão distribuídas algumas tarefas: a operação de milagres; o dom de curar, socorros, governos e, em quinto lugar, variedade de línguas.

---

[1] Paulo utiliza em sua Epístola a palavra διδάσκαλος (didaskalos), que significa mestre, professor (N.T.).

Consequentemente, segundo a interpretação de Paulo na Primeira Epístola aos Coríntios, há nove dons, três ministérios e cinco tarefas. Todos eles pertencem ao desenvolvimento, à característica da nova gênese humana.

Antes de iniciarmos nossas exposições sobre esse tema, indicamos que elas apenas têm sentido e são completamente sem perigo se, do imo, aspirais a trilhar a senda e a satisfazer, cada um segundo seu estado de ser, as exigências dessa senda. O fato de essas coisas terem agora de ser reveladas pode, por um lado, fazer-nos felizes, já que isso demonstra estarmos às vésperas de acontecimentos realmente grandes e maravilhosos; por outro lado, essas explanações colocam grande responsabilidade sobre nossos ombros.

Por isso, repetimos enfaticamente que apenas podeis dedicar vossa atenção com impunidade a todas essas coisas, se vossa orientação estiver apoiada na firme decisão de trilhar a senda, cada um segundo seu estado de ser. Se vos interessásseis por todas essas características da nova gênese humana, sem ao mesmo tempo buscar e esforçar-vos por alcançar, do mais profundo ser, a nova gênese humana, desenvolveríeis em vós mesmos características *falsas*. Se vos interessásseis *realmente* pelas características, porém negásseis a senda que a isso conduz, desenvolveríeis meramente uma imitação e, por conseguinte, trilharíeis um caminho puramente ocultista, aliás de natureza completamente negativa. A consequência disso, sem dúvida, seria grande obumbramento provocado pela esfera refletora. Ademais, isso tudo culminaria em violenta ilusão religiosa natural, com toda a sua miséria.

Tendes de entender, em primeiro lugar, que os dons, os ministérios e as tarefas, que são as características, as provas da nova gênese humana, nunca podem ser colocados, em nenhum aspecto, a serviço da ordem de natureza dialética e da humanidade que a serve. Essa conclusão é óbvia, pois o desenvolvimento dessas características da nova gênese humana está baseado em uma nova radiação eletromagnética! Para os novos dons desenvolverem-se, eles devem ser sustentados e impelidos pela energia da natureza divina, pela força da Gnosis, em outras palavras, pela energia de um campo de radiação eletromagnético não dialético. Portanto, essas energias procedem de outra natureza. Uma vez que não podem ser úteis a esta natureza, é claro que elas tampouco podem ser usadas neste mundo quando se revelam no aluno como dons.

Quando Jesus, o Senhor, diz: "O meu reino não é deste mundo",[2] poder-se-ia talvez ainda pensar que se trata apenas de uma recusa, e que se uma irmã ou irmão da Gnosis se esforçasse, poderia ser útil talvez com um ou outro dom no plano horizontal. Isso, porém, está fora de cogitação!

As palavras: "O meu reino não é deste mundo" não significam apenas um não querer, mas sim um absoluto não poder! Por isso, desde o início temos de dizer-vos que o dom de curar, tal qual a Escola Espiritual o apresenta, não pode de modo algum ser posto a serviço de nenhuma terapia dialética. Contudo, temos de acrescentar que esse dom, sem dúvida, pode favorecer vosso estado corporal, contanto que vossa inteira personalidade se encontre na senda. Quando, pelo vosso estado de ser na senda, tiverdes aberto vosso ser à nova radiação eletromagnética e participardes desse novo campo de radiação eletromagnética, suas energias também vos tocarão em vossa personalidade para o bem-estar de vosso corpo físico.

É possível que vos sintais desapontados com a restrição que mencionamos. Todavia, se estudardes e considerardes de coração aberto as características da nova gênese humana, ficareis silenciosamente gratos e alegres interiormente. Todos os ministérios, dons e tarefas objetivam servir, ajudar, sustentar e apoiar o aluno desde o primeiro até o último passo.

---

[2] Cf. Jo 18:36.

Esse auxílio, extremamente atual nas atividades da Escola Espiritual, é tão absoluto, tão dinâmico, tão abundante, que ninguém precisa sentir o menor receio que seja. Toda a preocupação sobre nosso eventual sucesso na senda é supérflua. Sem dúvida, quem faz isso é egocêntrico e comprova estar preso à velha vida e, assim, desgostoso por não poder agarrar a nova vida simultaneamente com a velha.

Quem deseja a nova vida deve renunciar à velha vida. Toda a tentação na senda, qualquer que seja seu tipo, pode ser vencida com o glorioso socorro dos irmãos e irmãs. Pensai por exemplo nas conhecidas palavras do Salmo 91:

> Nenhum mal te sucederá, nem praga alguma chegará à tua tenda, porque aos seus anjos dará ordens a teu respeito, para te guardarem em todos os teus caminhos. Eles te sustentarão nas mãos para que não tropeces numa pedra.

Muitas vezes se pensa que a senda da autorrealização seja uma árdua jornada em solidão. Todavia, isso é decididamente incorreto, pois é apenas um lado da questão. Obreiros como Krishnamurti a apresentam assim por terem verificado que inúmeros seres humanos se apegam de modo negativo a autoridades, autoridades que somente o são no plano horizontal, porém que ainda não preenchem, elas mesmas, as exigências elementares da verdadeira vida. Quando permanecemos completamente em autorrealização e trilhamos espontaneamente a senda, sem reparar nos resultados, sem preocupar-nos com as consequências e com as dificuldades, invocamos o socorro perfeito de todos os que foram admitidos no círculo da Gnosis.

E deles afluem a nós as forças dos dons, dos ministérios e das tarefas. Outras palavras, essas do Sermão da Montanha, que talvez conheçais, afirmam de fato a mesma coisa: "Buscai primeiro o reino de Deus, e a sua justiça, e todas estas coisas vos serão acrescentadas".[3]

Quem comprova buscar o reino de Deus mediante o trilhamento da senda experimentará que lhe será acrescentado o inteiro feixe de luz da Gnosis, com toda a sua diversidade de radiações. Inicialmente transformado por terceiros, como ainda explicaremos; depois, de modo direto e absoluto, em ligação de primeira mão. O que assim se recebe beneficia o inteiro sistema microcósmico, portanto, também o corpo físico.

Compreendido segundo a natureza, nosso microcosmo é doente. Por essa razão devemos todos trilhar a senda da santificação. Santificação é tornar-se curado, restabelecido, são. É dessa santificação, dessa cura e de sua utilização, que falaremos.

Quem trilha a senda, trilha uma via-crúcis, a via da eterna e absoluta sanificação. E ele recebe força conforme a cruz.

⁎⁎⁎

---
[3] Cf. Mt 6:33.

III-4

As tarefas: cinco correntes para a cura

Deveis entender muito bem por que discutimos o dom de curar. Há uma fraternidade mundial sétupla e um campo de radiação sete vezes sétuplo que envolvem os sete focos mundiais.[1] Um novo firmamento celeste expandiu-se, um campo eletromagnético inteiramente novo formou-se. Uma grandiosa nova possibilidade manifestou-se para a humanidade buscadora. É a manifestação do Espírito Santo, da Gnosis Universal. Em consequência disso — como é dito em Romanos, capítulo 8 — a manifestação dos filhos de Deus tornou-se possível. É o cumprimento do que a *Confessio Fraternitatis* assim expressa: "Uma coisa afirmamos, ó mortais: Deus decidiu devolver ao mundo — que em breve será destruído — a verdade, a luz e a magnificência, assim como ordenou que elas acompanhassem Adão quando saiu do Paraíso".

Esse campo de tensão de verdade, luz e magnificência estende-se agora sobre nossos países. Infelizmente, porém, de modo algum todo o mortal participa dele automaticamente. Isso é impossível, porquanto o sistema microcósmico da humanidade dialética corresponde a um campo de tensão magnético totalmente diferente. Portanto, é necessário seguir outro caminho de vida e tomar

---
[1] Os sete templos principais da Rosa-Cruz no mundo (N.T.).

outras medidas a fim de que nosso inteiro sistema microcósmico se abra ao toque do campo do Espírito Santo Sétuplo. Quem consegue isso se torna um homem muito especial, pois dessa hora em diante duas naturezas falam nele: a natureza dialética comum, e algo da nova natureza que começa a manifestar-se nele. As enormes consequências disso serão claras.

Quando ainda somos inteiramente da velha natureza, abre-se grande abismo entre nós e o campo de tensão do Espírito Santo. Quando, porém, alguns adentram o estado das duas naturezas, é como se uma ponte fosse lançada. Então o campo do Espírito Santo pode entrar em contato com todos, ainda que não seja de primeira mão, mediante algumas pessoas que juntas formam a ponte de modo bem especial.

Quando os dons da graça do Espírito Santo afluem a um homem porque ele abriu seu ser, seu santuário do coração, à Gnosis, surge nesse homem certa atividade de novas energias, "uma diversidade de operações", como o denomina Paulo no capítulo 12 da Primeira Epístola aos Coríntios. Desse momento em diante, esse homem está apto a uma diversidade de ministérios. Então ele pode atuar com a operação de milagres que não se originam desta natureza. Por que ele o pode? Porque ele ainda não é inteiramente da nova natureza, senão apenas com parte de seu ser! Se um de nós fosse inteiramente da nova natureza, perderíamos muito breve o contato com essa pessoa, pois os dois mundos, as duas naturezas, não podem confundir-se. Elas não podem atuar em conjunto, o reino de Deus não é desta natureza.

Todavia, quando alguém é tocado em seu ser pela força do reino universal, surge, embora temporário, um estado de *duas* naturezas. Mediante esse estado muito especial, que atua como ponte, podemos experimentar algo da santa serenidade da vida primordial. Com uma parte de seu ser, esse homem é da nova natureza e, com a outra parte, é de nossa natureza. Ele pode dizer o que o toca interiormente e aproximar-se de nós com o que recebeu. Apesar de a luz que assim nos é dada não poder ser comparada nem remotamente com a realidade mesma, ainda assim um pouco de luz brilha nas trevas de nossa vida. E certo é — pressupondo que somos verdadeiros buscadores e ansiamos pela salvação do sofrimento dialético — que podemos ser auxiliados de algum modo por essa luz única, que irradia de cabeças, corações e mãos humanos. A isso se refere, entre outras coisas, o dom de curar.

Um aluno que entrou em ligação com a Gnosis adentra um estágio de desenvolvimento de certos dons. Com eles, as entidades que ainda vagueiam na escuridão, porém anseiam por luz, podem ser auxiliadas de modo concreto. Mediante esses dons, uma energia efunde-se nos homens fundamentalmente doentes, uma energia de significado extraordinário e libertador, um auxílio que toca todos os aspectos do microcosmo, de modo que se pode falar com razão de dom de curar. Todavia esse dom também ainda possui outro aspecto.

Assim, quando um número crescente de homens possui esse dom e começa os três ministérios, particularmente o de apóstolo, o de profeta e o de mestre, a energia gnóstica é liberada e utilizada de maneira crescente no campo dialético.

Pensai com relação a isso em uma lente ustória.[2] Quando pudermos em conjunto, nas trevas da existência, polir uma lente ustória e com seu auxílio, receber e concentrar a radiação da Gnosis, poderemos inflamar um fogo.

Portanto, é uma diferença considerável se apenas uma pessoa está desenvolvendo os dons e os ministérios ou se, por exemplo, uma centena.

A Escola Espiritual aspira a formar um grupo de pessoas que foram apanhadas pela renovação e, sem nenhuma presunção ou

---

[2] Lente usada para facilitar a combustão (N.T.).

espalhafato, desenvolvam e irradiem espontaneamente, graças a seu ser tocado pela Gnosis, uma energia tão formidável que resultados inacreditáveis manifestar-se-ão.

Paulo, em sua Epístola aos Romanos, denomina isso a "revelação dos filhos de Deus",[3] a qual — diz ele — "a criação aguarda com ardente expectativa", porque a criatura e a criação — isto é, o homem dialético e seu campo de vida — ficaram sujeitos à morte. A criatura está aprisionada nos liames desta natureza. E agora a criação espera a revelação dos filhos de Deus a fim de que o Espírito Santo possa ser inflamado de baixo para cima, aqui, nesta existência ímpia de nossa natureza.

Desse grupo de servos e servas que passaram a fazer parte do povo de Deus irradia o Espírito Santo transformado em cinco correntes claramente perceptíveis, já citadas por nós. Essas cinco tarefas são nomeadas no capítulo 12 da Primeira Epístola aos Coríntios, a saber, a operação de milagres, o dom de curar, socorros, governos e variedade de línguas.

Quando a Gnosis liberta um homem, energias irradiam dele. Ele refletirá a radiação do sol gnóstico quando ela tocar o átomo-centelha-do-espírito — a joia preciosa situada no ápice do ventrículo direito do coração. Paulo denomina esse processo de reflexão "operação de milagres". Logo que esse homem recebe o citado toque da Gnosis, no mesmo momento energias são irradiadas de modo espontâneo, independente de sua vontade. Elas partem automaticamente dele. Não são *suas* energias porém a atividade do sol divino, que é refletida pelo átomo do coração. *Essa* é a operação de milagres: o processo involuntário de reflexão do átomo primordial.

Essas radiações de energias tornam-se cada vez mais fortes e poderosas mais tarde, quando o processo progride no aluno, e o

---

[3] Cf. Rm 8:19–20.

santuário da cabeça é tocado. Mediante esse toque, o diadema atrás do osso frontal começa a irradiar, o que então os olhos comprovam. Tais irradiações aumentam ainda mais quando a nova circulação magnética, o segundo fogo serpentino, manifesta-se.

Assim, se há certo número desses irmãos e irmãs na Escola Espiritual, as energias que eles irradiam tocarão um grupo de buscadores verdadeiros que vêm à Escola para assistir a uma palestra, fazer um curso introdutório ou mais tarde frequentar o templo. Então eles são admitidos nesse "tanque de Siloé"[4] e reagirão a isso. Se o grupo consiste em verdadeiros buscadores, em famintos pelo Espírito, eles perceberão essa atuação de energias. Eles começam a respirar, poder-se-ia dizer, pela primeira vez e exprimem isso, por exemplo, dizendo: "Como aqui é maravilhoso! O que há aqui de especial? De onde vem isso?" Eles acham a Escola Espiritual incomparável e incomum. Estão fascinados.

Essa é a experiência inicial de todos os alunos da Escola Espiritual, e muitos não conseguem deixar de expressá-lo e de conversar sobre isso com os outros. Nessa experiência eles estiveram sob a operação de milagres.

Assim, quando os pacientes — essa expressão é bem correta, porque todos nós, como microcosmos, estamos danificados — têm realmente fome do Espírito Santo, de modo que as justas e belas palavras do poeta a eles se aplicam:[5]

> Como o cervo brama pelas correntes das águas, assim suspira a minha alma por ti, ó Deus.

Então a operação de milagres transforma-se no dom de curar. Assim, a energia que foi transformada pelo santuário do coração

---

[4] Cf. Jo 9:7.
[5] Cf. Sl 42:1.

de alguns toca também o átomo do coração, a rosa, no coração dos buscadores.

O toque das energias, inicialmente pouco concentradas, muito breve se transforma na Escola Espiritual, por assim dizer, em uma condensação, mediante a qual a nuvem de energia luminosa em que o buscador se encontra transforma-se primeiro em um foco e depois forma um raio. Esse raio, esse incêndio, esse fogo, é dirigido à rosa, ao átomo do coração, ao centro matemático do microcosmo. Se a rosa no santuário do coração é sensível a isso, se o botão de rosa pode desenvolver-se em certa medida sob a influência da energia radiativa, o dom de curar tem início. A partir do momento em que o botão de rosa em vós comprova ser suscetível a essa energia, isso é uma prova de que a assimilais, que não desfrutais, um pouco misticamente, dessa operação de milagres nem prendeis a respiração, dizendo: "Oh, mas como é maravilhoso no templo da Rosa-Cruz!" Então a energia irrompe no interior, a rosa abre-se, refrigera-se. Desse momento em diante um processo se desenvolve em vós, um processo de sanificação, o qual ainda é interinamente de segunda mão, isto é, sob a influência da operação de milagres realizada por outros.

O dom de curar tocou-vos: o processo de santificação começou em vós. Um processo provisório que mais tarde é assumido pela própria Gnosis.

É claro que nesse estado uma ligação muito especial surge entre a Escola Espiritual e o aluno. A fase do "Oh, que maravilhoso!" então já passou de fato, pois esse processo de sanificação, esse toque interior, frequentemente causa dor. É um fogo que amiúde nos cauteriza. Todavia, graças ao toque de cura progredimos na senda. Em consequência disso, a terceira tarefa pode ser assumida, a terceira tarefa em benefício do candidato.

O socorro correto é presenteado ao aluno ou à aluna conforme sua inteira situação magnética pessoal.

A capacidade de socorrer mostra-se então no candidato como realidade. Embora — falando de maneira geral — nossos caminhos dirijam-se a um único e mesmo objetivo, nossas experiências são muito particulares para nomear; nossas situações, possibilidades e conflitos são extremamente particulares.

E nisso sois ajudados. A Fraternidade trilha convosco um caminho que se ajusta perfeitamente a vossa própria situação. Por isso as vivências de todos os alunos, em muitos aspectos, são fundamentalmente diversas. Sois ajudados segundo vossa condição eletromagnética particular. O firmamento microcósmico no ser aural não é diferente em todos nós? As radiações do ser aural não fazem soar em cada um de nós sua própria canção de vida? Pois bem, isso é levado em consideração pela Fraternidade, e assim recebeis em vossa situação particular justamente o socorro de que necessitais.

Se esse socorro vos é presenteado, sois governados — a quarta tarefa! —, sim, literalmente *governados*. Nesse momento, não se pode falar de liberdade. Dizemos deveras, ou porque o ouvimos de um passado remoto ou porque isso ressoa ao nosso encontro provindo da verdadeira vida libertadora: "Queremos ser livres", mas nesse ponto de vossa senda ainda não se pode falar de liberdade. O que sabeis da senda? Para que lado tendes de ir? Sabeis isso? O que significam todas as experiências na senda? Sabeis algo disso? Não sabeis nada! Apenas especulais!

Por isso, se levais realmente a sério o trilhar a senda e disso dais provas de perseverança no citado processo de desenvolvimento, chega um momento em que sois literal e corporalmente governados. Vosso ser-eu, vossa consciência natural comum não pode compreender esse processo, não pode ficar ao leme; esse eu precisa sumir. Se colocais vosso eu em segundo plano, não surge logo a seguir uma nova consciência que possa assumir a condução de vosso sistema.

Por isso a Fraternidade intervém com a capacidade de governar e anuncia ao candidato: "Agora te ajudaremos; vai reto avante até a meta, porque tu o mereces, porque agora *podes* ser ajudado!".

A relação que surge com a Fraternidade por meio disso podeis ler novamente no Salmo 139, onde a alma que é guiada diz:

> Senhor, tu me sondas e me conheces. [...] conheces todos os meus caminhos. [...] Se eu subir ao céu, lá tu estás; se fizer no inferno a minha cama, [...] ainda ali a tua mão me guiará.

Isso se relaciona com a quarta tarefa, o dom de governos, de que o Salmo 91 canta:

> Porque aos seus anjos dará ordens a teu respeito, para te guardarem em todos os teus caminhos. Eles te sustentarão nas mãos para que não tropeces numa pedra.

Se trilhardes a senda, realmente não se pode falar que sereis confrontados, segundo vosso ser-eu, com o pior e o mais diabólico. Se colocardes vosso eu em segundo plano e confiardes vosso inteiro ser à direção da Fraternidade, o quarto sol nascerá sobre vós e sereis guiados através dos vales sombrios como se andásseis por caminho plano.

Quando essa quarta tarefa foi concluída, e o candidato progrediu até certo ponto, ele experimenta em quinto lugar as variedades de línguas. Então a Doutrina Universal lhe é transmitida, os mistérios universais falam-lhe no santuário da cabeça modificado, e caem-lhe dos olhos as escamas. Chegado a esse estado, o candidato olhará face a face, pela primeira vez na vida, a senda perfeita. O Espírito Santo desce sobre ele, em ligação de primeira mão, e a rosa no santuário do coração, florescendo completamente, abre-se por inteiro à luz solar de Deus.

III-4 · As tarefas: cinco correntes para a cura

O que o candidato ouviu ou leu sobre a Doutrina Universal era apenas a imagem externa dos mistérios. Essa imagem, por mais que lhe tenha sido útil, desvanece-se agora. O candidato, daqui por diante, adentra o círculo dos auxiliadores, a corrente dos filhos de Deus. Ele tornou-se partícipe da nova raça.

*
** *

III-5

Os dons — I

Explanamos como o buscador se torna aluno e como ele é conduzido ao desabrochar da rosa por meio das cinco operações ou correntes que se manifestam na Escola Espiritual. Vejamos agora de que modo os novos dons se desenvolvem após a rosa desabrochar; portanto, como se obtém de fato o dom de curar, e como o irmão ou a irmã acolhido no novo povo de Deus poderá trabalhar com esse dom.

Primeiro queremos repetir que cura, no sentido da Gnosis, significa uma restauração do microcosmo danificado, uma restauração de seu estado original. Apenas se pode falar realmente de cura quando um microcosmo danificado pode retornar a seu antigo esplendor. Cura é, portanto, santificação ou sanificação, e o dom de curar é o dom de pôr esse processo em andamento em um ser humano. O dom baseia-se, como dissemos, na força transformada do Espírito Santo, na energia de radiação da Gnosis que, transformada, irradia do ser do curador e manifesta-se em cinco correntes claramente perceptíveis. Elas são as cinco correntes magnéticas do novo campo de vida.

Além disso, temos ainda de enfatizar que a energia utilizada, liberada no dom de curar, é uma energia recebida da Gnosis, contudo não pode ser designada simplesmente de "Espírito Santo".

Ela é fluido magnético transformado, portanto, energia gnóstica refletida. Uma energia que, em consequência do aparelho refletor, necessariamente é enfraquecida e razoavelmente modificada. Com isso é dito ao mesmo tempo que o dom de curar nunca pode ser perfeito, pelo menos enquanto o microcosmo não houver sido acolhido no perfeito. Com outras palavras, o dom de curar apenas se estende até certo limite, em que o mestre deixa o aluno e o entrega à própria Gnosis. O mestre experimentará e reconhecerá assim, espontaneamente, sua fraqueza e seus limites e achará sua força na colaboração com todos os seus irmãos e irmãs. É claro, portanto, que quando alguns obreiros que dispõem do dom de curar se unem em uma comunidade viva e vibrante, a energia limitada será multiplicada. Portanto, se muitos em conjunto obtivessem esse novo dom, eles poderiam inflamar uma energia maravilhosa, uma luz particularmente poderosa, nestas escuras regiões.

Os verdadeiros obreiros, assim, nunca buscam sua força no isolamento. Eles sempre unem suas energias. Eles não desejam posição de domínio. Sabem que tudo o que refletem de valores gnósticos é conservado no campo de força e beneficia a todos os que deles necessitam.

Conforme sabeis, na Primeira Epístola aos Coríntios são citados nove dons do novo homem. O dom de curar também se conta entre eles. Poder-se-ia perguntar se, após a rosa desabrochar, todos esses dons tomam forma ao mesmo tempo no aluno. Esse não é o caso. Eles desenvolvem-se e manifestam-se em determinada sequência, que procuraremos explicar.

O primeiro dom Paulo denomina o dom da fé ou da transmissão de fé. É o dom de refletir a radiação de fé da Gnosis, recebida no ser do mestre, projetar essa radiação de fé no átomo primordial de um homem buscador e conduzi-la a alguma atividade. Se esse dom da transmissão de fé puder ser utilizado, esse buscador recebe nesse instante certo grau de fé. Inicialmente será uma fé no respectivo mestre, uma fé no que o mestre fala, e essa fé incipiente possui naturalmente todos os elementos possíveis para um desenvolvimento ulterior. O buscador, que desse modo é guiado à fé, ainda não tem, contudo, o dom da fé, isto é, ele ainda não pode, por sua vez, transmitir a fé a outrem.

A fé sempre se relaciona com determinada radiação do átomo primordial e é, portanto, algo bem diferente do que o homem religioso natural entende por isso. Este acredita em autoridades e na grande maioria dos casos é dirigido como um autômato. A fé no sentido da Escola Espiritual sempre é, todavia, uma consequência da atividade do átomo-centelha-do-espírito. O átomo primordial, como sabeis, tem uma faculdade atrativa, assimiladora, e uma faculdade irradiante. A fé, o primeiro dom do aluno que se torna mestre, é um estado em que o átomo primordial assimila de modo muito direto a Gnosis e desperta uma atividade no átomo primordial do buscador.

Podeis comparar isso a um raio de luz. Imaginai uma luz poderosa que brilha sobre um templo cujo telhado obstrui sua entrada. Imaginai, ainda, que um mestre está ao púlpito, em uma posição muito favorável, a fim de captar algo dessa luz e transmiti-la aos que estão reunidos no templo. Mais ou menos assim tendes de ver a atividade do primeiro dom.

Como já foi dito, em consequência dessa atividade refletora, o buscador crê no mestre, no que o mestre irradia sobre ele porque o experimenta. Com isso, não é autoridade o que irradia do mestre. O mestre não assume, com relação ao aluno, nenhuma posição nem se coloca acima dele. A fé no mestre é parte de um processo em que ambos, mestre e aluno, são acolhidos. Do mesmo modo que o mestre experimenta a atividade da luz, assim também o aluno a experimenta, e ele a sente no santuário do coração. Se essa atividade não acontece, então se comprova que esse aluno não possui o átomo primordial ou ainda está demasiado fechado ou muito voltado para a linha horizontal da existência para que, por enquanto, a atividade de fé prevista possa ter sucesso.

Ainda que o buscador acredite no que o mestre irradia sobre ele e lhe explica razoavelmente por palavras ou alguma outra maneira, esse estado ainda não se esteia na própria Gnosis. Ainda se necessita para isso, em primeira instância, uma espécie de mediador, um meio, um aparelho refletor.

Todavia, se o fiel trilha agora realmente a senda, sua força de fé crescerá continuamente até que, por fim, aconteça uma realização de primeira mão.

Ele é guiado a esse estado pelas cinco correntes, as cinco operações, que dimanam da Escola Espiritual. Se o aluno que inicialmente obteve a fé *não* trilha a senda, então breve a ligação efetuada enfraquece ou se transforma em certa animosidade, em aversão, podendo mesmo acabar em oposição e inimizade. Podemos verificar com isso que a fé, como dom, é o primeiro dom e relaciona-se com uma atividade mágica, portanto, criadora, do átomo primordial no santuário do coração.

A seguir o futuro mestre progride para o segundo dom, o dom da sabedoria.[1] Isso causa uma atividade do círculo ígneo do cundalini, que se situa no santuário da cabeça, em torno da pineal. Em consequência dessa atividade o hemisfério cerebral direito do candidato é conduzido a um novo estado. Há centenas de pontos magnéticos na estrutura, nas diversas circunvoluções de nossa substância cerebral. Todos eles estão ligados a pontos magnéticos correspondentes no ser aural. Portanto, entre os pontos magnéticos no ser aural e os hemisférios* cerebrais correm linhas de força.

O segundo dom causa, especialmente por meio de uma nova atividade da pineal, uma dissolução das correspondentes ligações

---

[1] No original grego, é utilizada a palavra σοφία (sophia) (N.T.)

entre o ser aural e o hemisfério cerebral direito e seus pontos magnéticos. As ligações com o firmamento aural são como cortadas, e outras ligações surgem em seu lugar. Em consequência disso, a energia gnóstica, que tocou o átomo primordial e atingiu o santuário da cabeça mediante a atividade do timo e da circulação sanguínea, obterá certo grau de liberdade, não obstante as muitas limitações no candidato. Com isso é liberado nele o segundo dom. Com auxílio desse dom o mestre poderá, se preciso for, captar mais ou menos intuitivamente uma imagem da realidade e projetá-la na consciência do aluno que crê nele ou na doutrina. Assim, esse segundo dom proporciona-nos uma faculdade pictórica. É algo da futura consciência jupiteriana de que falava Max Heindel, entre outros.

Se não existe a ligação de fé entre mestre e aluno ou se ela é, por enquanto, demasiado fraca, a projeção da imagem falhará. O aluno nada compreenderá ou receberá um conceito totalmente falso da imagem projetada. Esse é o motivo por que às vezes, na Escola Espiritual, o trabalho concernente ao aluno para em determinado momento. O aluno então não está vibrante em sua fé, a ligação de fé é enfraquecida, e quando se deve projetar determinada imagem no aluno mediante o segundo dom, não se consegue fazê-lo. Se essa projeção da imagem, por exemplo, objetiva fazer algo claramente compreensível, visto que a hora chegou, e consequentemente entusiasmá-lo e alegrá-lo, esse aluno permanecerá no momento em completa indiferença. Tudo o que lhe é transmitido o deixará completamente indiferente e não poderá comovê-lo.

Em caso positivo, porém, quando o aluno reage de imediato, ele demonstrará que a imagem recebida causa nele como uma tempestade. Inúmeras perguntas e problemas surgirão, e ele cumulará o mestre com essas perguntas e problemas. Por essa razão, o mestre deve dispor nesse momento de um terceiro dom. Paulo o denomina o dom do conhecimento.² É o dom com cujo auxílio ele pode analisar a imagem intuitiva e resolver os problemas que surgem. Um dom, portanto, com cujo auxílio ele poderá gravar no aluno o resultado da análise como conceito.

O terceiro dom tem sua base nos lóbulos frontais da substância cerebral. Pela atividade do círculo ígneo do cundalini é mudado, primeiro, o hemisfério cerebral direito, e consequentemente surge o segundo dom. A seguir, os lóbulos frontais da substância cerebral são acolhidos no processo de mudança, e em consequência disso o terceiro dom se manifesta. Esse terceiro dom surge da sede de nossa inteligência, a sede de nosso intelecto, situada atrás do osso frontal. Com ele o mestre pode ser muito útil ao aluno, como deverá ser bem compreensível, pois esse dom lhe permite dar instruções concretas e traçar diretrizes cuja utilidade e necessidade ele pode demonstrar, em qualquer aspecto, serem evidentes. Quando essa atividade tem sucesso, o aluno tem a sensação de que todas as coisas são evidentes. Então ele diz, do imo, com convicção: "Sim, não pode ser de outra maneira", ou: "Eu não posso compreendê-lo perfeitamente, mas sei que é verdade, e todo o meu ser sente isso". Esse é o resultado do terceiro dom.

Portanto, o mestre dispõe agora de três dons: o dom de inflamar a fé em um homem apto a isso; o dom da projeção de imagem e o dom de transmitir a análise intelectual dessa imagem à consciência do aluno como conhecimento e conceito.

Então desenvolve-se o quarto dom, que Paulo denominou o dom da operação de milagres. Esse dom completa provisoriamente os processos no santuário da cabeça. Ele traz ao aluno uma nova vontade. Nesse momento, o mestre torna-se ao mesmo tempo sacerdote.³ Esse quarto dom surge mediante uma constelação modificada no hemisfério cerebral esquerdo, mediante a

---

² No original grego, é utilizada a palavra γνῶσις (gnosis) (N.T.)

qual se torna possível ao mestre dominar e dirigir todas as forças manifestadas nele pela Gnosis e, o que é mais importante, utilizá-las para a cura dos alunos! Assim, no trabalho da Escola Espiritual, não haverá rotina, monotonia ou hábito, porém, conforme a situação do momento e o estado atual do mundo, da humanidade, ou da Escola, atuar-se-á com a força necessária, e a palavra correspondente a ela será proferida. Grande comoção será provocada, e o grupo de alunos será despertado e mantido desperto.

Notareis, possivelmente, que essas explicações têm muita semelhança com um processo ocultista científico. Podeis ver daí como a ciência ocultista tenta imitar esse processo de desenvolvimento, que objetiva libertação da humanidade de seu estado de queda. A imitação consiste na realização desse processo mediante o eu. Pode-se naturalmente fazer isso, porém se obtém então uma caricatura. O desenvolvimento que vos explanamos em nome da Escola Espiritual é um desenvolvimento guiado pela força da Gnosis e que dela nasceu, da força do Espírito Santo, do estado em que o homem joanino diz: "É necessário que ele", o Outro, "cresça".

Quando, pois, esse domínio de forças está presente, o quinto dom, como síntese dos quatro precedentes, pode manifestar-se. É o dom de curar. Ele sintetiza todos os dons precedentes no cerebelo, com a medula oblonga como ponto central, e transforma, daí em diante, o mestre em mago, em rei-sacerdote do povo de Deus. Apenas a partir desse momento o mestre ingressa realmente no serviço da Fraternidade, no serviço da Gnosis.

*
**

---

[3] Essa decisão da vontade provém do novo Marte, a faculdade da vontade renovada em Deus. Ver: Rijckenborgh, J. van. A iniciação de Marte do primeiro círculo sétuplo. In: _____. *O mistério iniciático cristão: Dei Gloria Intacta*. Jarinu: Rosacruz, 2003. cap. 6, p. 101–110.

III-6

Os dons — II

Vimos que o primeiro dom do novo homem se relaciona com o dom de inflamar a fé em uma pessoa apta a isso. Em segundo lugar se desenvolve o dom da projeção de imagem; em terceiro, o dom de gravar na consciência do aluno a análise intelectual da imagem; em quarto, o dom da operação de milagres, que tem relação com a nova vontade; e em quinto, a síntese desses quatro dons no dom de curar. Somente esse quinto dom faz do mestre um verdadeiro mago no sentido da Gnosis. Queremos agora verificar o porquê.

Descrevemos o mestre como um obreiro que está em ligação de primeira mão com a Gnosis e reflete a energia gnóstica sobre o sistema do buscador. Ele pode realizar grandioso trabalho com os dons da reflexão e da projeção. Ele desperta a fé no buscador e possui a faculdade pictórica de poder projetar algo da glória e da majestade da realidade. Ele possui a faculdade intelectual de analisar o que transmite à consciência do aluno e dispõe razoavelmente de um domínio de forças a fim de poder intervir de maneira correta. O mestre ainda não pode, porém, ao realizar esse trabalho quádruplo, causar nenhuma mudança realmente fundamental no sistema, no microcosmo do aluno!

O aluno, quando arde de entusiasmo na Escola, está de fato pleno de novo interesse, ele é muito devotado e indubitavelmente está preenchido de uma nova atitude de vida. Ele também é um homem de moral elevada e altamente respeitável. Não se pode ainda falar, porém, do que se poderia nomear mudança de tipo, e unicamente esta seria a prova da posse de uma nova consciência. Quando mantemos nosso tipo comum e nos perdemos de vista, por exemplo, por dez anos, e então nos reencontramos em nossos caminhos de vida, podemos dizer um ao outro: "Você ficou mais velho, os cabelos embranqueceram, porém você continua exatamente o mesmo". Velhos amigos, que não se viram por anos, podem dizer isso um ao outro, com o que se diz ao mesmo tempo, contudo, que nenhuma mudança interior aconteceu.

Todavia, quando se fala na Escola Espiritual de um toque pela Gnosis, daí por diante uma mudança absoluta de tipo deveria acontecer, e diríamos ao encontrar-nos: "Que mudança notável aconteceu a você!" A mudança tem a ver sobretudo com uma mudança no caráter, pois o caráter é a síntese do inteiro sistema magnético do homem.

Enquanto não ocorre nenhuma mudança no sistema magnético e no caráter, nas características fundamentais do caráter, não se pode falar que o homem tenha de fato adentrado o processo de cura. Ele pode indubitavelmente dar provas de uma atitude de vida pura, de uma mudança ética, de ser um homem de princípios elevados, porém não se pode falar, nós o repetimos, de uma mudança realmente fundamental. Quando muito se pode dizer que o aluno, sob a direção do mestre, experimenta e aprende a compreender, filosófica e hipoteticamente, o novo ser humano.

Contudo, ainda não se pode falar de uma mudança biológica, estrutural; de uma experiência biológica estrutural da nova vida nem, portanto, de cura. O mestre ainda não possui, até esse momento, o dom de curar ou, caso o possua, não pode ainda utilizá-lo porque o aluno em questão não está apto a isso ou ainda não está aberto a isso.

III-6 · Os dons — II

Vimos que cura é sanificação, santificação. Quando uma pessoa é acolhida nesse processo, isso é logo notado, sobretudo pelas notáveis mudanças que ocorrem no microcosmo. Estas têm ligação, como dito, com a mudança do caráter e, portanto, do sistema magnético fundamental. A fim de acolher um aluno na força da cura, não basta que o mestre utilize sua faculdade transformadora. Se a possibilidade para isso existisse, então se poderia falar de uma espécie de método magnético de cura. E a transmissão de forças aconteceria então, conforme tanto se deseja em alguns círculos, pela imposição de mãos, por exemplo, ou pelo gesto de bênção, ou pela feitura de passes sobre o corpo, ou pelo proferimento de mantras.*

Não, a qualificação do aluno para ingressar no processo de santificação é determinada, em primeiro lugar, por seu estado de ser. Na realidade, ele já deve ter chegado a esse ponto. Ele deve mostrar perfeita prontidão, e pode-se afirmar que, aconteça o que acontecer, ele perseverará. O mestre que possui o quinto dom realmente nada faz para tal aluno. Nem um gesto sequer é feito, nem uma fórmula de oração sequer é proferida. Desejamos explicar o que deveras sucede.

Imaginai que um aluno está na cura, que ele, portanto, participa do processo de santificação. Isso significa que ele entrará em ligação de primeira mão com a força da Gnosis, sem nenhum intermediário, portanto, também sem o mestre como intermediário. Sob a direção do mestre, ele passou pelo processo prévio, que começou com sua entrada na Escola Espiritual, e está assim na cura, em ligação de primeira mão com a Gnosis. É isso o que a Sagrada Escritura denomina a descida do Espírito Santo, a qual se busca tão diligentemente nas igrejas.

A fim de realizar essa ligação é necessário o que se poderia nomear "ignição". Esse "ser inflamado pelo Espírito de Deus", como os rosa-cruzes clássicos denominavam essa ligação, é de fato uma ignição, uma inflamação. Essa ignição, esse contato, ocorre mediante o mestre que possui o quinto dom.

Pensemos apenas, como simples exemplo, em uma instalação elétrica! A instalação elétrica foi feita, tudo foi cuidado nos mínimos detalhes, as lâmpadas foram colocadas, porém a ligação com o cabo principal ainda tem de ser feita. No momento que isso acontece a energia flui pela instalação, e as luzes podem ser acesas.

No caso do aluno de nosso exemplo, uma dificuldade fundamental origina-se com isso. Essa dificuldade consiste em uma diferença de vibração muito perturbadora, em uma diferença de potencial. O inteiro sistema microcósmico do aluno, que deve entrar em ligação com a Gnosis, é de uma vibração muito, muito inferior à vibração do campo de vida da Gnosis, e uma entrada violenta da Gnosis no sistema do candidato causaria grande confusão. Isso poderia ocasionar até mesmo combustão e diversas doenças inflamatórias.

Por isso o mestre entra em cena como inflamador, como mediador muito temporário e impessoal. Ele coloca-se mentalmente entre a Gnosis e o aluno, invoca para este a força da Gnosis, diminui a vibração dessa força por algum tempo, como a fim de apanhar por ele o primeiro impacto, e retira-se logo a seguir se o contato acontece. O mestre é nesse caso, portanto, meramente o obreiro que estabelece de maneira correta a ligação entre o cabo principal e a nova instalação. Esse trabalho somente pode ser bem-sucedido quando o aluno, no momento psicológico, de modo algum está preparado para ele. Isso pode acontecer em um momento em que ele ou ela está ocupado com afazeres cotidianos, por exemplo, em casa, ao lavar a louça. Assim, o mestre está completamente ausente, de modo que ficam excluídas toda a exaltação, toda a demonstração dialética e grandiloquência. De antemão é certo que esse processo não possui nem um caráter pessoal sequer. Quando essa ignição se realiza, esse aluno se torna irmão ou irmã do Círculo Apostólico.

Conhecemos na Escola Espiritual três fases de instrução, atividade e crescimento:

1.ª a escola orientadora e introdutória, também denominada o Átrio, a Escola da Rosacruz Áurea;
2.ª a Escola de Consciência Superior, em que o processo prévio é conduzido adiante;
3.ª o Círculo Apostólico, onde o aluno entra em ligação direta com a força da Gnosis mesma. Ser chamado a esse Círculo Apostólico é, portanto, simultaneamente uma mudança. Esse chamado e essa mudança acontecem de maneira impessoal, sem que para isso o mestre esteja presente; sem que haja um ritual, um serviço, um mantra, uma imposição de mãos, um gesto de bênção ou algo semelhante.

Pode-se agora perguntar: "Então o dom de curar não tem nada a ver com alguma cura corporal ou algo assim? Por exemplo, no caso em que o corpo sofre de tal maneira que desordens espirituais pudessem surgir ou o trabalho pudesse ser retardado de um ou outro modo".

A essa pergunta deve ser respondido o seguinte: quando o aluno está ligado de primeira mão à Gnosis, seu inteiro bem-estar e seus infortúnios estão nas mãos da Fraternidade. O aluno está então ligado com os sete focos, com as sete escolas, com as sete vezes sete energias.

É de conhecimento geral entre os que penetraram a Doutrina Universal que o número sete, ou dito de outro modo, que a lei do sete ocupa um lugar eminente na realidade de todas as vibrações magnéticas da Fraternidade Universal. Há uma lei de realização sétupla. Se um aluno, por sua entrada no Círculo Apostólico, evoca por si próprio essa lei, de modo espontâneo e natural, ele sem dúvida receberá também, nessa harmonia divina, todas as forças de que necessita para a realização de sua tarefa. Sua condição corporal será mantida em equilíbrio, pelo tempo que ela for útil e necessária, mesmo que sua saúde seja bem fraca.

Agora talvez compreendais por que chamamos de mago o possuidor do quinto dom, um mago pela graça de Deus. Tal mago pela graça de Deus é o inflamador impessoal da cura divina, a serviço da Fraternidade Universal. É claro que, se o trabalho deve ser realizado de maneira correta, o mestre ainda deve dispor de um sexto dom, a saber, o dom de discernir espíritos, tal como Paulo o denomina. Há leis de distinção que o servo mágico tem de conhecer. Elas determinam quem deve ser auxiliado em certas fases. Eventuais simpatias ou antipatias já não contam, pois não é essa a lei por que o mestre se pauta; mesmo que ele achasse o candidato muito antipático: quando o discípulo está pronto, o mestre aparece. Por isso enfatizamos tanto o caráter impessoal desse trabalho. Mesmo que se vos achasse muito simpático, mesmo que o mestre estivesse ligado a vós por laços de verdadeira amizade e não vos encontrásseis em determinada fase de auxílio, o auxílio não poderia ser-vos proporcionado. Há leis elevadas que determinam, regulam, quem está apto para certa fase.

É evidente que não se pode divulgar ao público nenhum conhecimento sobre a atividade e os métodos desse dom.

***

III-7

A MORTE FOI TRAGADA NA VITÓRIA

Gostaríamos agora de dirigir vossa atenção para a última parte do capítulo 15 da Primeira Epístola aos Coríntios:[1]

> Isto afirmo, irmãos, que a carne e o sangue não podem herdar o reino de Deus, nem a corrupção herdar a incorrupção. Eis que vos digo um mistério: nem todos dormiremos, mas transformados seremos todos, num momento, num abrir e fechar de olhos, ao ressoar da última trombeta. A trombeta soará, os mortos ressuscitarão incorruptíveis, e nós seremos transformados. Porque é necessário que este corpo corruptível se revista da incorruptibilidade, e que o corpo mortal se revista da imortalidade. E, quando este corpo corruptível se revestir de incorruptibilidade, e o que é mortal se revestir de imortalidade, então, se cumprirá a palavra que está escrita: Tragada foi a morte pela vitória. Onde está, ó morte, a tua vitória? Onde está, ó morte, o teu aguilhão? O aguilhão da morte é o pecado, e a força do pecado é a lei. Graças a Deus, que nos dá a vitória por intermédio de nosso Senhor Jesus Cristo. Portanto, meus amados irmãos, sede firmes, inabaláveis e sempre abundantes na obra do Senhor, sabendo que, no Senhor, o vosso trabalho não é vão.

---

[1] Cf. 1 Co 15:50–58.

Naturalmente, já lestes esta passagem da Bíblia inúmeras vezes, ouvistes, com certeza, citarem-na inúmeras vezes e possivelmente a conheçais de cor. Todavia, achamos ainda ter de dirigir enfaticamente a atenção para ela, pois nessa passagem é transmitida literalmente, a todos os que queiram compreendê-la, a mesma mensagem que a Escola Espiritual anuncia. A Escola Espiritual fala com grande força sobre essas mesmas coisas, pois se trata aqui da mensagem do fim, a mensagem clássica sobre o fim de toda a dispensação dialética, quando em certo momento as radiações da nova vida afluem ao tempo a fim de envolver todos os que podem ser auxiliados.

Paulo diz: "Eis que vos digo um mistério". Essas palavras não aludem a um mistério que tenha de ser mantido oculto a todo o custo. Trata-se aqui, porém, de fatos e realidades que permanecem ocultos e velados a todos os que estão completamente mergulhados na natureza. O mistério permanece para eles completo segredo, mesmo que se quisesse fazer tudo para lhes explicá-lo de maneira perfeitamente clara. Eles não poderiam compreendê-lo. Eles não poderiam resolver o enigma, e novamente se mostrariam verdadeiras as palavras de que o que está oculto aos sábios e entendidos deste mundo é revelado aos filhos de Deus.

O mistério é desvendado aos que podem compreender que carne e sangue não podem herdar o reino de Deus nem a corrupção herdar a incorrupção. Tendes de perguntar a vós mesmos se podeis compreender isso. Muitos neste mundo, como por exemplo a maior parte dos homens orientados segundo a religião natural e o ocultismo, baseiam-se no pressuposto de que a relação entre a dialética e a vida primordial pode ser comparada à relação entre algo inferior e superior, e que se pode evoluir, elevar-se em espiral, por meio de um caminho de iniciação, do inferior para o superior; que se pode evoluir ou iniciar-se na vida original partindo desta natureza, com a manutenção desta natureza, com a conservação das características da consciência. Pois *isto* é o que Paulo tem em mente com "herdar": entrar na vida primordial. Agora se fala o seguinte: "Uma herança implica que eu, como herdeiro, receba em determinado momento isso ou aquilo. Assim estou a caminho para essa herança; eu cresço, evoluo, portanto, para ela".

Contudo, tendes de compreender perfeitamente que carne e sangue *não* podem herdar o reino de Deus; que a corrupção, o dialético, a natureza da morte, não pode herdar a incorrupção. A dialética não pode elevar-se ao primordial ou nele ingressar.

Quando compreenderdes isso claramente; quando virdes claramente a essência da dialética e vossa ligação estrutural com ela; quando souberdes de um Reino Imutável e compreenderdes que tudo o que é desta natureza tem de ser deixado para trás completamente; quando do íntimo tiverdes esperança em tal saber e procurardes a libertação, sabendo que a corrupção não pode herdar o incorruptível; quando também puderdes dizer: "Eu não posso compreendê-lo bem, porém sei que o caminho que a Escola Espiritual mostra é certo e verdadeiro, já não posso afastar-me dele, quero trilhá-lo"; quando souberdes que estais nesse estado de ser; os véus do mistério cairão, e tudo se tornará claro.

Quando um interessado entra em contato com a Escola, começa a estudar a literatura e frequenta as palestras, sabeis que uma das primeiras tarefas do expositor é ensinar-lhe a essência das duas ordens de natureza: a essência da natureza da morte, onde estamos e à qual pertencemos, e a essência do Reino Imutável, onde não estamos e ao qual não pertencemos. Se compreendeis a relação entre as duas ordens de natureza e o largo abismo que as separa, já vos tornastes maduros para compreender o mistério de salvação a que Paulo alude no capítulo 15 da Primeira Epístola aos Coríntios. Ele diz: Quando já não tentardes evoluir partindo deste mundo, quando já não experimentardes chegar a uma solução nesta natureza, sereis acolhidos pela força da Gnosis em um processo de mudança. Lá é dito: "[...] num momento, num abrir e fechar de olhos, ao ressoar da última trombeta". Isso significa: num momento claramente perceptível começa o ressoar da última trombeta.

Uma trombeta bem afinada tem, como talvez bem saibas, um som estranho, e o ressoar de uma trombeta tem uma faculdade incomum de penetração. Um bom trombetista pode comover ao tocar seu instrumento. Esse ressoar de trombeta é utilizado como símbolo para uma vibração maravilhosa, a qual obterá grande poder sobre o mundo e a humanidade: a vibração do novo campo magnético, o qual é estendido sobre o mundo pelas sete escolas. Essa vibração, pois, dessa trombeta é recebida por apóstolos, profetas e mestres que estão nos três ministérios.[2] Mediante os dons[3] de que falamos tão detalhadamente quanto possível, essa vibração é vertida e soa de inúmeras maneiras para todos os que podem e querem declinar segundo o eu da natureza. Portanto, quando já nada esperardes deste mundo, aceitando isso não como um dogma, porém como um *conhecimento* do imo, e estiverdes dirigido inteiramente ao Outro, sereis tocados pela vibração do novo reino: então ressoa para vós a trombeta. Então essa força adentra o átomo primordial, penetra-vos e inicia um processo em vosso sistema. Nesse alcance mundial, todos os que são acolhidos nesse processo são mudados, literal e corporalmente.

"Como e em que sentido?", perguntareis. Acabastes de ler a resposta nas palavras de Paulo: o corruptível, o mortal, o finito, o que pertence a esta natureza da morte, reveste-se de incorrupção. O corruptível não pode deveras herdar o incorruptível, porém pode revestir-se dele. Isto é, o corruptível é confrontado com o incorruptível, com consequências claramente compreensíveis,

---

[2] Ver p. 287.
[3] Ver cap. III-5, p. 303.

pois tudo o que é corruptível em nosso microcosmo tem de ser atacado e aniquilado, tem de desaparecer totalmente. O microcosmo tem de ser limpado por completo dele.

Muitos morrerão, assim diz Paulo, falecerão, perderão o corpo físico durante esse processo. Eles irão, porém, livres de toda a natureza, para o vácuo que conhecemos como Vácuo* de Shamballa. Eles estarão livres; os que foram acolhidos nesse processo serão mantidos livres da inteira esfera refletora. O que importa então se a morte incidental, a morte comum da natureza, encontra-nos na situação de já termos sido acolhidos no processo de mudança? Os assim chamados mortos, diz Paulo, serão ressuscitados no Vácuo de Shamballa, e os assim chamados vivos aqui serão transformados. Nessa ressurreição de cima para baixo, e nessa transformação de baixo para cima, ambos os grupos crescem um em direção ao outro. Em dado momento, todos os véus caem; os véus são rasgados, e nós estaremos em liberdade e em fraternidade. Então se tornarão realidade as palavras:

> Tragada foi a morte pela vitória. [...] Onde está, ó morte, o teu aguilhão? O aguilhão da morte é o pecado, e a força do pecado é a lei. Graças a Deus, que nos dá a vitória por intermédio de nosso Senhor Jesus Cristo.

Quem está nesse processo pode exclamar com júbilo: "A morte já não me causa medo!" Quando estamos na multiplicidade de sons da trombeta, quando podemos perceber algo do maravilhoso concerto, o que a morte pode fazer-nos então? Nesse estado de ser, temeis a morte? Não é tolice ainda temê-la?

E não nos consolamos, tal como a massa religiosa natural faz em sua ilusão, com um: "Breve estaremos no céu". Não, nós dizemos um ao outro: "Nós nos encontraremos no novo campo de vida!" Da corrupção, das névoas pálidas da noite, ascendemos renovados rumo à aurora. Esta é nossa certeza.

Por isso falamos dos dons do novo homem. Por isso focalizamos vossa atenção nesses dons a fim de que saibais que o tempo chegou, a trombeta ressoou e deveis dizer: "Eu percebo seu som!" E experimentareis no coração essa certeza positiva, a certeza do conhecimento.

Por isso: "Sede firmes, inabaláveis e sempre abundantes na obra do Senhor, sabendo que, no Senhor, o vosso trabalho não é vão". A ressurreição e a grande transformação começaram. Breve os véus cairão, e estaremos juntos com todos os outros, com todos os libertos, no novo campo de vida. Irmãos e Irmãs, breve a noite terá passado!

※

III-8

O NOVO CAMPO DE VIDA

Um novo firmamento estendeu-se! Ou, dito de outra forma, um novo campo eletromagnético, um novo campo de vida formou-se. Esse novo campo eletromagnético não se origina da natureza dialética comum. Ele não foi formado por esta natureza nem mantém o menor contato harmonioso com ela.

Esse novo campo de vida envolve toda a terra e não mostra nem uma lacuna ou interrupção em sua extensão em torno dela. Pode-se dizer que o mundo e a humanidade estão como encapsulados no novo campo de vida. E a manifestação desse novo campo é indicada na Sagrada Escritura como: "a volta de Cristo".

Podeis compará-lo com uma camada atmosférica uniforme. Assim como em um céu chuvoso aqui e acolá as pesadas nuvens de vapor-d'água se descarregam em uma torrente de chuva, do mesmo modo as tensões que se acumularam no novo campo de vida se descarregam em sete focos. Estes sete focos coincidem com as sete escolas. Mediante essas sete escolas, desenvolve-se uma radiação horizontal: uma vibração emana das sete escolas em grandes círculos através de nosso campo dialético de existência. Temos de entender essa radiação mais ou menos horizontal como um chamado, uma atração, um despertamento e um toque. Se virmos as radiações do novo campo de vida como linhas verticais, então essas linhas verticais formam em conjunto com as linhas da atividade horizontal das sete escolas como que uma cruz. Assim descobrimos que, de modo científico e com força irresistível, uma cruz é fincada na terra.

Não deveis ver esse novo campo magnético como fenômeno estranho e súbito. Não é como se ele há cinquenta ou cem anos não houvesse existido e, de súbito, tivesse aparecido nos últimos anos. De maneira alguma. As profecias de todos os tempos sempre aludiram a essa maravilhosa manifestação. Elas anunciaram-na como a volta de Cristo nas nuvens do céu, como a manifestação dos filhos de Deus. Elas falam de um novo dia de colheita, de um novo firmamento que tem de estender-se, da retirada da noite ante uma nova aurora, e ainda de inúmeras outras maneiras. Podeis descobrir essa ideia, esse pronunciamento, em toda a parte, até nos fólios amarelados dos antigos.

Tendes de perceber bem que todos esses profetas não falavam de visões ou ainda por sugestões de divindades, e muito menos construíam expectativas do futuro, pois *essa* espécie de profecia se apoia nos dons proféticos da dialética. Estes últimos formam um sucedâneo, uma imitação, e jamais podem furtar-se a elementos especulativos que, assim como ensinou o passado, podem causar muita miséria. Não, os profetas de que falamos, que testemunharam da futura manifestação do novo campo magnético de vida, sabiam o que a humanidade dialética não podia saber. Eles viram o que os olhos comuns da humanidade não podiam ver. Os profetas olharam uma obra poderosa, uma obra que estava em construção! Eles conheciam um processo de realização e a meta e a essência deste processo, dessa obra. Assim eles podiam testemunhar com grande certeza: "Um dia essa obra ficará pronta. Então as consequências se manifestarão, e o novo se realizará". Por isso não havia nenhum elemento especulativo nessa profecia.

Imaginai que observais como uma casa é construída com uma substância invisível para mim; que sabeis o objetivo por que a casa é construída e quem será o morador dessa casa, enquanto — devido a meu estado de ser — desconheço esses fatos. Suponde que ma descreveis, enquanto existencialmente nada posso saber dela, nada posso ver, nada posso ouvir. Então poderei julgar-vos um tolo ou considerar-vos um visionário. Ou se vos respeito, poderei chamar-vos um profeta de envergadura dialética. No entanto, o que me anunciásseis não seria nenhuma profecia dialética especulativa, pois falaríeis e testemunharíeis de uma realidade. Como vedes essas coisas de *vossa* realidade, não as vejo da *minha*. De modo algum posso ver, de minha realidade, o que percebeis.

Um profeta, tal como aqui o apresentamos, não é nenhum especulador do futuro. Ele é testemunha da realidade. Que realidade temos aqui diante dos olhos? Esta: que o novo campo magnético, de que falamos tão enfaticamente, já durante milhares de anos no curso dos éons esteve em construção. Ao aproximar-se um período de colheita, ele tem de ser vivificado continuamente, seu trabalho, realizado, e então, quando o período de colheita acaba, ele é como que novamente alçado. Toda a escola espiritual que surge no tempo prepara, pelo seu trabalho, seus esforços e seu sacrifício, uma parte desse campo magnético. Assim, esse campo torna-se cada vez mais poderoso, maior, mais dinâmico.

A primeira fraternidade, nesse dia de revelação, foi a que enfrentou mais dificuldades, pois ela realmente teve de executar o trabalho pioneiro.

Para a realização desse trabalho, essa fraternidade era formada de um grande número de enviados, que já haviam alcançado a libertação antes. É o grupo que indicamos como a Fraternidade de Shamballa. Para a segunda fraternidade já foi muito mais fácil, pois ela pôde continuar a construir sobre os alicerces já lançados pela primeira fraternidade, além de poder contar com a primeira fraternidade pioneira. Assim, o trabalho progrediu até nossa história recente, em que apareceram as fraternidades egípcia, hindu e chinesa, e os essênios, os maniqueus e outros gnósticos. Finalmente seguem os druidas, os cátaros, os rosa-cruzes clássicos da Idade Média e os rosa-cruzes da época moderna. Cada um desses grupos deu uma contribuição ao grande trabalho. Cada um teceu uma parte da veste sem costura[1] de Jesus Cristo. Cada um preparou e cooperou com o grande campo magnético.

Se agora podeis ver algo dessa realidade e dela narrais, sois então médium ou astrólogo? Então pretensos iniciados vos sugeriram isso? Sois então profeta em sentido negativo? Ou testemunhais de vossa própria certeza científica? Se vedes que a veste sem costura é tecida, se percebeis como uma nova pureza magnética irradia paulatinamente seu brilho sobre o mundo e descobris que essa faculdade dinâmica cresce continuamente, é então profecia negativa dizer: "Dia virá em que as consequências hão de manifestar-se e impor-se"?

"Mas a respeito daquele dia ou da hora ninguém sabe",[2] assim consta na Sagrada Escritura, pois sempre há fatores que ainda surgirão: *Esta* certeza, porém, tem o vidente, o visionário: o glorioso dia vem! Se podeis chegar assim a essa conclusão, colocai-vos sobre o solo de uma realidade científica.

Portanto, é especulação profética quando a *Confessio Fraternitatis* diz: "Uma coisa afirmamos, ó mortais: Deus decidiu devolver ao mundo — que em breve será destruído — a verdade, a luz e a magnificência, assim como ordenou que elas acompanhassem Adão quando saiu do Paraíso"? E quando Karl von Eckartshausen, há um século, fala repetidamente de "a reconstrução do edifício", ele o faz com profundo conhecimento interior. Ele testemunha

---

[1] Cf. Jo 19:23.
[2] Cf. Mt 24:36; Mc 13:32.

da manifestação dos filhos de Deus, da manifestação do Espírito Santo. Ele viu o campo magnético, que estava em desenvolvimento, e sabia que esse campo o tocava, que ele fazia parte desse campo.

Cada um de nós — e por isso falamos aqui sobre essas coisas — pode agora alcançar o mesmo conhecimento, pois o campo de radiação de que os profetas falavam abrange todos nós como "uma veste sem costura".

Esse campo de radiação tornou-se tão poderoso, o brilho da nova era é tão intenso, que o notareis e experimentareis sem demora se apenas abrirdes vosso microcosmo a esse toque. Daí por diante adentrareis a essência das duas naturezas. Daí por diante o início do Santo Evangelho é então escrito para vós: sobre a relação entre João e Jesus, da figura de João, que diz:

> Endireitai os caminhos do Senhor para nosso Deus que vem! Não sou eu o filho de Deus, porém aquele que vem após mim. Graças a minha existência segundo a natureza da morte, não sou digno de desatar-lhe as correias das sandálias. O que vem após mim é antes de mim.

Se abrirdes vosso ser, vosso microcosmo, ao maravilhoso novo campo de vida, a força de radiação tocará vosso átomo primordial, abrasará vosso inteiro ser e vos conduzirá a um novo processo, o processo de transmutação e transfiguração.

Daí por diante, dizíamos, adentrais a essência das duas naturezas: uma natureza que declina com João Batista, e outra natureza que está em crescimento, a natureza do novo homem. É claro que, se adentrardes esse estágio, esse processo das duas naturezas, de imediato surgirá em vós "uma diversidade de operações", tal como Paulo a denomina na Primeira Epístola aos Coríntios. Isto é, uma nova atividade de forças que desenvolve os novos dons: novos dons no homem dialético que declina, e novos dons no e mediante o homem que nascerá.

Por isso o candidato também participa daí por diante de uma nova série de ministérios, de uma nova série de atividades. Quando a nova força o toca e um processo nele começa, a consequência tornar-se-á perceptível em suas ações e por meio delas. Essas novas atividades, essa nova série de ministérios, tornam indestrutível a veste sem costura. Elas deverão recolher a nova colheita.

Imaginai que um grupo de homens é tocado positivamente pelo novo campo magnético, e que assim as ações e atividades neles se desenvolvem e tornam visíveis ao exterior.

No mesmo momento eles formarão como que uma gigantesca estação transformadora das novas energias magnéticas. A força de Cristo manifestar-se-á por intermédio deles, ela irradiará por sobre toda a terra e circulará em torno dela. E desse modo, por intermédio de tal grupo, muitos buscadores serão alcançados e auxiliados. Ela juntará uma nova colheita, e esta será levada ao novo campo de vida.

Paulo cita nove diferentes atividades ou ministérios, dos quais já discutimos seis. Todo o ministério, toda a atividade, é ao mesmo tempo uma cooperação com o novo edifício de Deus, com o novo campo magnético.

Repetimos uma vez mais para que nunca jamais o olvideis: quando as forças do novo campo magnético nos tocam, as diferentes atividades se manifestam *por nosso intermédio*. Essas atividades não se originam de uma ou outra energia dialética, não se pode ensiná-las em uma universidade, mediante exercícios, livros ou estudo. Não, quando elas se manifestam, elas vêm diretamente do novo campo magnético intercósmico, que tudo abrange. Então é a Fraternidade de Cristo, a qual testemunha por nosso intermédio.

É claro, portanto, que tão logo pelo menos uma das nove atividades se evidencie por nosso intermédio, nós nos tornamos, em sentido muito exclusivo, colaboradores de Deus. Então podemos colaborar com o novo edifício de Deus, com o novo campo magnético. Isso é o que os rosa-cruzes clássicos chamam, na *Fama Fraternitatis,* de "a construção da nova Casa *Sancti Spiritus.* Quando Christian Rosenkreuz ofereceu espontaneamente todos os seus dons e tudo o que ele possuía aos sábios e eruditos da Europa, e eles os recusaram vergonhosamente — bem compreendendo a valiosidade do que ele oferecia, porém descobrindo ao mesmo tempo que teriam de descer de seus elevados tronos se quisessem servir à Fraternidade de Cristo — ele se retirou, assim afirma a *Fama Fraternitatis,* e construiu com os seus a Casa *Sancti Spiritus:* ele entrou em um novo trabalho maçônico. Esse trabalho é a participação no derramamento do sangue de Cristo, em sua morte e em sua ressurreição.

O homem que vive, trabalha e age, gasta força, força sanguínea. Todo o homem verte assim, cotidianamente, seu sangue para si próprio, para sua família ou para terceiros. Enquanto esse processo se realiza dentro desta natureza e é completamente desta natureza, tal derramamento de sangue, tal morrer, naturalmente nunca é libertador.

Tão logo, porém, um ser humano adentra a essência das duas naturezas e, portanto, participa do outro campo magnético, isto é, da Fraternidade de Cristo, sua atividade terá uma consequência inteiramente diversa. Tal obreiro, até onde seu trabalho se origina da nova natureza, verterá seu sangue de maneira inteiramente distinta.

O derramamento de sangue da velha natureza mantém a roda da dialética em movimento, ele é uma morte contínua. O derramamento de sangue da nova natureza, porém, traz libertação. Tudo o que fizerdes da nova natureza, por mínimo que seja, é em sua ação diretamente libertador. Cinco minutos de serviço à Fraternidade Universal, na e pela força da Fraternidade, já valem ouro e significam mais do que anos de labuta dialética.

O derramamento de sangue da velha natureza impele o giro da roda, porém o derramamento de sangue da nova natureza proporciona libertação. O derramamento de sangue da velha natureza também mantém outros ligados ao giro da roda e aprisionados na natureza da morte, porém o derramamento de sangue na e pela nova natureza impele outros à libertação porque tal trabalho, empreendido com base na nova natureza, sempre coopera com o novo campo de vida, com a nova Casa *Sancti Spiritus*. Essa morada tornar-se-á *tão* poderosa, e o chamado que dela emana, tão irresistível, que ela quase forçará outros a nela ingressar, a levantar-se da natureza da morte. Por isso, o derramamento de sangue da nova natureza, com relação a um único homem, somente acontece de fato uma *única vez*. Quem, alcançado por essa força, a ela se rende completamente ingressará na libertação.

∗∗

III-9

O DOM DA PROFECIA

Um significado inteiramente novo do conceito "servo", ou "servo da palavra", resulta do que já explanamos. Ou melhor dizendo, esse conceito adquire assim seu significado primordial. Um servo ou uma serva, neste sentido, não é meramente um ser humano que exerce uma função mística ou realiza uma tarefa no trabalho de alguma escola espiritual nem que se prepara ou se preparou, intelectual, mística e profissionalmente, para um trabalho prático a serviço da humanidade. Não, um servo ou uma serva no sentido discutido por nós é unicamente o ser humano que entrou em ligação com o campo de radiação eletromagnético da Fraternidade de Cristo, foi acolhido processualmente na grande mudança microcósmica e experimenta, pois, uma diversidade de operações e, por conseguinte, evidencia de maneira totalmente espontânea e natural essas qualidades.

Unicamente quando entramos em ligação com o campo de radiação da Fraternidade Universal e experimentamos suas operações em nosso sistema, pode-se falar de um verdadeiro servir no sentido a que a Sagrada Escritura alude. Então se desenvolve uma diversidade de ministérios, em que uma série sempre crescente de diversas características se exteriorizam, sim, têm de exteriorizar-se, na demonstração prática do serviço ao mundo e à humanidade.

Os famosos capítulos 12, 13 e 14 da Primeira Epístola aos Coríntios foram terrivelmente adulterados. Em consequência disso se afirma, entre outras coisas, que um homem recebe o dom de curar; um segundo, o dom da instrução; um terceiro pode ser chamado, por exemplo, apóstolo, e um quarto, ainda, profeta. As nove qualidades que Paulo menciona são como que partidas a fim de que não possam atuar. A significação gnóstica, contudo, é que todas as nove qualidades, em uma sucessão contínua, se manifestarão no candidato até que, em dado momento, elas luzam dele em sua totalidade. Nisso não importa, evidentemente, o que se é socialmente, economicamente ou o que seja no plano dialético; se se é Valentin Andreæ, o teólogo, ou Jacob Boehme, o sapateiro.

O primeiro dom relaciona-se com o dom de estimular a fé em um homem apto a isso. O átomo primordial no servo assimila assim, de modo direto, a força de luz da Gnosis e desperta, com sua irradiação, uma atividade no átomo primordial do buscador, mais ou menos como um espelho que reflete a luz solar. Essa luz solar pode então ser claramente percebida mesmo nos recantos mais sombrios. Assim atua o primeiro dom: um servo, em sua ligação direta da Gnosis, irá como que refletir a radiação gnóstica e inflamará uma luz na escuridão do coração humano se nele estiver presente um átomo primordial.

O segundo dom de ministério relaciona-se com o dom de projeção de imagens. Um homem buscador pode experimentar a luz, a luz espiritual pode penetrar e ser refletida nas trevas de sua alma. Porém que espécie de luz e de onde ela vem? O segundo dom possibilita ao servo auxiliar aqui, graças ao dom de projeção de imagens que possui. Com o auxílio desse dom o mestre poderá captar uma imagem da realidade e projetá-la na consciência de um aluno que crê. Em consequência disso uma série de questões surgirá no aluno: "Por que isso e por que aquilo? E como devo agir nesse caso e naqueloutro?" Se não houvesse a ligação de fé entre mestre e aluno, a projeção da imagem, o segundo dom, malograria completamente seu objetivo, e o aluno tiraria toda a sorte de conclusões errôneas, especulativas.

Por isso, há um terceiro dom de ministério, que consiste no dom de transmitir à consciência do aluno a análise intelectual da imagem projetada; após seu emprego, o aluno começa a entender e a compreender.

O quarto dom é o dom da operação de milagres, o qual se relaciona com a vontade. Ele transforma seu possuidor em mago, não mediante desenvolvimento ocultista, porém pela graça de Deus. Uma faculdade ocultista sempre se desenvolve de uma força da natureza, enquanto aqui se trata de uma faculdade que é o resultado de um toque processual pelo Espírito Santo.

Da síntese desses quatro dons se manifesta no aluno um quinto dom, a saber, o dom de curar. E somente *este* dom investe o servo do antiquíssimo ministério de rei-sacerdote. O homem é doente, muito doente, e sua cura é sanificação ou santificação. Por isso, a cura é o retorno do homem a sua pátria original. Esse ministério do quinto dom possibilita a entrada da própria Gnosis no sistema microcósmico do aluno. Até aí, a luz fora projetada no aluno pelo mestre, agora, porém, o próprio aluno tem de entrar em ligação com a luz, e o mestre, o servo do quinto dom, coloca em andamento esse processo de ligação de primeira mão mediante a ignição. O candidato é assim, por meio desta flama, ligado diretamente à Gnosis.

Esse quinto dom de ministério deve ser visto, além disso, em conexão com um sexto dom, a saber, o dom de discernir espíritos. Há leis de discernimento que o servo mágico conhece e tem de empregar. Ele não pode transgredi-las e com seu auxílio pode evitar que seus ministérios sejam utilizados de maneira inútil ou distorcida. Unicamente quando o aluno está pronto, pode surgir uma nova possibilidade de desenvolvimento. Se ele ainda não chegou a esse ponto, ele terá de esperar, pois não pode forçar esse processo. Na Escola Espiritual fidedigna não ocorre desperdício de energia, pois o sexto dom é utilizado.

Dirijamos nossa atenção agora ao dom de línguas e ao dom da profecia. Já procuramos esclarecer filosoficamente que especulações, mediunismo e resultados da ciência ocultista ou da imaginação estão completamente excluídos da profecia no sentido da Doutrina Universal, porque o profeta fala e testemunha de uma realidade vista por ele, isto é, a realidade do novo campo de vida. Não se pode chamar de profeta todo o vidente que, por experiência própria de primeira mão, fala sobre o novo campo de vida. Suponde que possais perceber, pela ligação de primeira mão, alguém do novo campo de vida e que no-lo disséssseis. Então bem seríeis um vidente, porém não um profeta.

Somente é profeta quem está na interação das duas naturezas, portanto, quem também está em ligação com o novo campo de vida vê no momento atual no novo campo e — por amor à Gnosis e à humanidade — dele testemunha e, avisando, faz soar a *Hora est!,* exortando seus ouvintes e seus discípulos à atividade autolibertadora. *Este* é um profeta. Tal profeta, dissemos, foi João Batista. Dele é dito, no hino de louvor de Zacarias: "E tu [...] serás chamado profeta do Altíssimo, porque hás de ir ante a face do Senhor, a preparar os seus caminhos".[1]

Agora direis: "Isso tudo pode ser correto, porém como podemos distinguir entre a profecia verdadeira e a profecia falsa? Há um número tão grande de profetas neste mundo! Eles testemunham de tantas esferas diversas de influência e com tamanha persuasão que quase se lhes poderia acreditar. Contudo, assim é muito difícil chegar a uma conclusão correta. Como podemos saber, quando um profeta se manifesta a nós, se devemos aceitar

---

[1] Cf. Lc 1:76.

ou rejeitar seus pronunciamentos? Quais são os critérios para uma avaliação?"

Respondemos essas perguntas dizendo que sempre podereis reconhecer o verdadeiro profeta pelo fato de seu dom profético apoiar-se nos já citados seis dons. Não se pode falar que na Escola Espiritual fidedigna alguém seja somente profeta e apenas fale e testemunhe do novo campo de vida. Não, se um profeta, um verdadeiro profeta, eleva a voz, ele é sustentado pela totalidade das forças dos seis dons precedentes. Que sentido, que utilidade teria a profecia se os que ouvem e a quem ela é dirigida não tivessem a ocasião de trilhar o caminho que o profeta indica?!

Outra pergunta seria se o dom da profecia, quando visto em ligação com os seis outros dons, tem realmente alguma finalidade prática. Ora, pode-se dizer que há muitas possibilidades nos seis dons precedentes, pelas quais surgiram inúmeras ligações entre o futuro aluno, o aluno candidato, o aluno e a Fraternidade. Qual seria então a utilidade prática da profecia? Pode ser maravilhoso ouvir-se falar de todos os magníficos aspectos e do êxtase do novo campo de vida, porém há nisso um elemento de utilidade realmente prática? Está mesmo o aluno, graças à atividade dos outros dons, orientado de fato para o novo campo de vida e ocupado em aproximar-se dele pelo melhor caminho?

Se essa pergunta surgir em vós, prestai atenção ao objetivo da profecia e à tarefa do profeta. O objetivo da profecia é anunciar um novo capítulo no devir das coisas ou determinado aspecto deste, anunciar o que acontecerá. Além disso, todavia, e dirigimos enfaticamente a atenção para isso, o dom da profecia, em conexão com o quinto dom, é ao mesmo tempo ignizante, dinamizante, vivificador, mágico. O que o dom de projeção de imagem e o dom de interpretação projetaram e explicaram é posto em movimento pelo sétimo dom, pela profecia. Portanto, profetas são os inflamadores do curso da Gnosis no tempo. Assim, eles não testemunham negativamente: "Vimos isso ou aquilo" e dão-se por satisfeitos, porém, quando profetizam: "Vimos isso, isso acontecerá", causam ao mesmo tempo uma ignição, uma dinamização do processo que eles anunciam.

Poder-se-ia compará-lo com a inflamação de uma mecha já preparada. A mecha está pronta, e deve haver uma flama que a acenda a fim de que a explosão sobrevenha.

Outro exemplo: há uma torrente de água, porém algum obstáculo ou alguma barreira a represa. O profeta então explica: "A nova água está aqui, e ela basta a todos", e brande o machado contra a barreira e destrói o obstáculo, de modo que a torrente possa afluir.

Portanto, o profeta não diz apenas: *Hora est,* agora acontecerá, porém cuida ao mesmo tempo, considerando todas as intenções e indicações da Fraternidade, que realmente aconteça! Assim, profetas são construtores, pedreiros, que não somente proferem a palavra, mas também a realizam. Eles realizam-na mediante uma revolução, uma revolução sem luta e sem coação.

Assim, a *Hora est,* que é proferida nestes tempos, relaciona-se com a preparação intensa e a dinamização de uma possibilidade inteiramente nova no curso de nosso tempo. Sua intenção é, se possível, fazer-vos também — segundo as palavras do capítulo 2 da Epístola aos Efésios — membros da família de Deus, concidadãos do novo campo de vida. Assim, deveis ver essa possibilidade como algo que está muito próximo de nós! Não se trata aqui de um processo que é colocado em atividade por forças divinas, por entidades celestes. Não, a possibilidade nos é presenteada pelas forças celestes, pelas forças primordiais, porém elas têm de ser utilizadas por *nós. Nós* temos de realizá-la, *nós* temos de utilizar o material de construção.

Nós mesmos temos de preparar-nos para isso. Somos chamados a ser membros da família da Gnosis. Pois bem, somos acolhidos, por assim dizer, em uma nova casa e nela podemos morar, contanto que nós próprios cooperemos. No capítulo 2 da Epístola aos Efésios é igualmente dito até que ponto nos tornamos unos com a nova casa. Nela somos utilizados como pedras vivas sobre o alicerce dos apóstolos e profetas, com o próprio Jesus Cristo como pedra angular.

Compreendei esta palavra! Um profeta a serviço da Fraternidade Universal jamais utilizará o dom profético ininteligentemente, por exemplo, impelido por emoção ou entusiasmo ou sob a pressão de interesses pessoais ou inclinação humanística. Não, ele somente construirá, ele somente deve e pode construir sobre a pedra angular, sobre a suprema pedra angular do campo magnético de Cristo. Nessa força ele pode construir, porém apenas até onde essa força justifique a utilização do dom profético. Trata-se aqui, portanto, de um dom poderoso, cujos limites mal se podem suspeitar. Ele é tão abrangente e traz consigo uma responsabilidade tão grande que é necessário discutirmos com pormenores os problemas relacionados com ele.

*
**

III-10

O DOM DE LÍNGUAS

O capítulo 14 da Primeira Epístola aos Coríntios principia com as palavras:

> Segui o amor e procurai com zelo os dons espirituais, mas principalmente o de profetizar.

Conforme dissemos, o dom da profecia é o mais útil e o mais necessário no desenvolvimento dos futuros eventos, pois profetas, no sentido da Gnosis, são construtores, realizadores, que não somente anunciam a *Hora est,* porém ao mesmo tempo a realizam. Esse dom provém diretamente da essência das duas naturezas. Já há muitíssimo tempo, esses obreiros participam de dois campos magnéticos bem distintos.

Graças a seu nascimento eles participam do campo magnético da dialética, enquanto graças ao toque da Gnosis participam cada vez mais do campo eletromagnético da renovação, do novo campo de vida. Eles apresentam como que dois sistemas magnéticos distintos em seus microcosmos, e com isso, também duas influências magnéticas distintas.

Se refletirdes agora que esses homens estão de posse de todos os seis dons discutidos, podereis determinar razoavelmente o resultado de sua ação. Eles não podem, naturalmente, realizar na velha natureza a essência da nova dispensação. Isso está fora de cogitação, pois o grupo de linhas de forças magnéticas do novo campo de vida não pode realizar nenhuma atividade realmente construtiva no velho campo de vida, já que este possui uma estrutura magnética totalmente diversa e está submetido à "esterilidade".

Todavia, o profeta bem pode perturbar os polos magnéticos do velho campo de vida. Talvez saibais, se tiverdes estudado um pouco a ciência natural, que os polos magnéticos de determinado campo de vida podem ser perturbados por influências de outros campos magnéticos. Surge então uma comoção contínua. Se um microcosmo que contém em si dois sistemas magnéticos surgir no mundo, ele perturbará irrevogavelmente os polos magnéticos da dialética. Tão logo isso aconteça, algo dos filhos de Deus se manifestará. A perturbação magnética é a manifestação, a revelação dos filhos de Deus. Portanto, o profeta é capaz de evocar, meramente por sua presença, uma parada imperiosa do trágico curso da dialética.

Quando uma entidade que possui o átomo primordial, presa pela ilusão, ainda persegue com todas as suas forças as coisas desta natureza porque ainda espera algo dela, seus desígnios se esvanecerão qual fumaça com o aparecimento do profeta. Eles como que lhe fogem por entre os dedos, e essa entidade é incitada com grande força a retornar a sua morada original. Por isso, sabemos com certeza, na Escola Espiritual da Rosacruz Áurea, que se aproxima o dia em que uma multidão cada vez maior de buscadores adentrará o campo de força da Escola. Quanto mais obreiros irromperem no dom profético mediante os degraus do desenvolvimento descrito, tanto mais rápido esse dia virá. Por isso a Sagrada Escritura diz, com relação à consumação das coisas: "Mas a respeito daquele dia e hora ninguém sabe".[1] Trata-se aqui

---

[1] Cf. Mt 24:36 e Mc 13:32.

de fatores viventes que ainda devem nascer, que ainda devem realizar-se. E todos os fatores viventes estão nos alunos: os filhos de Deus têm de manifestar-se.

Essa manifestação de vossa filiação potencial de Deus está em vossas mãos. Tendes de juntar-vos às fileiras dos filhos de Deus mediante a automaçonaria.

Se vos comoverdes dolorosamente com o destino do mundo e da humanidade, se virdes um número incontável de seres humanos seguir o caminho do declínio em ignorância, se descobrirdes que muitos milhões se agrilhoam à roda do nascimento e da morte mediante seu procedimento pessoal e social e que desejais ajudar prazerosamente os que têm a possibilidade para isso, salvá-los do declínio certo neste dia de manifestação, considerai então que *todos* os meios utilizados pela religião natural e pelo humanismo natural são e serão absolutamente negativos. A criação dialética inteira está submetida à esterilidade.

Ao mesmo tempo compreendereis que um grupo de, digamos, cento e quarenta e quatro profetas que estivesse de posse dos dons mencionados poderia fazer em duas semanas infinitamente mais do que a humanidade inteira poderia realizar em um século. Assim como um homem que possui o primeiro dom pode inflamar a fé em outros mediante o dom de reflexão de seu átomo primordial, um grupo de profetas poderá paralisar o inteiro curso da vida dialética não divina, e isso sem luta alguma, meramente por sua presença e por dirigir seu interesse aos pontos mais vitais e fracos.

A magia do transfigurismo faz aquilo que o ocultismo mais humano não é capaz de fazer. O desenvolvimento ocultista, em qualquer que seja a forma, está sempre compreendido no interior da estrutura de linhas de força magnéticas da dialética, desta ordem mundial. A magia ocultista sempre está, por isso, em harmonia com a natureza da morte. A magia transfigurística perturba de imediato a base magnética de vida da dialética. Se virdes isso agora, compreendereis por que as escolas transfigurísticas sempre foram e sempre serão tão combatidas neste mundo, e por que um pregador pôde escrever recentemente acerca dessa "ignominiosa seita dos rosa-cruzes".

Assim como uma única centelhazinha de luz consegue afastar a escuridão, do mesmo modo um obreiro transfigurista poderá paralisar a magia da dialética. Por isso, tudo o que é transfigurismo é odiado e temido neste mundo e, naturalmente, também combatido. Igualmente nos preenche de satisfação ouvir chamarem-nos de ignominiosa "seita" dos rosa-cruzes. Se o trabalho dos rosa-cruzes fosse louvado e incensado neste mundo, isso comprovaria que eles se teriam desviado inteiramente do único caminho correto.

Nunca antes se falara publicamente sobre esse poderoso dom do ministério de profeta. Agora, contudo, o selo do segredo foi rompido porque o tempo chegou; e a todos os que podem entender é dito com grande ênfase: "Segui o amor e procurai com zelo os dons espirituais, mas principalmente o de profetizar". Uma vez que os sete focos da Fraternidade Universal funcionam agora no mundo, todos os que trazem em si a possibilidade de salvação, mesmo os que estão nos confins da terra, deverão ser dirigidos e conduzidos à senda da santificação.

Para isso será necessário que o campo da natureza da morte seja perturbado magneticamente. Os seres humanos estão ligados a esta natureza por inúmeros laços; vemos, diante dos olhos, pessoas maravilhosas ir ao encontro do fim. Por isso, é mister intervir. E somente se pode fazê-lo perturbando o campo magnético desta natureza, de maneira que o curso dos fatos seja como que retardado, paralisado. Desse modo, todas as entidades presas à natureza pela ilusão poderão escolher livremente. Assim se demonstrará que a Escola Espiritual é, ao mesmo tempo, uma escola de profetas.

Já dissemos que o dom da profecia acarreta imensa responsabilidade a quem o utiliza. De fato, se virmos como esse sétimo dom surge, compreenderemos por que essa responsabilidade pode ser assumida com segurança. Devemos ver o dom da profecia em conexão com os dois dons ainda não discutidos, os dons de línguas. A fim de fazer-vos compreender o que se tem em mente com esses dois dons, dirigimos primeiro a atenção para o fato de que a palavra língua é utilizada com dois significados na Sagrada Escritura: primeiro, como indicação do órgão com cujo auxílio falamos, por exemplo, na Epístola de Tiago: "A língua [...] é mal incontido, carregado de veneno mortífero";[2] segundo, na expressão "línguas de fogo".[3] Essas "línguas de fogo" referem-se às línguas ígneas do novo sistema magnético no microcosmo. São as novas línguas de que Marcos fala, no capítulo 16. Jesus ressuscitado, o Senhor, aparece a seus discípulos e lhes diz: "Ide por todo o mundo e pregai o evangelho a toda a criatura! Quem crer e for batizado será salvo".[4] Anunciai o evangelho do novo campo de vida a toda a criatura! Anunciai-o não somente com a palavra, mas sobretudo com o novo e radiante dom de autoprojeção que todo o servo tem de possuir a fim de que a nova energia magnética possa afluir a este mundo. Quem nela acredita, quem por ela se deixa batizar, quem a ela se liga, será salvo. Quem assim é salvo, quem desse modo entra em ligação com o novo campo de vida, fará *este* sinal: "Em meu nome" — isto é, mediante a nova substância magnética — "expulsarão demônios; falarão novas línguas".[5]

Pensai também na descida do Espírito Santo na festa de Pentecostes. Nessa ocasião, foram vistas línguas de fogo sobre a cabeça

---

[2] Cf. Ti 3:8.
[3] Cf. At 2:3.
[4] Cf. Mc 16:15–16.
[5] Cf. Mc 16:17.

dos discípulos, em consequência do que eles começaram a falar em línguas, as quais tinham tamanha eficácia que cada um se sentia como se fora interpelado em sua própria língua. Esta é a caracterização pura dos dois dons das línguas.

Imaginai a personalidade do homem. Em torno dela se encontra o campo de manifestação, encerrado pelo ser aural sétuplo. Nesse ser aural se encontra um sistema magnético, um firmamento magnético. Se olhardes, à noite, o céu límpido, percebereis inúmeras estrelas; o céu está salpicado de pontos luminosos. Pois bem, se fôsseis capazes de observar, do interior, vossa personalidade, vosso próprio firmamento microcósmico, iríeis igualmente perceber pontos luminosos: vossa legião particular de estrelas. É claro que mediante esse firmamento magnético se forma um campo magnético fora do ser aural. Mediante todos esses pontos magnéticos radiantes no ser aural são atraídas energias que estão em total harmonia com a natureza do firmamento. Esse é o aspecto externo. E o aspecto interno é que o firmamento magnético, também carregado com inúmeras energias, envia-as à personalidade, sobretudo ao santuário da cabeça.

O sistema magnético de nosso firmamento difere completamente em todos nós, ele tem um caráter muito individual. Tendes realmente de ver esse ser aural sétuplo, com o inteiro sistema de forças do firmamento magnético, como um ser, como uma realidade de ser, também indicado na literatura como o eu superior. Há muitos homens, como se depreende da literatura esotérica, que se curvam como em adoração ante seu eu superior, por achar que ele tudo sabe, é nosso Deus, desempenha todo o papel superior na existência. Quando, pois, o transfigurista fala sobre o novo ser, sobre o ser celeste que novamente tem de manifestar-se, muitos pensam — como frequentemente temos verificado — que o eu superior seja esse ser celeste. Ora, isto está fora de cogitação! Nosso eu superior, nosso ser aural, nada tem em comum com a elevada realidade de ser. Muitas pessoas sensitivas recebem todo o tipo de impressões do eu superior. Elas estão conscientes disso e acham que é o ser celeste que lhes fala. Mais de um aluno veio a nós, quando falamos sobre o novo ser, com a informação: "Sim, eu o conheço, já vi frequentemente o novo ser e trilho meu caminho sob a direção do eu superior". Pobres diabos! Esse eu superior é chamado Satanás na Sagrada Escritura, e Satanás significa opositor. O eu superior da natureza é literal e corporalmente nosso opositor. Esclarecer-vos-emos isso.

O eu superior contém, como explicamos, um sistema de energias magnéticas que se comunicam à personalidade, ao mesmo tempo em que se projetam completamente no santuário da cabeça, de maneira que o inteiro firmamento, o sistema global de pontos magnéticos do ser aural também se encontra, em forma diminuta e concentrada, no santuário da cabeça. Portanto, o eu superior reflete-se no santuário da cabeça, no assim chamado eu inferior. O eu superior rege-nos, pois vemos como, por exemplo, nossa consciência, nosso pensar, nosso querer, nosso caráter e nosso tipo se desenvolvem mediante a ligação nomeada. Tudo o que há em nós em caráter, consciência, predisposição, dom, entendimento, volição, possuímo-lo graças a nosso eu superior. Do eu superior correm como que linhas de força magnéticas para os pontos correspondentes no santuário da cabeça, e, em conformidade com isso, pensamos, agimos e vivemos. Com outras palavras: pendemos dos fios quais bonecos no teatro de marionetes do eu superior. Quando o diretor do teatro, o eu superior, puxa os fios, somos, graças a nossa personalidade, postos em movimento e compelidos à ação. Portanto, correspondendo à qualidade e à natureza do eu superior, somos o que somos.

Compreendeis agora que quando desejamos trilhar a senda, quando desejamos evadir-nos da natureza da morte, no mesmo instante entramos em conflito com o eu superior? Então há algo de errado com o sistema magnético! Nosso caráter e nossa consciência provêm, segundo a natureza, da essência do eu superior. Por consequência, quando nos opomos a esta natureza e queremos seguir a senda dos hierofantes de Cristo, daí por diante entramos em conflito com o eu superior: este se torna então nosso adversário, nosso opositor, nosso Satanás.

Por isso, Jesus, o Senhor, antes de andar seu caminho, tem de primeiro ajustar contas com esse Satanás, que lhe vem como o tentador no deserto. Esperamos que compreendais a lógica disso: trata-se aqui de leis naturais exatas.

Atentai, pois, ao que segue: as linhas de força nomeadas confluem no santuário da cabeça. A soma dessas forças magnéticas determinam nosso inteiro estado de ser, nosso tipo, nosso caráter, a inteira natureza de nossa atividade. Nada somos e nada podemos sem nosso eu superior.

Essas linhas de força, que partem do ser aural e confluem nos pontos magnéticos no santuário da cabeça, são um afluxo de forças contínuo, vivo e vibrante. Elas também luzem. Desse modo, encontram-se em torno da cabeça linhas de forças muito ígneas. Elas são as línguas de fogo que, luminosas, são visíveis em torno da cabeça de todo o ser humano. Jesus, o Senhor, diz a seus discípulos, e a Escola Espiritual, a seus alunos: "Tendes de falar com novas línguas!", isto é, um novo sistema magnético deve desenvolver-se em vós e luzir de vós.

"Como isso acontece?", ireis indagar talvez. "Como posso começar a trabalhar nisso se graças a minha inteira personalidade, minha consciência, meu caráter, meu tipo, sou regido pelo eu superior? Como posso trazer uma mudança a isso? Isso nunca será possível, pois tão logo queira algo ou decida fazer algo, eu o farei graças a uma sugestão de meu eu superior! Sou uma vítima completa, um prisioneiro completo, o escravo de meu eu superior. Então como posso mudar esse estado?"

Podeis fazê-lo se, mediante vossa atitude de vida totalmente mudada, se a luz tocar vosso átomo-centelha-do-espírito, o átomo primordial, situado no ápice do ventrículo direito do coração. Então a Gnosis abre uma brecha no centro de vosso microcosmo — pois o átomo primordial, o botão de rosa, fica no centro matemático do microcosmo. Tão logo esse princípio primordial divino, a rosa-do-coração, principie a luzir em vós, tereis fixado a rosa na cruz. Então vos tornareis um rosa-cruz. Desse momento em diante, o machado será colocado à raiz da árvore.

O que acontece agora? Quando essa rosa é aberta pela luz da Gnosis, uma força começa a afluir em nós, a qual não se origina da natureza, não se harmoniza com o sistema magnético existente do microcosmo e está em completa desarmonia com todas as influências que afluem em nós provindas do ser aural e nos desejam dominar e reger.

De baixo para cima, da rosa-do-coração, começa com isso um processo, a demolição do antigo, um processo de oposição ativa. Tão logo a rosa luza, o eu superior, nosso Satanás, nosso opositor, procurará neutralizar, escamotear, o que principia a manifestar-se em nosso microcosmo. Surgirá uma luta em nós.

Podereis responder: "Sim, posso falar disso. Minha vida é luta contínua. Tenho experiência disso desde os dias de minha juventude". Tendes em mente então a luta que é própria à dialética. Vivemos em uma ordem de natureza de luta. Não deveis, porém, confundir essa luta da natureza com a que a Gnosis inflama em nós. Logo que a rosa principie a luzir, logo que a corrente gnóstica possa penetrar-nos, desenvolver-se-á em nós uma luta completamente distinta e muito pessoal. Trata-se da luta que perturba o sistema magnético existente, e cujo objetivo primário é despedaçar e mudar esse inteiro sistema que controla o santuário da cabeça a partir do firmamento: portanto, um novo firmamento tem de surgir!

Logo que esse novo firmamento apareça e, por conseguinte, energias magnéticas inteiramente novas afluam para o santuário da cabeça provindas do ser aural, uma nova consciência, um novo caráter de um novo tipo humano, uma personalidade inteiramente nova também se manifestará. Então tudo isso será a consequência lógica, cientificamente explicável, da luta desencadeada pelo afluxo de energias gnósticas.

Logo que o novo sistema magnético se manifeste em torno do santuário da cabeça, as novas linhas de força ígneas, as novas línguas, serão vistas. Dessa hora em diante o aluno, em quem essa nova coluna de fogo se torna visível, começa a falar "com outras línguas".

※

III-11

O DOM DA INTERPRETAÇÃO DE LÍNGUAS

Conforme explicamos, todo o homem possui línguas de fogo. Estas são visíveis sobretudo em torno do santuário da cabeça e consistem em linhas de força magnéticas, que formam a ligação entre o sistema magnético central do ser aural e o sistema magnético central da personalidade.

O sistema magnético central do ser aural é chamado eu superior, e o sistema magnético central no santuário da cabeça é indicado como o eu inferior. O homem vive, o homem é, das forças que alcançam o eu inferior, ou eu comum. Sua consciência, seu caráter, sua inteira natureza, originam-se dessas forças. Assim, todo o ser humano é dirigido por seu eu superior. Mediante essas línguas de fogo todo o homem fala uma linguagem própria, muito particular. Assim, o eu, o eu inferior, não é um ser autônomo, senão meramente um reflexo do eu superior. De tempos a tempos, o reflexo morre e é então substituído. Unicamente o eu superior, o sistema magnético central do ser aural permanece, sobrevive ao túmulo e à morte. Apenas uma mudança atmosférica é feita periodicamente no eu superior; no firmamento do eu superior todas as coisas se ajustam aos resultados do eu inferior.

Explicamos como essa ligação aural à natureza pode ser rompida mediante uma conversão fundamental de vida e como, em consequência disso, novas línguas luzirão do aluno. Ele tem de começar agora a falar com essas novas línguas de fogo; elas têm de testemunhar dele. Isso significa a aniquilação de ambos os antigos sistemas magnéticos, tanto o do ser aural como o do santuário da cabeça. Então surgem dois novos centros magnéticos, e o aluno tem de aprender a corresponder-lhes. Sua vida deve tornar-se tal que já não se possa falar de um eu superior nem de um eu inferior, de um eu superior que dirige e domina o eu inferior, senão que uma perfeita harmonia, um par, surge desses dois.

Portanto, o aluno tem de possuir dois novos dons. Primeiro, um novo sistema duplo de línguas, um novo sistema magnético duplo, e, além disso, o dom de agir com base nesse novo sistema. Portanto, ele tem de utilizar na prática esse novo sistema.

Deve-se perguntar agora de que modo ambos os dons podem ser obtidos. Inúmeros, no decorrer dos séculos, fizeram-se essa pergunta.

É também uma pergunta que fez aparecer sobre a humanidade uma torrente de mediunidade, uma torrente de obumbramento, proveniente da esfera refletora. Se tiverdes algum dia entrado em contato com um assim chamado movimento de dom de línguas, sabereis o que temos em mente com isso. Uma reunião de tais seres humanos traz a marca do ocultismo negativo.

Os que aí se reúnem estão todos muito exaltados; em todo o caso, são seres humanos que cometem o grande erro de presumir que seu estado de ser dialético seja uma base satisfatória para um toque do Espírito Santo. Assim, sem exceção, eles são vítimas de uma exegese bíblica literal.

Não se pode avaliar o número dos que foram desencaminhados por essa exegese bíblica e, durante muitas encarnações, foram excluídos do caminho de libertação. Sabeis que, por esse motivo, o protestantismo causou muito mais danos anímicos do que o catolicismo romano? Pensa-se frequentemente que o contrário seja o caso, porém essa opinião é incorreta. O protestantismo é um grande perigo para a humanidade que busca libertação, maior do que qualquer outra orientação religiosa natural.

Em tal reunião, como vos falamos, estão juntos seres humanos que são vitimados por uma exegese bíblica literal. Desenvolve-se assim, irrevogavelmente, um experimento espiritista.

A congregação coloca-se em estado de êxtase pelo canto conjunto, pelos rituais e pela música, e o fato de estarem juntos, nessa orientação bem definida, faz surgir um círculo magnético. Em determinado momento os médiuns começam a balbuciar. Alguns deles levantam-se e contorcem-se de toda a maneira possível; um tremor percorre o fogo serpentino, as faces ficam horrivelmente distorcidas, medonhas de ver-se. Então, inopinadamente, eles começam a falar.

O que é dito deve naturalmente permanecer no mesmo estilo. Por isso, eles começam a falar em línguas estranhas. O que eles dizem assemelha-se ao latim ou, em todo o caso, a uma língua antiga. Isso é inerente, por completo, à natureza do drama que aí é representado. O conteúdo do que é falado se compõe dos chavões comuns das sessões espiritistas, de uma série de falatórios da esfera refletora, intercalados com textos bíblicos e nomes sagrados da "Terra do Verão", que seria o céu etc. etc. Na maioria das vezes, há também algumas pessoas que principiam a demonstrar o dom da interpretação de línguas, tão logo os médiuns, os falantes de línguas, terminam. Elas explicam o que foi falado na língua estranha. Isso funciona do mesmo modo mediúnico.

Compreendeis quão horrível, triste e inútil é tudo isso, quão consternador e caricatural. Se puderdes compreender razoavelmente o dom de línguas em sua verdadeira essência e significado, tal como o delineamos para vós, compreendereis o fracasso de sua imitação, a anormalidade e a garra das trevas que aí estão ativas. Ainda que dissésseis as coisas mais elevadas em todas as línguas do mundo, mesmo nas mais antigas e já não usadas, enquanto em

vós não houvesse o novo sistema magnético, nenhuma realização-
-Jesus e nada do novo homem, não obstante seríeis *ou* um desencaminhado *ou* um desencaminhador, ainda que declarásseis provir
essas palavras do dom de línguas. Em todas as circunstâncias
seríeis alguém obumbrado pela esfera refletora.

Queremos asseverar mais uma vez, com toda a ênfase, que
um aluno da Escola Espiritual tem de despedir-se consciente e
enfaticamente, já no início de sua senda, de todas as influências do
Além, com todas as consequências ligadas a isso. Se, por exemplo,
perdêsseis hoje o membro mais querido de vossa família ou o
amigo mais amado, vós, como alunos da Escola Espiritual, teríeis
de abandoná-lo completamente daí por diante. Já não pode existir
um único contato sequer na linha horizontal entre vós e o ser
humano tão amado. Se ainda não estais preparados ou não sois
capazes disso, se ainda dirigis o ouvido ao Além a fim de ouvir,
então interrompeis vosso discipulado e não podeis manter-vos
como aluno. Por isso é dito tão enfaticamente na Sagrada Escritura
que não se deve consultar os mortos.[1]

Falo aqui por experiência própria. Muitos sabem que, há alguns
anos, perdi meu irmão, que estava junto de mim na grande obra.
Desde o momento em que a morte nos separou, não houve o
menor contato espiritista entre nós, embora se tentasse de muitos lados estabelecer tal contato. É indizível quantas mensagens,
supostamente de meu irmão, recebi por intermédio de terceiros.
Elas sempre foram sem exceção jogadas ao cesto de lixo, e nunca
tomei conhecimento delas. E a todos que me traziam essas mensagens eu disse: "Se meu irmão tiver algo a dizer-me, ele conhecerá
os meios para transmiti-lo de outra maneira".

Acolhei no coração este nosso conselho: não mantenhais, em
circunstância alguma, nenhum contato com entidades da esfera

---

[1] Cf. Dt 18:11 e Is 8:19.

refletora! Ainda que, por assim dizer, nosso próprio amado Senhor vos aparecesse, voltai-vos e trilhai vossos caminhos! Se isso não fizerdes, breve descobrireis que abandonastes o caminho da libertação. Quem mantém a receptividade a influências da esfera refletora bloqueia uma possível abertura ao novo campo de vida, isto é, ao portal da vida.

No que a isso concerne, seres humanos sensitivos têm muito mais facilidade, porque podem identificar de imediato a esfera refletora e desmascarar sem dificuldades uma sugestão dela. Contudo, vemos frequentemente que justamente os sensitivos são vitimados. É fácil adivinhar como isso acontece. Um ser humano sensitivo julga haver alcançado demasiado cedo o novo campo de vida. Quando alguém supõe isso de si demasiado cedo, então ele é vitimado. Quando alguém, todavia, de fato não permite nem um contato sequer dessa espécie, toda a influência da esfera refletora desaparecerá bem depressa. Se negardes essas coisas completamente, mesmo que se queira atrair-vos com o que este mundo tem de mais belo a oferecer, chega o momento em que elas terão de deixar-vos em paz. Acautelai-vos, portanto!

O "portal da vida" é a indicação simbólica da passagem, da travessia, entre nosso campo magnético e o novo campo de vida. Dentro de um tempo não muito distante, uma torrente de luz atravessará esse portal e realizará uma união entre os irmãos e irmãs que ainda se encontram neste campo e os que estão no novo campo de vida. Se compreendêssemos isso de maneira puramente espiritista e tentássemos realizar esse contato de maneira mediúnica, os maiores perigos surgiriam.

Façamos agora a pergunta: como obtemos os dois dons de línguas? E vejamos que resposta nos dá a Doutrina Universal.

O processo inicia com o toque do átomo-centelha-do-espírito, com o toque do botão de rosa no santuário do coração. Mediante esse átomo a Gnosis irrompe no coração da natureza da morte. Karl von Eckartshausen relata-nos que Jesus Cristo irrompeu "no coração deste mundo". Também Jacob Boehme descreve como o Espírito do Senhor, o Espírito de Cristo, irrompe no coração desta natureza: "Deus atacou o coração desta natureza", assim diz ele. Pois bem, quando o átomo-centelha-do-espírito, o átomo primordial, o botão de rosa no coração, se torna sensível ao toque da Gnosis, vosso microcosmo é atacado por Jesus, o Senhor, até o coração. Desse modo, a Gnosis entra no coração do microcosmo.

Quando esse caminho é aberto, o processo já tantas vezes explanado começa, em consequência do que o toque gnóstico também penetra o santuário da cabeça. Desse modo, coração e cabeça são os primeiros a ser tocados. Se o aluno coopera com esse processo e cheio de fé e devoção nele prospera, intensa perturbação magnética surgirá no citado duplo sistema mediante essa atividade de fé. O resultado disso é que todas as forças opositoras à Gnosis serão, por assim dizer, impelidas para as partes mais exteriores do microcosmo.

Então tudo o que se agita e fervilha na personalidade a fim de ligar-nos à terra será realmente expulso e se coloca nas partes mais exteriores do microcosmo. Todas essas forças se reúnem no firmamento aural, no sistema magnético do ser aural. Assim, o eu superior, em mais de um sentido, tornar-se-á sem demora em real opositor.

Podeis comparar esse acontecimento com uma lâmpada que é acesa na escuridão. O brilho da luz tem um alcance em torno do qual se pode traçar um círculo; além desse círculo reina de novo a escuridão. A lâmpada é acesa, a escuridão é expulsa de determinado espaço e concentra-se em torno do círculo. Quando Jesus, o Senhor, a Fraternidade, o campo magnético de radiação dos hierofantes de Cristo, ataca-nos no átomo do coração, e com isso a escuridão é expulsa para fora, então esta se concentra no ser aural, no eu superior. Nesse momento o anel de escuridão se torna, com razão, em nosso opositor. Ele torna-se para nós em Satanás.

Se esse processo continua, nos primeiros anos atinge-se uma espécie de equilíbrio. O vácuo de luz na personalidade, no centro do microcosmo, e a borda da escuridão se mantêm em equilíbrio. Contudo, se a lâmpada permanece ardendo, se há bastante azeite nas lâmpadas, como o expressa o Evangelho,[2] a luz e também o anel de escuridão permanecem estacionários. O eu inferior, a personalidade, é então dominado pelas novas energias magnéticas, que penetram mediante as brechas abertas; e grande parte do campo de manifestação e o ser aural são dominados pelo eu superior. O aluno é então literalmente cercado por seu opositor, que impinge ao aluno toda a sorte de estratagemas.

Não deveis, sobretudo, romantizar essa situação, não deveis verter lágrimas por causa dela nem escrever poemas sobre ela. Se a romantizamos e pensamos em toda a espécie de espíritos ligados à terra e terríveis forças más, então nos enganamos. Tendes de compreender objetivamente que o eu superior, a central magnética aural, graças a sua natureza, tem de agir como ele é, pois esse sistema magnético é uno com a dialética, é uno com esta natureza. Quando uma parte do coração do microcosmo é atacada pelo novo campo magnético, separação e oposição desenvolvem-se por si mesmas. Isso tudo nada tem a ver com romantismo.

O ser aural tem de agir tal qual ele é. O mito de Satanás, o culto de Satanás, a fé no Diabo etc., é tudo romantismo inventado pela Igreja. O ser aural, o opositor, Satanás, está presente por natureza em todo o ser humano que deseja libertar-se da dialética. Graças a seu estado natural o ser aural é nesse caso nosso opositor. Por isso, a Sagrada Escritura também diz sobre isso que Jesus, o Senhor, encontra Satanás no deserto. Atravessando o deserto

---

[2] Cf. Mt 25:1–13.

da vida, rumo à grande meta, ele encontra-se automaticamente com seu opositor.

O mesmo se sabe de Buda. O Evangelho de Buda também descreve várias vezes como Buda se encontra com seu opositor, Satanás, que é então chamado Mara: amargura.

Se o aluno consegue manter-se na luz do brilho da lâmpada, na força da Gnosis, se ele endireita os caminhos do Senhor com todas as consequências decorrentes, uma nova fase desenvolve-se em determinado momento. O abraço, a armadura de seu opositor, é então rompido. Surgem aberturas, e, se observarmos bem, vemos como diversos pontos magnéticos, que antes enviavam uma intensa luz brilhante à personalidade, começam a apagar-se. Essas estrelas caem do firmamento, e novas luzes são inflamadas: um novo firmamento começa a formar-se. Surgem, tal como a Sagrada Escritura o expressa várias vezes, um novo céu e... uma nova terra! Quando novas radiações magnéticas podem ser acolhidas no santuário da cabeça, a personalidade também tem de mudar. A personalidade encontra-se em harmonia com o sistema magnético; se o sistema magnético muda, também a personalidade tem de mudar. Essa mudança começa na consciência. Isso é transfigurismo. Assim ele começa. Consequentemente, trata-se aqui do surgimento de um novo eu superior e de um novo eu inferior. Finalmente, vê-se surgir no aluno um novo céu e uma nova terra, e pode ser dito: "as coisas velhas já passaram".[3]

Desde o momento em que o antigo sistema magnético é rompido, e o novo sistema magnético começa paulatinamente a apresentar-se, também começa a manifestar-se o primeiro dom de línguas. Novas línguas começam a luzir. Começam a afluir outras energias magnéticas, já não oriundas do campo da dialética, senão do novo campo de vida. Essas novas energias buscam pontos de

---

[3] Cf. 2 Co 5:17.

contato no santuário da cabeça, o qual é então substituído por um sistema completamente novo de pontos magnéticos. A substância cerebral cinzenta, em concordância com isso, começa a mudar. Outras circunvoluções cerebrais formam-se, e lenta, porém seguramente, algo de uma consciência inteiramente nova começa a apresentar-se, de um eu completamente novo. No início, esse novo eu ainda existe em estágio embrionário. Ele ainda não pode entrar em ação, ainda é meramente um crepúsculo, o crepúsculo que precede o dia. Enquanto o aluno ainda se encontra nesse estágio do crepúsculo, do alvorecer, o antigo eu, que naturalmente ainda é uma consciência completa, ainda tem de cooperar. Então há a divisão, a atividade simultânea, das duas naturezas.

A antiga consciência, todavia, submete-se inteiramente ao outro que está crescendo, ao outro que está vindo, tal como João a Jesus. A antiga consciência no aluno se submeterá à nova consciência que está crescendo nele. É o estado em que o aluno vê a nova vida, começa a reagir cada vez mais forte a ela e vive cada vez mais conforme com ela. Nesse momento, o jovem irmão ou a jovem irmã obteve o dom de línguas. As novas línguas começam a atuar, começam a realizar determinados resultados no sistema, na personalidade do microcosmo, a qual está submetida à transfiguração. Esse é o dom de línguas que começa a manifestar-se. Uma vez, porém, que o novo eu ainda se encontra em estágio embrionário, ainda não alcançou o desenvolvimento pleno, ele ainda não pode assumir completamente a direção da nova vida. Ele ainda não pode agir com a plenitude da nova vida. O jovem irmão ou a jovem irmã já pode deveras profetizar, agir como profeta, porém ainda não possui o apostolado completo. Contudo, quando a nova consciência está completamente formada, quando o novo eu nasceu como consciência e o eu inferior está apto a agir assim, o dom da interpretação de línguas irrompe qual um fogo, em determinado momento, como que em um abrir e fechar de olhos, como que ao soar da última trombeta. Isto é, irrompe o dom de utilizar as novas energias, a energia para a utilização das línguas de fogo. Nesse momento o profeta se tornou ao mesmo tempo um apóstolo de Jesus Cristo.

Portanto, esse é o esquema da magia nônupla do transfigurismo. Assim como todos os que têm ouvidos para ouvir são chamados ao ofício de profeta, igualmente eles são chamados ao apostolado. E, um dia, podereis sair por este mundo com a ordem de missão gravada no coração:

> Pregai o Evangelho da libertação à inteira criação![4]

Todos os que são guiados pelo Espírito de Deus são filhos de Deus. Eles foram libertados da roda do nascimento e da morte.

⁎⁎⁎

---

[4] Cf. Mc 16:15.

Biografia do autor

Jan van Rijckenborgh, pseudônimo de Jan Leene, foi um rosa-cruz moderno e um gnóstico hermético — duas qualificações que marcaram toda a sua vida.

Ele nasceu em Haarlem, na Holanda, em 1896, numa família de orientação cristã. Ainda jovem, aprofundou-se em questões religiosas e principalmente na aplicação conscienciosa da fé na vida cotidiana. Devido a isso, afastou-se do cristianismo superficial bem como da mentalidade teológica sem nenhuma profundidade. Seu grande senso de justiça levou-o a ligar-se ao movimento trabalhista que já tomava fortes contornos em sua juventude. Esse foi um período bastante agitado, no qual o professor dr. A.H. de Hartog (1869–1938) atraía multidões à igreja com sua "Teologia Realista". Jan Leene era um de seus ouvintes que gostava de comparecer. Com Hartog ele aprendeu o profundo significado das palavras: "a nova vida é o verdadeiro sacrifício".

Jan Leene e seu irmão Zwier Willem Leene, ambos ardorosos buscadores, foram aos poucos se conscienciosando da direção que deviam tomar a fim de poder aplacar sua fome da única realidade. Em 24 de agosto de 1924, eles lançaram a primeira e ainda modesta base para a construção do verdadeiro Lar da Libertação para a nova era: a Casa *Sancti Spiritus*. Durante essa primeira fase construíram a Escola de Mistérios da Rosa-Cruz, inspirados pelos manifestos dos rosa-cruzes do século XVII. A fim de ter acesso aos textos originais, Jan Leene visitou a *British Library* em Londres. "Esses documentos encontram-se provavelmente há duzentos anos nas estantes desta biblioteca sem que ninguém sequer tenha olhado para eles!" Em janeiro de 1937, apareceram suas traduções para o holandês dos manifestos: a *Fama Fraternitatis R.C.*, a *Confessio Fraternitatis R.C.* e *As núpcias químicas de Christian Rosenkreuz Anno 1459*, num único volume, com o título: *O testamento espiritual da Ordem da Rosa-Cruz*.

Ele queria, assim, tornar conhecidos "o objetivo, a essência e o chamado da Escola de Mistérios do Ocidente", conforme é dito no frontispício da primeira edição. O objetivo era a reforma geral, o deslocamento da ênfase da vida para o desenvolvimento da alma, de maneira que pelo renascimento ela se preparasse para encontrar o espírito de Deus.

Para elucidar o ideal rosa-cruz o mais amplamente possível, ele serviu-se dos escritos do "filósofo teutônico" Jacob Boehme, do sábio chinês Lao Tsé e do poeta silesiano Johannes Scheffler (1624–1677), que passou a ser conhecido como Ângelo Silésio. Principalmente alguns versos deste último, também citados com frequência pelo professor Hartog, formaram a base para o desenvolvimento de um ensinamento gnóstico-transfigurístico inteiramente novo para a era atual. Antes da Segunda Guerra Mundial, Jan Leene continuou a publicar ainda com o pseudônimo John Twine. Mais tarde, escolheu o pseudônimo Jan van Rijckenborgh como símbolo da riqueza gnóstica que lhe era permitido transmitir a seus alunos e ouvintes interessados.

Em todas as suas obras ele fez uma ligação com aspectos gnósticos na literatura mundial, mostrando desse modo muitos pontos em comum no hermetismo, na Bíblia e, principalmente, nos manifestos rosa-cruzes do século XVII. Além disso, ele elucidou os *insights* e pensamentos de Paracelso, Comênio e Fludd. Embora rejeitasse o Cristo histórico das igrejas, sua escola era e é puramente cristocêntrica, ou seja: totalmente baseada na força universal de Cristo e em sua atividade que tudo trespassa.

A obra de J. van Rijckenborgh consiste em milhares de alocuções nas quais a doutrina gnóstica de libertação é o ponto central. Em 1935/36 ele publicava o semanário *Aquarius,* no qual punha abaixo muitos "valores sagrados" e descrevia os acontecimentos futuros. Através do mensário *Het Rozekruis* (A Rosa-Cruz) ele fez soar a voz da Escola em crescimento. A cruz foi plantada no mundo. Posteriormente, no "mensário esotérico" *De Hoeksteen* (A pedra angular) ele explicou a base sobre a qual o trabalho de renovação do espírito, da alma e do corpo devia ser realizado. Após sua morte, em 1968, o mensário *De Topsteen* (A pedra do cume) (1969-1987) anunciava o período da colheita. Muitas de suas explanações e alocuções encontram-se registradas em cerca de quarenta livros de sua autoria. Esses livros são publicados pela Rozekruis Pers em Haarlem; e, no Brasil, pela Pentagrama Publicações, a maioria deles já se encontra disponível em dezessete idiomas.

A Escola de Mistérios da Rosa-Cruz desenvolveu-se, transformando-se na Escola Espiritual Internacional da Rosacruz Áurea, que atua em todo o mundo ocidental, possuindo no momento 175 núcleos e centros de conferências em 36 países.

Jan van Rijckenborgh, que sempre considerava o futuro com justificado otimismo, disse em 1968, no final de sua existência: "Espero que minha vida possa ter acrescentado um pequeno golpe de martelo na eternidade".

⁂

Glossário

Para que o leitor tenha uma melhor compreensão da terminologia que a Escola Espiritual da Rosacruz Áurea emprega, figuram neste glossário as palavras que no texto foram acompanhadas de um asterisco (*). O número entre colchetes corresponde à página onde o termo é mencionado pela primeira vez.

Albigenses Nome dado aos cátaros, após a denominada Cruzada Albigense ou Cruzada Cátara, em 1209. O nome deriva da cidade de Albi, no sudoeste da França. Ver Cátaros. [238]

Arrependimento — humildade *Arrependimento* é o estado de consciência em que o aluno, em autoconhecimento crescente, discerne e experimenta quanto ele caiu, quanto aos olhos de Deus ele nada é, que ele nada sabe, nada pode e nada possui que tenha valor perante Deus. Por isso, ele trilha a senda da demolição do eu como único caminho possível de reconciliação. *Humildade* é a atitude interior com os semelhantes provinda desse estado de consciência. Assim, o estado de aflição e trevas do próximo é compreendido e reconhecido como o do próprio aluno, que sabe ser culpado dessa situação. Assim, ele sente que a libertação dos outros é parte indivisível da sua própria. [109]

Astúcia atlante Ver Consciência cerebral lunar. [56]

Átomo-centelha-do-espírito Ver Rosa-do-coração. [31]

Autodemolição Ver Demolição do eu. [266]

Campo de manifestação Ver Microcosmo. [42]

Campo de respiração Ver Campo de manifestação. [47]

Carma Lei de ação e reação, de causa e efeito, que ensina "colherás o que semeaste". Resultado das ações boas e más das vidas passadas e da atual. [61]

Cátaros (do gr. *katharos:* puros) Movimento iniciático cristão que se desenvolveu na Europa entre os séculos XI e XIV, sobretudo no Sul da França, na região montanhosa dos Pirineus, conhecida como Sabarthez, ou Languedoque. Ali, ao redor de Sabart Tarascon e das aldeias vizinhas de Ussat-Ornolac, nas muitas grutas existentes desde a pré-história e transformadas em santuários naturais, se constituiu o lugar da longa, severa e dura iniciação dos cátaros. Eles, a exemplo dos essênios e dos primeiros cristãos, levavam uma vida ascética de alta espiritualidade, vivenciando na prática um cristianismo puro, em total autorrenúncia a tudo o que era deste mundo. Não possuíam bens materiais nem dinheiro, e dedicavam-se inteiramente à comunidade onde viviam, pregando o Evangelho e curando os enfermos, pois também eram terapeutas. No entanto, foram acusados de heresia pelo Papa Inocêncio III, que enviou a histórica Cruzada contra os Albigenses, em 1209. Durante o tempo em que ela durou, numa sequência trágica de mortes e torturas, cidades inteiras da região e os castelos de quem os defendia foram saqueados, com as populações, incluindo mulheres e crianças, sendo passados a fio de espada. Após a queda do castelo de Montségur em 16 de março de 1244, duzentos e cinco cátaros foram queimados vivos em uma imensa fogueira. Os poucos remanescentes abrigaram-se, então, na grande gruta subterrânea de Lombrives, a Catedral do Catarismo, onde mais tarde, em 1328, quinhentos e dez cátaros seriam emparedados vivos, encerrando assim a epopeia medieval desse movimento mártir. Os cátaros eram também denominados "os puros", "os perfeitos", "os bons homens", porque, seguindo o caminho dos mistérios cristãos, haviam operado em seu ser a reformação, e assim, tal como verdadeiros discípulos de Cristo, a serviço do mundo e da humanidade, galgavam "o caminho das estrelas", o caminho da transformação (ou da transfiguração, na linguagem da jovem Fraternidade gnóstica). Fazendo alusão a esse estado de puro, a Escola Espiritual fala de alma renascida, a alma-espírito que, por sua ligação restabelecida com o Espírito, obteve outra vez a participação na sabedoria divina, a Gnosis. Maiores informações sobre a vida dos cátaros podem ser encontradas no livro *No caminho do Santo Graal*, de Antonin Gadal. [77]

Circulação sanguínea, pequena Ou circulação pulmonar: em sentido material, é a circulação do sangue que sai do ventrículo direito do coração, via artéria pulmonar, chega ao pulmão, onde acontece a troca do gás carbônico pelo oxigênio, e dali ingressa no ventrículo esquerdo via veia pulmonar. Em sentido espiritual, contudo, a pequena circulação sanguínea é uma corrente de força de luz atraída pela rosa-do-coração. Como um raio, ela penetra pelo esterno e atinge o santuário da cabeça. Essa circulação sanguínea espiritual, que liga diretamente o coração à cabeça, é designada no Evangelho como "o rio Jordão", porque foi por meio do batismo em suas águas que Jesus se tornou Cristo. Quando o espírito de Cristo adentra a pineal, ele depara-se, nessa torrente de luz que une coração e cabeça, com o ser-alma que vem ao seu encontro. Sobre ele pousa a "pomba", o Espírito Santo. Em sentido espiritual, essa "pequena circulação" é a mais curta, se comparada à plena expansão do sangue espiritual, que toma e preenche todo o ser. [41]

Coluna do fogo serpentino Coluna vertebral. [50]

Consciência cerebral lunar Consciência muito primitiva, localizada no plexo solar, que se apoia apenas em alguns centros do santuário da cabeça dirigidos pela lua. Esse estado de consciência, próprio da humanidade atlante até a metade do período atlante inclusive, caracteriza-se por uma astúcia extremamente primitiva, ainda hoje ativa em muitas pessoas. [56]

Coração cósmico de Cristo O campo de radiação eletromagnético da Fraternidade Universal de Cristo, cujo núcleo se encontra no coração do sétuplo planeta Terra, o Reino Universal. [81]

Cundalini Anel circular em torno da pineal formado de inúmeros grânulos semelhantes a ervilhas, cada um com uma atividade específica. Quando a nova corrente eletromagnética, através do átomo-centelha-do-espírito, do timo e do sangue, toca o santuário da cabeça, esses grânulos começam a irradiar uma luz policromática, o círculo ígneo da pineal. À medida que a pineal se abre mais para o influxo direto de luz da Gnosis, a força de radiação e a atividade do cundalini crescem continuamente em intensidade e magnificência. Ver também Pineal. [42]

Demolição do eu É o processo joanino expresso nas palavras: "É necessário que ele cresça e eu diminua". Nesse processo o aluno, na força da Gnosis, trilha o caminho da autodemolição, que consiste em abandonar as faculdades do eu nascido da natureza, rompendo todos os laços do eu e silenciando toda a dinâmica e raio de ação do eu, reduzindo esse núcleo da consciência dialética a uma atividade biológica mínima. Devemos esclarecer que essa demolição não significa suicídio, porém a neutralização do que é ímpio dentro do microcosmo. Para quem não iniciou ainda sua caminhada pelo deserto, isso parece ser a aniquilação de toda a existência. Quem se encontra no deserto, porém, no estado de consciência joanina, sabe com certeza interior que existe outro centro de existência adormecido dentro do microcosmo, outro núcleo de consciência, que deve ser despertado para a vida. João Batista expressa isso nas palavras: "O que vem após mim é antes de mim"; "não sou digno de, curvando-me, desatar-lhe as correias das sandálias". Esse peregrino do deserto sabe que o autossacrifício não é sacrifício no sentido comum, porém a libertação da verdadeira vida. [27]

Devakan A morada dos "deuses", mestres e adeptos da esfera refletora. [144]

Dialética Nosso atual campo de vida onde tudo se manifesta em pares de opostos. Dia e noite, luz e trevas, alegria e tristeza, juventude e velhice, bem e mal, vida e morte, são duplas inseparáveis. Um sucede o outro de maneira inevitável, e assim um comprova o outro. Em virtude dessa lei fundamental, tudo nesta ordem de natureza está sujeito a contínua mudança e desintegração, a surgir, brilhar e fenecer. Por essa razão, nosso campo de existência é um domínio do fim, do sofrimento, da angústia, da destruição, da doença e da morte. Por outro lado, de um ponto de vista superior, a lei da dialética é, ao mesmo tempo, a lei da graça divina. Por meio da destruição e da renovação constantes, essa lei impede a cristalização definitiva do homem, ou seja, seu declínio inexorável. Ela sempre lhe oferece nova possibilidade de manifestação e, com isso, uma nova chance de reconhecer o objetivo da existência e percorrer a senda do retorno mediante a transfiguração, o renascimento da água e do Espírito. [21]

Dispensação Período em que uma revelação particular da mente e da vontade de Deus opera diretamente na humanidade. Por exemplo: dispensação mosaica, dispensação cristã. [257]

Divisão Toda a criatura traz em si algo da consciência de seu criador. Desse modo, algo da consciência humana é passada para os filhos e, através destes, para seus descendentes, e assim por diante. Assim, essa divisão de consciência e essa mistura de consciência progridem ininterruptamente com a progressão sistemática da reprodução. [86]

Doutrina Universal Não é um "ensinamento" no sentido literal comum, tampouco se pode encontrá-la em livros. Em sua essência mais profunda é a vivente realidade de Deus na qual a consciência enobrecida para isso pode ler e compreender a onisciência do Criador. Essa Doutrina ou Filosofia Universal é, portanto, o conhecimento, a sabedoria e a força que a Fraternidade Universal sempre de novo oferta ao ser humano, a fim de possibilitar à humanidade decaída trilhar o caminho de retorno à casa do Pai. [68]

Eclésia, a nova: A *Una Sancta,* o novo povo de Deus como membro da Igreja una e invisível de Cristo. [25]

Efésio O ser humano que busca e, desejando realmente elevar e purificar a vida, segue o caminho da bondade neste plano de existência. Mais cedo ou mais tarde ele descobre que esse caminho tem um ponto culminante, um limite que o ser humano deste mundo não pode transpor. A Bíblia denomina "efésio" quem chegou a essa fronteira. Esse ser humano está diante de uma escolha: libertar-se das limitações da dialética por meio de uma mudança fundamental de vida ou permanecer agrilhoado ao giro da roda, sofrendo a angústia do inevitável declínio segundo a lei da natureza. [55]

Endura A senda da demolição do eu, o caminho da morte definitiva, a morte áurea, mediante a autoentrega do eu ao Outro, o verdadeiro homem imortal, o Cristo no ser humano. É a senda do homem-João, que "endireita as veredas para seu Senhor". É a vivência prática do "É necessário que ele", o Outro celestial, "cresça e eu diminua". É necessário que eu decline para que o Outro celeste em mim possa viver. A senda da endura é o caminho clássico de iniciação de todos os tempos. Nela o homem decaído submerso em trevas, sofrimento e morte dissolve-se, através da fogo da purificação de uma transformação total da vida, em seu verdadeiro ser imortal e retorna ao Pai. O curso da vida humana no mundo da dialética é viver para morrer. A Endura é a morte voluntária para verdadeiramente viver. É o caminho de vida do ser humano que busca a Deus de maneira autêntica. Nesse caminho ele morre voluntariamente segundo seu ser-eu a fim de possibilitar que o Outro viva eternamente: "quem perder a sua vida por amor de mim, achá-la-á". [120]

Éons 1. Enormes períodos de tempo. 2. Grupo dirigente hierárquico de espaço e tempo, às vezes indicado como *æons* ou *archontes*. Monstruosa formação de potestades da natureza, não divinas, criadas pelo homem decaído no decorrer dos tempos, em consequência de sua vida contrária a Deus, ou seja, pelo pensar, querer e desejar da humanidade decaída, pois todos os seus impulsos, inclusive os pretensos bons, os criam e alimentam. Essas potestades manipulam abusivamente todas as forças naturais da dialética e da humanidade terrena, impulsionando-as a uma atividade ímpia, em prol do próprio e tenebroso objetivo desse grupo: a automanutenção. Esse agrupamento hierárquico conseguiu livrar-se da roda da dialética, às custas, porém, de terrível sofrimento humano, mas essa "libertação" apenas poderá ser mantida com incalculável egoísmo, enquanto a humanidade, apesar de ser sua criadora, permanecer como sua presa e acorrentada à roda do nascimento e da morte, aumentando assim e conservando a dor neste mundo. Essas potestades, em seu conjunto, são às vezes denominadas hierarquia dialética ou "príncipes* deste mundo". 3. Na mitologia gnóstica, seres emanados de Deus, geralmente em sizígias (pares masculino-feminino), que existem no Pleroma, palavra grega que significa plenitude. Os mais citados entre eles são a Pistis e a Sophia. [22]

Escola Espiritual Escola de Mistérios dos Hierofantes de Cristo. Ver Fraternidade Universal. [22]

Esfera material/esfera refletora As duas metades que compõem o campo de existência desta ordem de natureza dialética: a esfera material e a esfera refletora. A esfera material é o domínio em que vivemos quando em nosso corpo material. A esfera refletora é a região onde transcorre, entre outras coisas, o processo entre a morte e a vivificação de uma nova personalidade. Abrange, além das esferas do inferno e do chamado purgatório (a esfera da purificação), também aquela que erroneamente é chamada "céu" e "vida eterna", tanto na religião natural como no ocultismo. Essas esferas denominadas "celestes" e a existência ali estão igualmente sujeitas a um fim, a serem temporais, tal como a existência na esfera material. Logo, a esfera refletora é a morada temporal dos mortos, porém isso não significa que a personalidade de alguém já falecido venha a nascer outra vez, pois não há sobrevivência para ela. Tão-somente o núcleo mais profundo da consciência, o raio espiritual, ou centelha dialética, é recolhido temporariamente no ser aural, formando a base da consciência de nova personalidade terrena a qual é construída pelo ser aural em colaboração com as forças ativas na gestante. [25]

Firmamento Ver Microcosmo. [109]

Fogo serpentino O fogo serpentino ou sistema do fogo serpentino, sede do fogo anímico ou fogo da consciência, é a força criativa e volitiva da consciência biológica. É uma força que circula através do sistema da medula e, assim, através dos nervos controla toda a manifestação dialética. [50]

Fraternidade Universal A hierarquia do Reino Imutável divino, que constitui o corpo-vivo universal do Senhor, também é conhecida por inúmeros outros nomes: Igreja Una e Invisível de Cristo, Hierarquia de Cristo, Corrente Gnóstica Universal, Gnosis. Em sua ação em prol da humanidade decaída, ela surge, entre outras coisas, como a Fraternidade de Shamballa, a Escola dos Mistérios dos Hierofantes de Cristo ou Escola Espiritual Hierofântica. [23]

Gnosis 1. O Alento de Deus; Deus, o Logos, a Fonte de Todas as Coisas, manifestando-se como espírito, amor, luz, força e sabedoria universais. 2. A Fraternidade Universal como portadora e manifestação do campo de radiação de Cristo. 3. O conhecimento vivo que está em Deus e que se torna parte dos que, mediante o renascimento da alma, entraram no nascimento da luz de Deus, isto é, no estado de consciência de Pimandro. [34]

Hemisférios cerebrais O santuário da cabeça, visto microcosmologicamente, consiste em dois hemisférios cerebrais. O direito é o foco mais importante da faculdade do pensamento; o esquerdo, o foco mais importante da vontade. 306

Hierarquia de Cristo Ver Fraternidade Universal. [25]

Hierofantes de Cristo Ver Fraternidade Universal. [80]

Hierarquia dialética Ver Éons (2). [104]

Humanidade adâmica A humanidade do gênero de Adão, isto é, a humanidade decaída. [86]

Humildade Ver Arrependimento. [109]

Imagem mental do homem imortal Surge no campo de respiração mediante uma atividade mental que não é a atividade comum da faculdade do pensamento, porém a atividade da consciência jupiteriana, a consciência do verdadeiro homem. Essa atividade é liberada e alimentada à medida que o aluno, com discernimento e compreensão crescentes, torna retos os caminhos para seu senhor interno, isto é, trilha a senda da morte do eu. É o progredir contínuo no caminho da mudança fundamental de vida, no cumprimento fiel das novas exigências interiores de vida, que chama à vida a imagem mental do homem imortal e a faz crescer. [44]

Lípica Ver Microcosmo. [167]

Logos O Verbo criador, a fonte de todas as coisas. [79]

Lúcifer O fogo da alma ímpio, o gás hidrogênio não divino. Esse fogo central de impiedade sempre volta a irradiar em cada nova personalidade mortal, tanto no eu inferior, como flamante tocha ígnea da alma dialética em manifestação, quanto no eu superior, o deus ígneo aural. [101]

Luta contra o mal O ser aural, o eu superior dialético, não incita ao mal, senão à bondade dialética, isto é, ao bem relativo, à pseudobondade deste mundo. Ele procura impelir o homem à cultura constante do eu. [181]

Macrocosmo O mundo grande, o universo. [119]

Maniqueus Movimento surgido no século III, formado por Mani, que foi perseguido, acusado de procurar juntar em vasta síntese o ensinamento dos primeiros gnósticos, o cristianismo e o budismo. O maniqueísmo ressurgiu nos ensinamentos dos cátaros ou albigenses. [77]

Mantra Palavra ou série de palavras que cantada ou pronunciada em certo estado de consciência e orientação libera grande força. Mantras somente têm efeito libertador quando utilizados por um homem ligado com a Gnosis a serviço da grande obra. Qualquer outro uso apenas evoca forças naturais, é gerador de carma e fortalece assim consideravelmente a ligação à roda da dialética. [313]

Microcosmo O ser humano como *minutus mundus* (pequeno mundo), um sistema de vida de formato esférico no qual se distingue, do interior para o exterior: a personalidade, o campo de manifestação, o ser aural e um campo espiritual magnético sétuplo. O verdadeiro homem é um microcosmo. O que, neste mundo é entendido pelo conceito de "homem" é apenas a personalidade desfigurada de um microcosmo degenerado. A consciência humana atual é uma consciência da personalidade. Por essa razão também apenas é capaz de perceber o campo de existência ao qual pertence.

O firmamento ou a lípica, ou o ser aural, representa a totalidade de energias, valores e liames resultantes das vidas de diversas manifestações de personalidade no campo de respiração. O conjunto dessas energias forma as luzes, as estrelas do firmamento microcósmico. Essas luzes são focos magnéticos que determinam, em concordância com sua natureza, a qualidade do campo espiritual magnético, isto é, a natureza das energias e substâncias que o sistema microcósmico e a personalidade atraem e assimilam da atmosfera. Assim, a personalidade corresponde à natureza dessas luzes. Uma mudança no ser da personalidade deve preceder uma mudança no ser do firmamento, o que apenas é possível mediante o autossacrifício do ser-eu, a demolição total do eu.

O campo de manifestação ou campo de respiração é o campo de força imediato em que a vida da personalidade é possibilitada. É o campo de ligação entre o ser aural e a personalidade e está, em sua atividade de atração e repulsão de energias e substâncias a favor da vida e da manutenção da personalidade, completamente em harmonia com a personalidade. [25]

Negação É o que Paulo tem em mente ao afirmar "morro todos os dias". É o afastar-se de todo o interesse por tudo o que é deste mundo, inclusive pelo nosso próprio ser-eu. É o dizer "não" contínua e efetivamente a todo o impulso natural do sangue. Tal orientação de vida apenas tem sentido quando é consequência lógica de uma compreensão desperta (o verdadeiro autoconhecimento) da natureza e do estado reais do ser humano atual e desta ordem de natureza. Por meio desse consciente e convicto "morro todos os dias", abrimos o caminho em nós mesmos para a dupla atividade da libertadora luz da Gnosis que, então, destrói em nós tudo o que rejeitamos interiormente e constrói tudo o que possibilita a nova manifestação do homem imortal. Assim, literalmente, o velho homem morre "na força demolidora de Cristo", ou seja, todos os velhos impulsos naturais em nós são silenciados, permitindo que a nova natureza, o novo homem se revele. [38]

Núcleo pérfido de nossa região de vida Uma concentração cósmica de hidrogênio que foi inflamada por uma ideia ímpia e da qual o inteiro universo dialético vive e é. [101]

Pineal ou glândula pineal Junto com o cundalini, que somente reage à verdadeira luz espiritual quando inflamado pela luz da Gnosis através do átomo-centelha-do-espírito, do timo e do hormônio de Cristo, a pineal forma o trono do raio de Cristo, da iluminação interior, o portal aberto pelo qual a sabedoria de Deus é transmitida diretamente ao ser humano. [42]

Príncipes deste mundo. Ver Éons 2. [370]

Reinos naturais subumanos O reino animal originou-se das forças que, liberadas mediante nossa vida de desejos inferior, emanam de nós; os pássaros canoros provieram de nosso desejo de vivenciar beleza. O reino vegetal corporifica nas árvores, por exemplo, nosso anseio de libertação; nas flores, nosso anseio de pureza e de luz. O reino dos insetos e dos micróbios corporifica as atividades más dos sentimentos e paixões dos homens: ódio, ciúme, ira etc. O reino mineral veio à existência por meio dos sentimentos de incomensurável isolamento que caracteriza o ser interior do homem individualizado deste mundo. O reino elemental veio à existência como consequência de nossa vida desenfreada de pensamentos. Como resultado da existência automantenedora do homem-eu, todos os reinos subumanos têm a mesma característica: toda a forma e todo o impulso de vida estão conformes com autodefesa e automanutenção, tudo e todos vivem à custa de outros. As funções biológicas desses reinos retardam o autoaniquilamento do reino humano pelo veneno principal que ele mesmo produz. [150]

Religião natural A religião no sentido horizontal, que espera a salvação por meio da afirmação e da cultura deste mundo e do ser humano atual, sem atentar nas inequívocas palavras de Cristo: "Meu reino não é deste mundo!" — "Aquele que não nascer da água e do Espirito, não pode entrar no reino de Deus". [43]

Roda da dialética Ver Roda do nascimento e da morte. [26]

Roda do nascimento e da morte Ou "roda da dialética". O ciclo repetido de nascimento, vida e morte da personalidade, seguida da reencarnação do microcosmo mediante nova personalidade. [81]

Rosa-cruzes clássicos Os rosa-cruzes pertencentes à Escola de Johann Valentin Andreæ, um elo da Fraternidade Universal que se manifestou em fins do século XVI e início do século XVII. Johann Valentin Andreæ publicou importantes obras, entre as quais *As núpcias químicas de Christian Rosenkreuz*, considerada o mais importante testamento da Ordem da Rosa-Cruz clássica, um dos luminosos pilares em que está alicerçado o trabalho da Rosa-Cruz moderna. [196]

Rosa-do-coração Designação mística para o átomo-centelha-do-espírito, localizado no ápice do ventrículo direito do coração e coincidindo com o centro matemático do microcosmo. Também denominado átomo original ou átomo de Cristo, semente-Jesus ou joia maravilhosa na flor de lótus, é um resquício da vida divina primordial, a semente divina de um microcosmo novo, preservada no ser humano como promessa da graça. Graças a ela, ele poderá, quando o sofrimento e as experiências neste mundo o amadurecerem, lembrar-se de sua origem e ansiar retornar à casa paterna. Então será criada a possibilidade para que a luz do sol espiritual desperte o botão de rosa adormecido. No caso de uma reação positiva e de uma diretriz perseverante, iniciar-se-á o processo pleno de graça da completa regeneração humana, segundo o plano de salvação divino. [347]

Senda da Sangha A senda da santificação (palavras de Buda). A palavra *sangha* (do sânscrito e do páli) significa comunidade. [202]

Ser aural O firmamento microcósmico ou eu superior, a lípica, o portador de nosso carma, de nossa ligação resultante do passado próximo e distante. Ver Microcosmo. [55]

Ser da lípica O ser aural ou eu superior como portador de nosso carma proveniente de passado próximo e distante. [169]

Ser-desejo, um novo A corporificação do grande anseio de salvação. [57]

Simpático Parte do sistema nervoso que, no ser humano dialético, não está sob o controle da vontade, porém funciona de modo automático; refere-se mais especialmente aos dois cordões de nervos situados à direita e à esquerda da medula espinal. Este par de cordões junta-se na parte superior da medula espinal, na glândula pineal. [224]

Sistema Sistema de vida, microcosmo. [63]

Sistema do fogo serpentino O sistema coluna vertebral–cérebro, sede da alma ou do fogo da consciência. [223]

Sistema da lípica O firmamento aural, o firmamento dos centros sensoriais, dos centros de força e de focos, os quais constituem as luzes ou estrelas do sistema microcósmico. [171]

Tao Denominação de Lao Tsé para a fonte única de todas as coisas. [64]

Transfiguração O processo do renascimento da água e do Espírito, ao qual se referem os evangelhos. O caminho de volta para a pátria perdida, para o outro reino, para a ordem de vida de Cristo. É um método gnóstico que permite a realização da endura, que é a completa substituição do homem mortal, produto da natureza, pelo homem divino, imortal, original, o verdadeiro homem espiritual, concebido no plano da criação divina. É o mistério a que se refere o apóstolo Paulo na Primeira Epístola aos Coríntios, cap. 15, vers. 51–54: "Eis que vos digo um mistério: Nem todos dormiremos, mas todos seremos transformados. Porque é necessário que isto que é corruptível se revista da incorruptibilidade e que isto que é mortal se revista da imortalidade. Mas, quando isto que é corruptível se revestir da incorruptibilidade, e isto que é mortal se revestir da imortalidade, então se cumprirá a palavra que está escrita: Tragada foi a morte na vitória". [73]

Transmutação Transformação. A transmutação da alma é o processo que antecede a transfiguração. A alma do homem deste mundo é, igualmente, desta natureza e, portanto, deve purificar-se, por meio da transmutação, para estar apta às "núpcias alquímicas", à união com o Espírito. A transmutação da alma tem início quando a rosa-do-coração é ativada pelas radiações da Gnosis. [162]

Una Sancta Ver Eclésia, a nova. [23]

Vácuo de Shamballa Uma região situada fora da esfera material e da esfera refletora, que foi preparado pela Fraternidade de Shamballa (um aspecto da Fraternidade Universal) em benefício daqueles alunos que se esforçaram, com toda lealdade, devota e tenazmente, por trilhar o caminho no novo campo de vida. Nesse campo de trabalho especialmente preparado, é possível oferecer a esses alunos, desde que neles já esteja presente uma base mínima, condições mais harmoniosas, livres das dificuldades e entraves, perigos e desgostos da dialética, para continuar, depois do falecimento, o processo de libertação da roda começado na esfera material e participar da nova vida. [321]

※※

LIVROS DE AUTORIA DE J. VAN RIJCKENBORGH

- Análise esotérica do testamento espiritual da Ordem da Rosa-Cruz
  · Vol. I: O chamado da Fraternidade da Rosa-Cruz
  · Vol. II: Confessio da Fraternidade da Rosacruz
  · Vol. III: As núpcias alquímicas de Christian Rosenkreuz - Tomo 1
  · Vol. IV: As núpcias alquímicas de Christian Rosenkreuz - Tomo 2
- Christianopolis
- Filosofia elementar da Rosacruz moderna
- A Gnose em sua atual manifestação
- A Gnosis original egípcia Tomos I, II, III e IV
- A luz do mundo
- O mistério da vida e da morte
- O mistério das bem-aventuranças
- O mistério iniciático cristão: *Dei Gloria Intacta*
- Os mistérios gnósticos da Pistis Sophia
- O novo homem
- Não há espaço vazio
- Um novo chamado
- O *Nuctemeron* de Apolônio de Tiana
- O remédio universal

LIVROS DE AUTORIA DE CATHAROSE DE PETRI

- O Verbo Vivente

Série das Rosas
- Transfiguração · Tomo I
- O selo da renovação · Tomo II
- Sete vozes falam · Tomo III
- A Rosacruz Áurea · Tomo IV

Livros de autoria de J. van Rijckenborgh e Catharose de Petri

- O apocalipse da nova era
  - A veste-de-luz do novo homem · Série Apocalipse, vol. i
  - A Fraternidade Mundial da Rosa-Cruz · Série Apocalipse, vol. ii
  - Os sinais poderosos do conselho de Deus · Série Apocalipse, vol. iii
  - A senda libertadora da Rosa-Cruz · Série Apocalipse, vol. iv
  - O novo caduceu de Mercúrio · Série Apocalipse, vol. v
- O caminho universal
- A Fraternidade de Shamballa
- A Gnosis chinesa
- A Gnosis universal
- A grande revolução
- O novo sinal
- Réveille!

Série Cristal

1. Do castigo da alma
2. Os animais dos mistérios
3. O conhecimento que ilumina
4. O livro secreto de João
5. Gnosis, religião interior
6. Rosa-cruzes, ontem e hoje
7. Jacob Boehme, pensamentos
8. Paracelso, sua filosofia e sua medicina atemporais
9. O Graal e a Rosacruz
10. A Rosa e a Cabala

Antonin Gadal

- No caminho do Santo Graal

Francisco Casanueva Freijo

- Iniciação. Iluminação. Libertação.
- Transfiguração e transformação: O processo de surgimento de um novo tipo humano

Karl von Eckartshausen

- Algumas palavras do mais profundo do ser
- Das forças mágicas da natureza

Mikhail Naimy

- O livro de Mirdad

Outros títulos

- O caminho da Rosa-Cruz no dias atuais
- O evangelho dos doze santos
- Trabalho a serviço da humanidade

Pentagrama
Caixa Postal 39 — 13.240-000 — Jarinu — SP — Brasil
Tel. (11) 4016.1817 — fax (11) 4016.3405
www.pentagrama.org.br
livros@pentagrama.org.br

Título	O novo homem
Autor	J. van Rijckenborgh
Capa	Mônica Jackson
Diagramação do miolo	Marcus Mesquita
Formato	14 cm × 21 cm
Mancha	10 cm × 16.6 cm
Tipologia da capa	ITC Avant Garde Gothic Book
Tipologia do miolo	Adobe Garamond Premier Pro
Software	ConTEXt, Vim, git, Atom
Papel do miolo	Pólen Soft 80 g/m²
Papel da capa	Supremo Duo Design 250 g/m²
Papel das guardas	Couché Fosco Branco 120 g/m²
Número de páginas	384
Tiragem	1000 exemplares
Impressão e acabamento	Hawaii Gráfica e Editora · (11) 4234-1110
Data	Novembro de 2016